企业破产会计与破产涉税问题研究

韩春伟 著

郑州大学出版社

图书在版编目(CIP)数据

企业破产会计与破产涉税问题研究 / 韩春伟著. — 郑州：郑州大学出版社，2023.2(2024.6 重印)

ISBN 978-7-5645-8976-9

Ⅰ. ①企… Ⅱ. ①韩… Ⅲ. ①破产清算 - 企业会计 - 研究②企业 - 破产 - 税法 - 研究 - 中国 Ⅳ. ①F271.4②D922.220.5

中国版本图书馆 CIP 数据核字(2022)第 144135 号

企业破产会计与破产涉税问题研究

QIYE POCHAN KUAIJI YU POCHAN SHESHUI WENTI YANJIU

策划编辑	王卫疆　胥丽光	封面设计	苏永生
责任编辑	李丛聪	版式设计	凌　青
责任校对	孙　泓	责任监制	李瑞卿

出版发行	郑州大学出版社	地　址	郑州市大学路 40 号(450052)
出 版 人	孙保营	网　址	http://www.zzup.cn
经　销	全国新华书店	发行电话	0371-66966070
印　刷	廊坊市印艺阁数字科技有限公司		
开　本	710 mm×1 010 mm　1 / 16		
印　张	14.5	字　数	247 千字
版　次	2023 年 2 月第 1 版	印　次	2024 年 6 月第 2 次印刷

书　号	ISBN 978-7-5645-8976-9	定　价	68.00 元

本书如有印装质量问题,请与本社联系调换。

本书是河南省高等教育教学改革研究与实践、河南工程学院校企合作、协同育人等项目的研究成果，以及河南省豫州中兴清算事务所（有限合伙）工作成果。这些项目包括：

1. 河南省首批本科高校课程思政样板课程——"财务管理学"，立项文件编号：教高〔2020〕531 号，序号 153 号。

2. 2019 年度河南省高等学校基层教学组织达标创优立项建设项目，立项文件编号：教高〔2019〕728 号，序号 155。

3. 河南省一流本科课程，线下一流课程——"财务管理学"，文件编号：教高〔2020〕193 号，证书编号：豫教〔2020〕13117 号。

4. 河南工程学院横向科研项目《企业破产会计与破产涉税问题研究》，项目编号：2022HSK017。

5. 河南工程学院协同育人专项《企业破产会计与破产涉税问题研究》，项目编号：XTYR2022HSK017。

6. 河南工程学院博士基金项目《生态文明视角下企业业绩评价理论和方法研究》，项目编号：D2017027。

前言

  税收与破产是国家公平社会分配和优化社会资源配置的两大基本性法律制度。现行的各种税收法律、法规、条例、实施细则和征收管理制度,贯穿于人民法院审理破产案件始终,涉及税收债权的确认、破产期间经营的纳税、清收债权、清偿债务过程中实物资产过户的税费、破产财产处置过程中的税费、重整和解程序因减免债务所涉及的税费等诸多方面。

  计算纳税是会计核算的重要内容之一,是税收的实现条件,与税法的刚性相辅相成。企业破产涉税项目需要依赖企业破产会计信息的准确核算与充分披露。在企业破产过程中,破产清算会计的对象是破产企业在清算期间的资金运动。与以持续经营为假设的财务会计相比,其资金运动具有一次性、终极化的特性。企业在和解重整期间,如整顿良好,则企业资金运动呈良性循环与周转;如整顿无效,则企业转入破产清算。在此过程中,清算组变现资产,偿还债务,分配剩余资产。在资金形态上,逐渐灭失固定资金、储备资金、成品资金等形态的并存与继起性,实现所有非货币资金向货币资金的转化,时间的继起性被中断,这种资金流动呈单向、一次、终极性。《企业会计准则》中确定的六要素中,资产、负债、所有者权益要素破产清算会计依然适用,因为它们是偿债和清算损益确认时必将涉及的内容,而清算的目的就是为了偿债。正常的收入、费用、利润则完全废弃了,取而代之的是清算收入、清算支出、清算损益三要素。清算收入是从总体上反映破产企业偿债能力状况的,主要包括清算初期企业的货币资金,清算期间资产变现收入、收回债权及对外投资收入直接偿债的资产价值等;清算支出是从总体上反映企业的负债规模、结构和偿债顺序、数量等,主要包括清算费用、清算损失,支付职工工资和劳动保险费,交纳应交未交税金、偿债等。清算损益表现的是前二者之差,清算损益的核算是对清算收益、清算损失、清算费用及清算净收益等进行反映。在此过程的账务处理中,发生的税金支出,借记"清算损益"科目,贷记"应交税金"等科目。转让相关资产应缴纳的有关税费等,借记"清算损益"科目,贷记"应交税金"等科目。

破产清算收入优先支付破产费用后,按法定的顺序清偿债务。涉及缴纳的税费主要包括两个方面:一是破产案件受理前发生的税收债权和滞纳金;二是破产程序中对资产进行处置时所发生的包括增值税、土地增值税、契税、城市维护建设税等在内的流转税和所得税。而针对破产重整企业,还很可能会产生资产保有环节发生的房产税、城镇土地使用税、耕地占用税等税负以及因重整程序中对债务进行豁免而产生的所得税。交纳所欠的税费,按实际缴纳的金额,借记"应交税金""其他应交款"科目,贷记"银行存款"等科目。

其中:《企业破产法》第一百一十三条将破产人所欠税款列入第二清偿顺序,优先于普通债权受偿。

关于滞纳金,情况有所不同。《破产法》第一百一十三条第一款第(二)项规定的第二顺序清偿的债权为"破产人欠缴的除前项规定以外的社会保险费用和破产人所欠税款",未包含滞纳金。最高人民法院《关于审理企业破产案件若干问题的规定》(法释〔2002〕23号)第六十一条规定,"人民法院受理破产案件后债务人未支付应付款项的滞纳金,包括债务人未执行生效法律文书应当加倍支付的迟延利息和劳动保险金的滞纳金"不属于破产债权。即亦未明文规定滞纳金属于优先清偿的债权。2013年,最高人民法院《关于人民法院受理破产案件前债务人应付未付款项的滞纳金是否应当确认为破产债权请示的答复》(2013年6月27日〔2013〕民二他字第9号)"广东省高级人民法院,……,同意你院意见,即人民法院受理破产案件前债务人未付款项的滞纳金应确认为破产债权。"2018年,《全国法院破产审判工作会议纪要》(以下简称《破产会议纪要》)第二十八条规定:"破产债权的清偿原则和顺序。对于法律没有明确规定清偿顺序的债权,人民法院可以按照人身损害赔偿债权优先于财产性债权、私法债权优先于公法债权、补偿性债权优先于惩罚性债权的原则合理确定清偿顺序。因债务人侵权行为造成的人身损害赔偿,可以参照《企业破产法》第一百一十三条第一款第一项规定的顺序清偿,但其中涉及的惩罚性赔偿除外。破产财产依照《企业破产法》

第一百一十三条规定的顺序清偿后仍有剩余的,可依次用于清偿破产受理前产生的民事惩罚性赔偿金、行政罚款、刑事罚金等惩罚性债权。"2019 年,最高人民法院《关于适用〈中华人民共和国企业破产法〉若干问题的规定(三)》第三条规定:"破产申请受理后,债务人欠缴款项产生的滞纳金,包括债务人未履行生效法律文书应当加倍支付的迟延利息和劳动保险金的滞纳金,债权人作为破产债权申报的,人民法院不予确认。"从前述几份法律文件所展现的精神来看,立法本意应当在于保护《企业破产法》一直秉持的"公平受偿"原则。债务人未履行生效法律文书应当加倍支付的迟延利息具有一定的惩罚性,目的在于敦促债务人及时履行生效法律文书确定的金钱给付义务。如将该部分利息作为破产债权予以确认,实际上将导致惩罚措施转嫁于其他债权人,有违破产程序公平受偿原则。对此,滞纳金系因逾期不缴纳税款所形成,具有督促纳税人缴纳税款的作用。在企业正常存续的情况下,税款应与滞纳金一并征缴;但是对于已经进入破产清算程序的企业而言,民事债权难以全额受偿,法律规定将税款列为第二顺序,优于普通民事债权受偿,体现了税款债权具有一般优先权的属性,故对其优先保护,而将滞纳金列于普通债权清偿顺序之后,则更体现了法律对民事债权和交易安全的保护。所以,滞纳金债权为劣后债权,于普通债权清偿顺序之后受偿。

关于破产程序中的流转税等,按照《关于企业破产程序涉税问题处理的实施意见》(豫高法〔2021〕368 号)规定,"因企业破产程序中欠缴税款、滞纳金和罚款的债权性质和清偿顺序不同,税务机关依法受偿欠缴税款、滞纳金和罚款办理入库时,按人民法院裁判文书执行。"现行做法,往往是列入清算费用,类似公益债。

在清算终结时,应将有关科目的余额转入清算损益。其中,将需要核销的各项资产、不能抵扣的期初进项税额转入清算损益,借记"清算损益"科目,贷记"材料""产成品""无形资产""投资""应交税金"等科目。最终,财务账有关科目的余额及清算损益的余额全部为零。

由于企业破产清算是指企业不再持续经营,发生结束自身业务、处置资产、偿还债务以及向所有者分配剩余财产等经济行为时,对清算所得、清算所得税,但不包含股息分配等事项的处理。对于处于破产清算期的企业,不仅会计的一些基本假设不再适用,而且涉税适用的相关政策也比较特殊,是税务机关日常税收管理的特区,对于涉税业务的处理应当因时因地制宜区别对待。实践中,由于破产清算业务不是企业的常规业务,对涉税业务未给予足够的重视,对于破产清算期间产生的税收也很少关注,衍生出涉税信息沟通,与税务、市场管理等部门进行协调,及时取得并报送相关资料等一系列的问题。无论企业通过《企业破产法》使其自身回归正常经营状态或彻底破产,都将面对企业税务问题。从法律制定初期来看,企业正常经营是税务缴纳的重要基础;如果企业难以正常经营,则缺少相应配套的法律规定。在诸多问题当中,企业破产中的税收债权是比较突出的问题。

因企业所欠的税款是收归国家所有,税务机关代表国家依照现行的各种税收法律法规、条例、实施细则以及征收管理制度向企业征收税款,从这个角度看,税务机关是属于行政执法者。实践中,即使企业进入破产程序后,破产企业的财产在变现过程中也要依法向税务机关纳税。因此,税务机关从破产案件受理前后都一直是行政执法者的身份。企业一旦进入破产程序后,税务机关与破产企业之间的关系就不再是原来单一的税收法律关系。如果破产企业欠缴税款,税务机关将作为债权人的身份出现在破产程序中,依法申报债权,依法参加债权人会议等。

总之,市场经济下企业退出是常态现象,破产制度"破"是形式,"立"是实质。《破产法》兼具公平偿债和困境拯救的功能,是让正常市场主体"向死而生"之法,让困境企业"涅槃重生"之法,让失败市场主体"规范退出"之法。税收是国家在法律规定下为满足社会公共需求、提供公共产品的一项重要政策工具,也是强制、无偿取得税收收入的法定规范形式。在社会主义市场经济高速发展和法治文明建设日益完善的背景下,涉税法律制度的设计既要维护企业的良性运行,同时也要为企业退出市场提供一定的救济。企业破产涉税问题是《企业破产法》和《税收征管法》之间的碰撞与交融,为更好地平衡不同利益主体间的关系,要发挥企业破产会计的信息披露功能,注重加强破产涉税相关法律制度的设计,同时税务机关和司法机关要积极投身于企业破产涉税工作中,为法律制度的贯彻落实奠定坚实的基础。

基于以上企业破产过程中的税收与会计的关系,本书依据《中华人民共和国企业破产法》和《中华人民共和国税收征收管理法》及相关法律法规,围绕企业破产涉税问题,以企业破产会计信息对纳税的核算和披露为起始,结合当前最新的破产税收政策,论述了企业破产程序中的涉税问题和对策,并引入了企业案例给予解释说明,包括对企业破产程序中的税收债权、破产财产处置涉税、清算式重整涉税、破产清算税务注销等方面的论述,以及对房地产业、零售业以及其他相关破产企业的涉税案例解析。本书希望"理论+

4

政策+案例"的内容安排既能保持破产会计和涉税问题的抽象性和专业性,又能增加广大读者的认知主动性,激发阅读兴趣,从而能够为困境企业破产重整创造条件,实现优化营商环境、服务经济高质量发展的目的。本书对推动破产法和税法的改革与完善、有效解决破产程序中的涉税问题具有参考意义,对政策制定者、企业界人士和研究人员等相关参与主体有所助益。

集结成书的过程汇聚了团队的辛劳付出和智慧。本书的创作得到了河南工业大学秦海敏教授的热忱指导、河南省豫州中兴清算事务所(有限合伙)的大力支持。任虹芹女士、谭艳平女士和崔向英先生不吝分享多年的工作经验和丰富的资料积累,提供了最新的企业破产涉税数据、法律规章和政策文件,以及业界的前沿动态,并参与了相关章节的编写。

本书也得到了郑州里昂斯特财务服务有限公司的积极协助,为本书整理、提供了企业财务和涉税实务素材。

在本书的创作过程中,得到了有关同学的参与。他们按照协同育人项目(XTYR2022HSK017)和开放实验项目(会计学专业本科生科研技能训练项目)的要求,在教师指导下,依据教师科研项目,协助开展数据整理、文献查询、论文撰写等部分科研任务,圆满完成了科研技能训练。这些同学是会计学(ACCA 方向)1941 班的李涵和 1942 班的田梓萌、会计学(CIMA 方向)1942 班的郭晓桐和 2041 班的张嘉良、张影、贾稳滨。

为完成本书创作,作者及研究团队查阅了很多参考文献,收集、整理了海量网络文章,由于篇幅所限,难以逐一列示。在此特别感谢那些无名的创作者无私的知识分享与思想火花。

尽管我们付出了很大努力,但限于水平,书中的纰漏和不足在所难免,敬请各位同仁、专家和读者朋友批评指正。

目 录

1

企业破产法实施概况

改革开放以来,我国破产立法经过三十多年的不断探索,逐步趋于完善,当前已经形成了与社会主义市场经济要求基本适应的破产法律制度体系。全国法院通过实施破产法,妥善审理了数以万计的破产案件,为企业改制、经济转型、社会发展做出了积极贡献,在生动丰富的破产审判实践中诠释彰显了破产制度对市场经济发展的促进作用和保障价值。

随着"供给侧结构性改革"的深入推进,《企业破产法》已经成为市场经济法律体系的重要组成部分。《企业破产法》是市场经济的一项基础性法律制度,是经济运行与市场信用的重要保障。完善破产制度对于优化法治化营商环境、优化资源要素配置、激发市场主体活力、促进经济转型升级,完善社会主义市场经济体制具有重要意义。

1.1 人民法院贯彻实施《企业破产法》的举措①

1.1.1 出台系列司法解释和司法政策

最高人民法院出台司法解释和司法政策,为破产法的有效实施提供指

---

① 本部分内容根据王东明、刘贵祥、徐阳光、周强等署名发布的网络公开信息整理。

引。自 2007 年以来,最高人民法院制定了系列司法解释、批复和司法政策性文件,及时总结审判实践经验,推动破产审判工作开展。

例如:

《最高人民法院关于适用〈中华人民共和国企业破产法〉若干问题的规定(一)》

《最高人民法院关于适用〈中华人民共和国企业破产法〉若干问题的规定(二)》

《最高人民法院关于适用〈中华人民共和国企业破产法〉若干问题的规定(三)》

《关于〈中华人民共和国企业破产法〉施行时尚未审结的企业破产案件适用法律若干问题的规定》

《关于审理企业破产案件指定管理人的规定》

《关于审理企业破产案件确定管理人报酬的规定》

……

地方各级人民法院在《企业破产法》和司法解释的框架内,也制定了相关破产案件审理规范,为具体案件审理提供支持。从文件发布的部门来看,多数集中在高级人民法院,其中发文数量与各地统计的案件受理数量成正比。这表明制度供给越充分,就越能促进破产案件的受理和审理,越能发挥破产制度的功能。

近年来,国家有关部门也制定了相关文件促进破产制度的实施和完善。

1.1.2 通过信息化手段推进《企业破产法》实施

为适应信息化时代的要求,最高人民法院研发建设了全国企业破产重整案件信息平台,于 2016 年 8 月 1 日上线运行。全国企业破产重整案件信息平台由全国企业破产重整案件信息互联网、企业破产案件法官工作平台、破产管理人工作平台三部分组成,目标在于实现对债务人信息的全面、真实、专业、规范、及时的公开,吸引更多投资人,实现困境企业重整再生;通过网上预约立案、异议申请、材料提交、信息检索、破产财产处置等事务,降低破产程序实施成本;通过该平台全面发布企业破产案件审理流程、破产信息动态、法律文书电子送达等,加速破产案件审理进程。

最高人民法院还制定下发了《关于企业破产案件信息公开的规定(试

行)》《企业破产案件法官工作平台使用办法(试行)》《企业破产案件破产管理人工作平台使用办法(试行)》

1.1.3 促进执行程序与破产程序的有效衔接

各级人民法院积极促进执行程序与破产程序的有效衔接,助力解决执行难问题。现行《企业破产法》作为我国市场经济条件下第一部真正意义上的破产法,总结了先前立法的经验与不足,吸收借鉴了国际先进立法经验和成果,为健全完善我国社会主义市场经济提供了法治保证。《企业破产法》自 2007 年 6 月 1 日起正式实施以来,历经十五年。全国法院采取切实有效的措施推动《企业破产法》实施,破产审判工作在依法清理"僵尸企业"、推进市场主体救治和出清、防范化解重大风险等方面做出了积极贡献,破产审判工作获得了较大发展。

由于当事人的认识程度和我国执行破产工作的特殊背景,长期以来,人民法院执行领域中集聚了大量符合破产条件的案件。这一方面加剧了执行工作的难度,占用了有限的执行资源;另一方面也使众多本应通过破产程序及时出清的"僵尸企业"不能及时退出市场,影响了破产制度功能的发挥,妨碍了优胜劣汰机制的运行。

各级人民法院积极探索建立执行程序与破产程序的有效衔接机制,推动破产法功能的有效发挥,推动解决执行难。最高人民法院出台了《关于执行案件移送破产审查若干问题的指导意见》,并多次召开专门会议研究推动执行案件移送破产审查工作,很多地方法院也相应制定了实施措施,一大批符合移送条件的执行案件通过执破衔接机制进入破产程序,最终得以彻底化解。

1.1.4 开启新一轮立法改革

《企业破产法》经历了十五年的经济社会发展与司法实践的积累,为《企业破产法》相关制度和理念的进一步完善提供了充分的理论与实践基础。近年来,为进一步完善企业破产制度,国家层面出台了系列重要的指导文件,对健全优胜劣汰市场化退出机制、进一步完善企业破产法律制度做出了战略部署。

2018 年 9 月,全国人大常委会公布立法规划,将《企业破产法》的修改纳入"需要抓紧工作、条件成熟时提请审议"的第二类项目当中。根据工作计划和安排,2019年6月以来,最高人民法院和人民银行、国资委、人社部等部门组织启动起草工作,对疑难、重点问题开展研究归类和梳理,准备在征求各方面意见的基础上形成正式草案稿。

2019年6月,最高人民法院会同国家发改委等13个中央部门联合发布《加快完善市场主体退出制度改革方案》(以下简称《方案》),强调推进全面深化改革,推动高质量发展,营造稳定、公平、透明和可预期的营商环境,明确了我国市场主体退出制度改革的指导思想、基本原则和总体目标,提出了完善各类退出方式的制度建设任务以及相关的权益保护机制和配套政策,对于促进市场主体优胜劣汰、推进经济高质量发展和建设现代化市场经济体系具有十分重要的意义。《方案》提出了一系列的新课题,如完善破产程序启动制度、建立预重整和庭外重组制度,细化重整程序规则等。

2019年10月,中共中央十九届四中全会在《关于坚持和完善中国特色社会主义制度推进国家治理体系和治理能力现代化若干重大问题的决定》中明确提出,"加快完善社会主义市场经济体制……改革生产许可制度,健全破产制度。"

2020年5月,发布的《中共中央 国务院关于新时代加快完善社会主义市场经济体制的意见》要求,健全破产制度,改革完善企业破产法律制度,推动个人破产立法,建立健全金融机构市场化退出法规,实现市场主体有序退出。

2021年1月,中共中央办公厅、国务院办公厅印发了《建设高标准市场体系行动方案》,明确规定:"推进企业注销便利化。……建立企业破产案件简化审理模式,对资产数额不大、经营地域不广的企业实行简易破产程序。开展个人破产制度改革试点。"

2021年2月,最高人民法院会同国家发展改革委、财政部等13家单位联合发布《关于推动和保障管理人在破产程序中依法履职进一步优化营商环境的意见》,强调相关部门、金融机构应当按照法律规定积极支持和配合管理人依法履行接管、调查、管理、处分破产企业财产等职责;优化破产企业注销和状态变更登记制度;加强金融机构对破产程序的参与和支持;便利破产企业涉税事务处理;完善资产处置配套机制;加强组织和信息保障。

2021年4月,国务院第131次常务会议通过《市场主体登记管理条例》。第三十四条规定:"人民法院裁定强制清算或者裁定宣告破产的,有关清算组、破产管理人可以持人民法院终结强制清算程序的裁定或者终结破产程序的裁定,直接向登记机关申请办理注销登记。"

2021年11月,国家税务总局发布《关于纳税信用评价与修复有关事项的公告》,"破产企业或其管理人在重整或和解程序中,已依法缴纳税款、滞纳金、罚款,并纠正相关纳税信用失信行为的,可向主管税务机关申请纳税信用修复。申请破产重整企业纳税信用修复的,应同步提供人民法院批准的重整计划或认可的和解协议,其破产重整前发生的相关失信行为,可按照《纳税信用修复范围及标准》中破产重整企业适用的修复标准开展修复。"

2021年11月25日,国务院发布《关于开展营商环境创新试点工作的意见》(国发〔2021〕24号),首批试点城市为北京、上海、重庆、杭州、广州、深圳6个城市。在公布的首批营商环境创新试点改革事项清单中,15~20项直指破产办理:探索建立市场主体除名制度;优化破产企业土地、房产处置程序;优化破产案件财产解封及处置机制;进一步便利破产管理人查询破产企业财产信息;健全企业重整期间信用修复机制;进一步完善破产管理人选任、预重整等制度。

值得关注的是,疫情对经济和社会生活产生了巨大影响,不少企业也因此走向了破产之路。最高人民法院为贯彻落实党中央关于统筹推进新冠肺炎疫情防控和经济社会发展工作部署会议精神,依法妥善审理涉新冠肺炎疫情民事案件,维护人民群众合法权益,维护社会和经济秩序,维护社会公平正义,依照法律、司法解释相关规定,结合审判实践经验,为疫情防控常态化和全面推进复工复产提供了有力的司法服务和保障。2020年4月16日,最高人民法院印发《关于依法妥善审理涉新冠肺炎疫情民事案件若干问题的指导意见(一)》(法发〔2020〕12号)。2020年5月13日,最高人民法院印发《关于依法妥善办理涉新冠肺炎疫情执行案件若干问题的指导意见》(法发〔2020〕16号)。2020年5月15日,最高人民法院印发《关于依法妥善审理涉新冠肺炎疫情民事案件若干问题的指导意见(二)》(法发〔2020〕17号),对疫情期间合同案件、金融案件、破产案件的审理做出了较为明确的规定。2020年6月8日,最高人民法院印发《关于依法妥善审理涉新冠肺炎疫情民事案件若干问题的指导意见(三)》(法发〔2020〕20号),对疫情期间审理民商事案件涉及的诉讼当事人、诉讼证据、时效、期间、适用法律、涉外商事案件、运输合同案件、海事海商案件、诉讼绿色通道、涉港澳台案件的审理等事项做出了规定。

以上只是部分发文梳理,不难看出,自始至终,从党中央、国务院到各部委,都高度重视市场主体退出、《破产法》的实施和营商环境优化建设,出台的文件都具有很强的针对性,也是对实践经验的总结和拓展。2021年应属中国破产法治建设的"高光时刻",这倒不是因为疫情之下破产案件数量的增加,而是因为《破产法》的修改受到了前所未有的重视。

社会在不断变革之中,因此,《破产法》也不可能一成不变,需要对其评估,确保《破产法》满足当前的需要。当前,中国特色社会主义进入了新时代,在新发展理念的指引下,我国社会主义市场经济也由高速增长转向高质量发展阶段,供给侧结构性改革的推进,对破产法治建设提出了新的要求,《破产法》的改革完善又站在了一个新的历史起点。以下重要事件值得特别关注,或将与新一轮《企业破产法》修订密切相关。

《全国人民代表大会常务委员会2021年度立法工作计划》将《企业破产法》修改纳入了年度初次审议的法律案。

全国人大常委会对《企业破产法》实施情况开展执法检查,并开始起草《企业破产法》修改草案。

最高人民法院与香港特别行政区建立内地与香港相互认可和协助破产程序的机制。

最高人民法院提交了《企业破产法修改建议稿》,中国人民大学破产法研究中心提交了《企业破产法修改建议稿》和《企业破产法与相关法律法规的衔接协调》专项报告,中国政法大学破产法与企业重组研究中心提交了《企业破产法修改建议稿》。

法律的调整范围、破产程序、重整制度、预重整制度、管理人制度、企业信用修复、金融机构破产、破产涉税处理、府院联动机制、合并破产、跨境破产以及《破产法》与相关法律法规衔接协调问题,都可能是修法关注的重点。

1.2　企业破产案例的申请和审理情况

1.2.1　总体概况①

各级政府和人民法院深入贯彻实施《企业破产法》,建立健全破产法律

---

① 本部分数据根据王东明、刘贵祥、徐阳光、周强等署名发布的网络公开信息整理。

制度体系,持续提升破产司法保障能力,推动符合条件的企业依法破产,法律实施取得了积极成效(如无特别说明,统计数据截至 2020 年)。

人民法院通过设立破产法庭、完善破产审判体制、加强专业化建设、健全管理人制度等举措,提高破产司法保障能力,加强破产审判组织机构建设。全国已设立 14 个破产法庭、近 100 个清算与破产审判庭以及专门的合议庭集中办理破产案件。全国共有从事破产审判工作的员额法官 417 名。

28 家高级人民法院和 284 家中级人民法院编制了管理人名册,共纳入机构管理人 5 060 家、个人管理人 703 人,各地共成立了 131 家管理人协会,管理人执业能力不断提升。

从破产案件数量看,2007—2020 年,全国法院共受理破产案件 59 604 件,审结破产案件 48 045 件。

从时间顺序看,企业破产法实施后的一段时间,每年的破产案件数量在 3000 件左右。党的十八大以来,随着供给侧结构性改革持续深化,加快建立和完善市场主体挽救和退出机制,破产案件数量快速上升,2017—2020 年受理和审结的破产案件分别占到法律实施以来案件总量的 54% 和 41%。

从地域分布看,东部地区破产案件数量占到全国的近 80%,浙江、江苏、广东三省约占 60%。

从破产企业类型看,随着国企改革持续推进,国有困难企业完成集中退出,民营企业破产案件占绝大多数,2020 年民营企业破产案件占案件总量的近 90%。

2007 年以来,国务院国资委推动 97 家中央企业下属的 804 户企业依法完成破产或进入破产程序,采取破产方式的中央企业占全部"处僵治困"退出企业的 24.3%,有力支持了国有企业深化改革。

2020 年审结破产案件 10 132 件,涉及债权 1.2 万亿元,充分保护债权人及相关方合法权益。其中,审结破产重整案件 728 件,盘活资产 4 708 亿元,让 532 家有发展前景的企业重获新生,帮助 48.6 万名员工稳住就业。2021 年审结破产案件 1.3 万件,涉及债权 2.3 万亿元,促进企业优胜劣汰和要素资源高效配置。2021 年审结破产重整案件 732 件,盘活资产 1.5 万亿元,让 745 家困境企业再获新生,35 万名员工稳住就业。

法律规定的三种破产程序中,破产清算约占破产案件总量的 90%,重整约 10%,和解不到 1%。符合破产条件的企业并未完全选择破产方式退出,2020 年全国企业注销数量 289.9 万户,其中因破产原因注销的企业 3 908

户,占比仅约1‰。这反映了企业主动运用破产方式实现市场出清的意愿不强。

1.2.2　案件申请

党的十八大以来,随着供给侧结构性改革持续深化,加快建立和完善市场主体挽救和退出机制,破产案件数量快速上升,在实践中取得了很大成效。通过"全国企业破产重整案件信息网"检索可知,2016—2021年全国破产审查案件(法院案号为"破申"案件)112 794件,且破产审查案件数量逐年上升,详见图2-1。

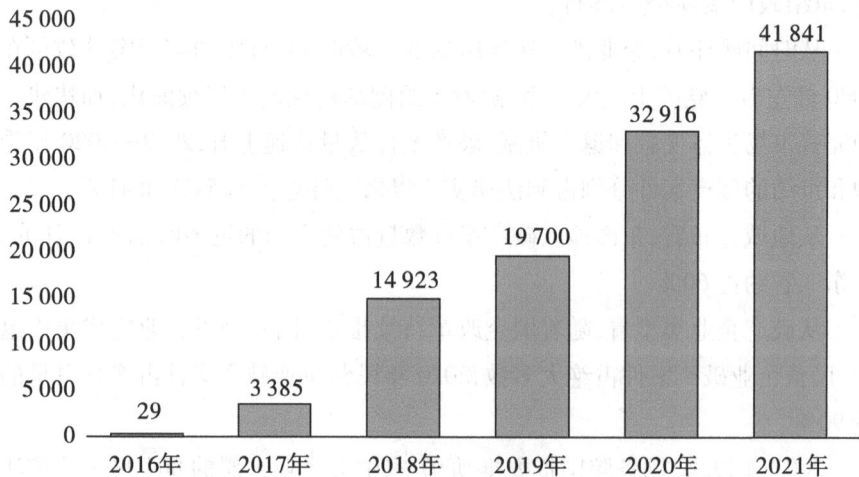

图2-1　破产审查数量

其中,通过"全国企业破产重整案件信息网"以关键词"苏""案件类型:破产审查案件"江苏省2016—2021年破产案件审查数量24 786件,占比21.97%,排名全国第一。同理检索可知,江苏省、浙江省、广东省、重庆市及上海市五省(市)占全国比重高达65.35%,详见图2-2。

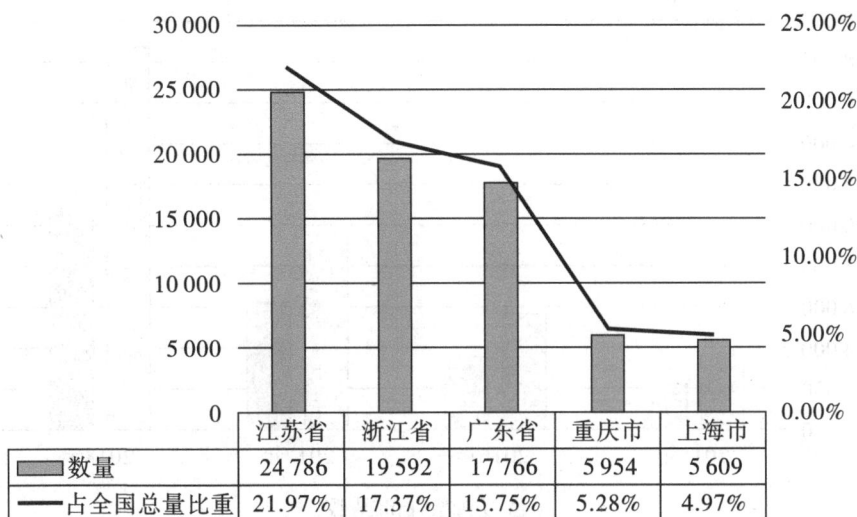

	江苏省	浙江省	广东省	重庆市	上海市
数量	24 786	19 592	17 766	5 954	5 609
占全国总量比重	21.97%	17.37%	15.75%	5.28%	4.97%

图 2-2 破产审查案件地域分布

1.2.3 案件审理

据统计,1998—2006 年,最多一年的破产案件受理量是 9 100 件,最少一年是 4 200 余件,平均每年受理 6 700 件。《企业破产法》实施后,案件受理量却比此前明显减少。2007—2020 年,全国法院共受理破产案件 59 604 件。其中,2008、2009 这两年都达到 3000 件,而 2010 年却仅是 2 000 余件,到了 2011—2013 这三年,其数量就降到了 2 000 件以下,不过 2014 年其数量又开始超过 2 000 件,而 2015 年就变成了 3 686 件。从 2016 年起,破产案件受理数量开始大幅攀升,2017—2020 年受理的破产案件占到法律实施以来案件总量的 54%。其中,2017 年全国法院共受理破产案件 9 540 件,同比增长 68.4%。2018 年全国法院共受理破产案件 18 823 件,同比增长 97.3%。具体受理及审结情况详见图 2-3。

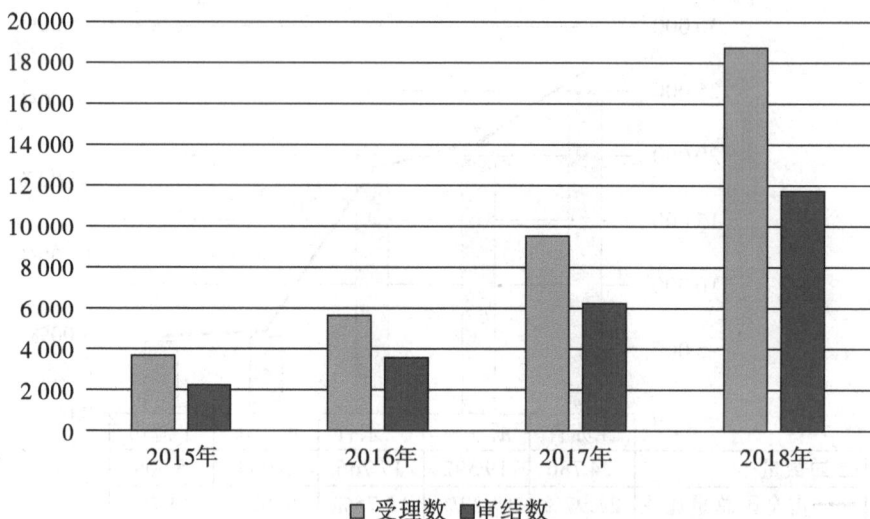

图 2-3　2015—2018 年我国破产案件受理及审结数量

从地域分布看,东部地区破产案件数量占到全国的近 80%,浙江、江苏、广东三省约占 60%。从破产企业类型看,随着国企改革持续推进,国有困难企业完成集中退出,民营企业破产案件占绝大多数,2020 年民营企业破产案件占案件总量的近 90%。

1.2.4　典型案例①

人民法院积极实践破产法律制度,优化破产制度运行,注重企业救治和债权人利益保护,审理形成了一大批具有良好法律效果、社会效果的典型破产案例。其中既有破产重整案件,也有破产清算案件,还包括关联企业合并破产、重整程序向清算程序转化、执行案件移送破产审查等案件。这些案例分别在依法维护职工合法权益、充分发挥政府与法院联动协调机制的作用、法院慎重行使强制批准权、注重运用市场化的方式推动企业重整、依法创新资产处置方式、探索采取综合模式挽救企业等方面体现了我国破产制度效能。

---

① 本部分内容的整理参考了澎湃新闻、法律快车、嘉源律师事务所的公开网络信息。

一是,促进实现资源优化配置,注重维持企业持续经营能力。在 CQHY、JKWK 企业破产清算案中,通过企业营运资产的整体出售,债务人具有经营价值的营业在新设企业中得以存续并继续发展,最大限度维护了企业的营运价值。在重庆海虹服饰有限公司破产清算转重整案中,法院在综合分析企业价值的基础上,及时裁定由破产清算转入重整,实现了相关主体的利益共赢。

二是,充分保障债权人在重大财产处分中的决策权,提升债权人的程序参与度。在 ZHSX 等两公司实质合并重整案中,管理人制定了包括资产处置内容的重整计划草案。草案经债权人会议表决通过后,管理人进一步细化处置规则,并在处分前依法向法院报告,最后顺利完成财产处置。在 SHXF 重整案中,法院保障债权人参与权,发挥和激励债权人参与重整的能力,实现了良好的重整效果。

三是,充分尊重债权人意见,保障债权人对管理人的推荐权和更换权。在 BJLL 等两公司重整案、GZKLS 重整案、SHZL 破产清算案中,法院坚持债权人意思自治和需求导向,赋予债权人在预重整阶段对管理人的推荐权;探索管理人跨区域执业,结合案件具体情况,指定大部分债权人一致推荐的机构担任管理人;在债权人会议尚不具备履职条件的情况下,承认单个债权人有权就管理人履职能力发表意见,并行使申请更换管理人的权利。

四是,适用重整计划草案表决新机制,权益未受调整或影响的债权人不参与表决。在 BJZDH 破产重整案中,权益未受影响的职工债权人和税款债权人不参与重整计划草案表决,在保障债权人合法权益的基础上有效提升程序效率。在 CYCY 重整案中,创新实践操作模式,此前已投票赞成的债权人在二次表决重整计划草案时,不再参与表决,缩短表决时间,降低重整成本。

为充分发挥典型案例的制度效能,本书在以下收集、整理了最高人民法院在 2021 年发布的十起典型案例。

案例一

营运资产整体出售,最大限度实现营业继续——CQHY 天然气有限责任公司破产重整案。

案例二

企业资产组合出售,提高资产整体价值——JKWK 服饰有限公司破产清算案。

案例三

破产清算转重整,充分运用重整维系有经营前景企业生存——CQHH 服饰有限公司破产清算转重整案。

案例四

重大资产处置经债权人同意,有效保障债权人权利——ZHSX 燃气轮机股份有限公司、ZHSX 安装工程(北京)有限公司实质合并重整案。

案例五

充分保障债权人重整程序性权利,维护债权人重整积极性和重整利益——SHXF 危险品船务储运有限公司重整案。

案例六

更换未尽职管理人,支持债权人行使管理人更换权——SHZL 置业有限公司破产清算案。

案例七

预重整及时指定管理人,保障债权人的推荐权——BJLL 技术集团有限公司、BJXA 混凝土集团有限公司合并重整案。

案例八

充分尊重债权人合理意见,指定债权人推荐的机构担任重整管理人——GZKLS 自行车运动时尚产业股份有限公司重整案。

案例九

适用重整计划草案表决新机制,权益未受调整或影响的债权人不参与表决——ZDHT 信息科技有限公司破产重整案。

案例十

妥善处理权益未受影响和受到影响的利害关系人表决问题,兼顾重整的效率与公平——CYCY 包装有限公司重整案。

1.3 最高人民法院 2021 年度十起典型破产案例

1.3.1 案例一

营运资产整体出售,最大限度实现营业继续——CQHY 天然气有限责任公司破产重整案。

【案情简介】

CQHY 天然气有限责任公司（以下简称 CQHY）注册资本 2010 万元，拥有职工 163 人，为重庆市大足区的重要天然气供应企业。CQHY 因严重资不抵债，依法向重庆市大足区人民法院申请重整。2016 年 11 月 28 日，法院裁定受理 CQHY 重整案。

本次重整采用出售式重整。根据重整计划草案，CQHY 以其与天然气业务相关的全部营运资产及其他优质资产设立新公司，剩余资产仍归 CQHY 所有。重整投资人 SDSL 出资收购该新公司全部股权，并全盘接收现有职工及天然气业务。SDSL 分期支付股权转让款 6.638 亿元，专项用于清偿 SDSL 破产债权。

2017 年 9 月 27 日，SDSL 第二次债权人会议召开，各表决组均通过重整计划草案。2017 年 11 月 20 日，法院裁定批准重整计划。重整计划执行中，新设公司 CQSB 燃气有限公司经营持续向好，已累计实现利润约 1.8 亿元。

【裁判要旨及典型意义】

本案是利用出售式重整方式维护企业整体营运价值，拯救危困企业，保障各方当事人合法权益的典型案例。

重整的实质是拯救债务人的经济和社会价值，实现资源优化配置。出售式重整将债务人具有活力的营运资产一并转让给他人，使营运资产在新的企业中存续并发展，而以转让所得清偿债权人，属于重整的重要形式。此种情况下，债务人企业具有价值的营运资产将通过整体出售的方式予以保留，避免了被不当分割出售。

本案中，投资人愿意承接 CQHY 优质资产，但其考虑到对外应收债权的不确定性，不愿接受该类债权。据此，法院积极实践出售式重整，剥离具有整体营运价值的资产设立新公司。战略投资人支付股权转让款后取得新公司股权，该股权转让款用于清偿债务人债务。这既确保了债务人资产营运价值最大化，又有效维护了债权人合法权益。

1.3.2　案例二

企业资产组合出售，提高资产整体价值——JKWK 服饰有限公司破产清算案。

【案情简介】

2020 年 1 月 14 日,经 JKWK 服饰有限公司(以下简称 JKWK)申请,上海市第三中级人民法院以其不能清偿到期债务且明显缺乏清偿能力为由,裁定受理该公司破产清算案。

JKWK 的资产主要为库存商品、商标及网络店铺经营权。其中,库存商品多为滞销服装,若不及时变现,将面临霉变损坏风险,价值贬损严重,而且还会持续增加仓储费。清算中,管理人发现意向购买方的关注点不在服装本身而在于 JKWK 旗下的商标、网络店铺经营权等无形资产。经过管理人与购买方多次沟通、分析和协商,购买方发现了上述无形资产与服装组合后的潜在价值。购买方同意将无形资产与服装组合购买。据此,管理人专门制订资产组合打包变价方案。债权人会议表决通过该方案后,管理人按照上述变价方案出售了债务人现存资产,有效提升了企业资产的价值和未来营运能力。

【裁判要旨及典型意义】

本案是恰当地组合出售企业资产,释放企业资产潜在价值的典型案例。

破产财产是供破产债权人分配的财产,决定着各债权人的实际利益。在破产财产处置中应当注重破产财产价值最大化,同时兼顾处置效率。法院要积极探索灵活多样、更为有效的破产财产处置方式和渠道,对于能够通过整体或组合处置方式提高企业资产整体价值的,应优先采用该处置方式,最大程度提升债务人财产的变价率。

本案中,债务人企业名下的服装如果与商标、网络店铺经营权脱离后分散出售,价值将急剧贬损,而且还会产生额外成本。人民法院和管理人采取的资产组合出售变价方案展现了三方面优势:一是使独立出售时会滞销的服装类资产与具有价值的商标、网络店铺经营权等资产同步出售,提升了资产整体价值和债权人受偿率;二是维系了品牌原始受众,将原业主的经营成果凝结在出售的财产中,降低了新经营主体创立品牌的成本,减少了破产清算可能带来的财产损耗;三是实现了品牌的市场存续,保存了商标、网络店铺经营权的营运价值,企业的经营事务得以延续。

1.3.3 案例三

破产清算转重整,充分运用重整维系有经营前景企业生存——CQHH 服饰有限公司破产清算转重整案。

【案情简介】

CQHH 服饰有限公司(以下简称 CQHH)是一家成立于 2004 年 11 月的民营企业,注册资本 6 000 万元,主要从事工作服的加工与销售。受经济下行压力影响以及新冠肺炎疫情冲击,企业经营出现困难。经债权人申请,2020 年 5 月 28 日,重庆市第五中级人民法院裁定受理 CQHH 破产清算案。

管理人接管企业时发现,企业处于正常经营状态,在职职工 50 人,有完整的生产线和成熟的销售网络,且有 10 份购销合同未履行完毕。为维持企业营运价值,稳定职工就业,经管理人申请,法院许可 CQHH 继续营业。2020 年 11 月 27 日,法院在充分考虑债权人利益的情况下,经债务人申请依法裁定 CQHH 由破产清算程序转为重整程序。2020 年 12 月 16 日,CQHH 第二次债权人会议召开,重整计划草案获参加表决的债权组全票通过。2021 年 1 月 6 日,法院裁定批准重整计划。该案虽经历破产清算到重整的程序转换,但从裁定受理到裁定批准重整计划历时仅 224 天。

【裁判要旨及典型意义】

本案是积极运用破产程序的转换,充分促进企业重整的典型案例。

我国《企业破产法》通过规定破产清算与重整之间的转换,为进入破产清算但仍具有市场前景的企业提供了重生的机会。利用破产程序转换拯救具有市场价值的危困企业,促进更多企业重生,对于做好"六保"工作具有积极意义。人民法院应按照法律规定针对不同企业的情况精准识别和研判,依法灵活运用恰当的破产方式,积极促进有拯救价值的企业重整。

本案中,法院在综合分析企业生产、销售能力和市场前景的基础上,及时依法裁定由破产清算转入重整,高效完成整个破产程序,实现了相关利益主体共赢。企业摆脱困境继续发展,职工就业得以保障,同时也大幅提高了债权清偿率,最大程度维护了债权人合法权益。

1.3.4　案例四

重大资产处置经债权人同意,有效保障债权人权利——ZHSX 燃气轮机股份有限公司、ZHSX 安装工程(北京)有限公司实质合并重整案。

【案情简介】

ZHSX 燃气轮机股份有限公司与 ZHSX 安装工程(北京)有限公司(以下

简称 ZHSX 两公司）系母子公司,主要经营燃气轮机的生产、研发等业务。2019 年 11 月,ZHSX 两公司先后向北京市第一中级人民法院申请重整。经管理人申请,法院裁定对两公司进行实质合并重整。两公司资产包括股权、厂房土地、车辆、机器设备、存货原材料、应收账款等。

在征求债权人意见基础上,管理人制定了包括资产处置内容的重整计划草案,明确除相应股权通过北京产权交易所交易外,其他资产需通过拍卖等方式处置。在第一次债权人会议上,债权人听取了管理人关于财产处置范围、拍卖价拟订、流拍问题等内容的汇报,就相关事项向管理人进行了询问,并表决通过重整计划草案。

法院裁定批准重整计划后,管理人按照重整计划中的资产处置内容,继续细化处置方式,制作详细的拍卖方案。管理人于实施处分行为前十余日向法院报告相关情况,因财产处置方式符合债权人会议表决通过的重整计划,法院对管理人的处置方式予以认可。最终,除报废的两辆汽车外,其他资产均全部成功处置,其中资产最短处置用时 15 天,最终资产处置总价5 600万余元,单体资产最高溢价率为 257%。

【裁判要旨及典型意义】

本案是由债权人会议决定重大财产处分,有效保障债权人权益的典型案例。

债权人会议行使重大财产处分决定权是债权人意思自治原则的重要体现,是保障债权人清偿利益、提升债权人参与度和获得感的重要途径,是监督管理人勤勉尽责、实现程序公正高效的有力措施。债务人重大财产处分涉及全体债权人清偿利益的实现方式及实现程度,影响破产程序进程,理应由债权人参与和决定,并由管理人执行债权人会议决议。

本案中,首先,管理人制作包含财产变价内容的重整计划草案并提交债权人会议表决。其次,管理人依照债权人会议决议通过的重整计划进一步细化处置规则。最后,为避免出现管理人的处分行为缺乏监督的情况,法院要求管理人在实施处分前应向其报告,法院认真审查管理人的实际处分行为是否符合债权人会议决议。通过以上程序,债权人在债务人财产处分上的决定权得以充分保障,企业资产处置取得最佳效果。

1.3.5　案例五

充分保障债权人重整程序性权利,维护债权人重整积极性和重整利益——SHXF 危险品船务储运有限公司重整案。

【案情简介】

2019 年,SHXF 危险品船务储运有限公司(以下简称 SHXF)以其过度担保导致公司严重资不抵债但其具有重整价值为由,向上海市第三中级人民法院申请重整。2019 年 11 月 9 日,法院裁定受理 SHXF 重整案。

在法院指导下,管理人充分保障债权人在重整中的程序性权利:进入破产程序后,保障单个债权人对债务人资产负债状况、经营信息及财务信息等的知情权;在确定重整期间的经营管理方案时,充分听取采纳债权人的建议;在招募投资人时,积极引导债权人推荐投资人并参与磋商。

重整中,前期外部招募投资人工作并不顺利。但是,得益于债权人知情权、参与权的充分保障,部分债权人在外部招募失败后提出了债转股的意向。法院指导管理人充分尊重债权人对现金清偿方案和债转股方案的选择权,并根据债权人意愿不断调整方案细节。在重整方案表决前,法院召集管理人和债权人举行预备会议,就重整方案条款和表决机制等做专题说明并答疑解惑。2020 年 11 月 30 日,SHXF 债权人会议表决通过重整计划草案,现重整计划已经执行完毕。

【裁判要旨及典型意义】

本案是依法充分保障债权人重整程序性权利,维护和激发债权人重整积极性,进而促进重整成功的典型案例。

保护债权人利益是破产程序的重中之重。法院应当通过提升案件审理透明度、提高债权人参与度等方式,切实保障债权人的知情权、参与权、异议权以及重大资产处置决定权等权利,使债权人在对债务人经营信息和重整信息知悉的基础上合理判断重整前景,做出符合自身利益的决策。

本案中,疫情原因导致投资人招募工作进展困难。但是,由于公开透明的信息发布机制和债权人的深度参与,债转股方案得以顺利通过,实现企业重生。一是在重整受理之初即采纳债权人对 SHXF 经营管理的意见,积极引导债权人参与重整工作,拓展债权人对重整程序各个环节的参与度。二是保障实现债权人对债务人资产负债及经营信息等方面的知情权,为外部招募投资人失败后债权人理性做出债转股决定奠定基础。三是确定债转股重整方案后,积极回应债权人债转股和现金清偿的不同诉求,最终促使各方债权人表决通过了重整方案。

1.3.6 案例六

更换未尽职管理人,支持债权人行使管理人更换权——SHZL 置业有限公司破产清算案。

【案情简介】

2019 年 11 月 11 日,上海市第三中级人民法院裁定受理 SHZL 置业有限公司(以下简称 SHZL)破产清算案,并指定某会计师事务所担任管理人。

为依法快速推进案件的审理,法院分别于 2019 年 11 月 20 日、2020 年 3 月 18 日、2020 年 4 月 24 日、2020 年 6 月 19 日召集管理人就 SHZL 破产清算案所涉财产接管、债权审查等工作进行讨论,确定工作方向,明确时间节点。截止债权人会议召开前,管理人仍未完成财产接管,导致债务人名下不动产被他人占用。同时,管理人也未能依法有效进行债权审查,导致债务人破产费用增加,拖延案件审理进程。

2020 年 7 月 28 日,因未能有效召开债权人会议,某单个债权人提交书面申请,以管理人不能勤勉专业地履行管理人职务为由请求更换管理人。法院认为管理人未能勤勉履职的情形属实,债权人的申请理由成立,于 2020 年 9 月 17 日做出决定,解除该会计师事务所的管理人职务,另行指定了管理人。

【裁判要旨及典型意义】

本案是依法支持债权人行使管理人更换权,确保管理人依法履职,保障破产程序有序推进的典型案例。

管理人是破产程序的主要推动者和破产事务的执行者,其能力和素质不仅影响破产审判工作的质量,还关系到破产企业的命运和未来发展,更关乎债权人利益的实现。在管理人未能勤勉尽责,忠实执行职务时,债权人有权对管理人予以监督,有权就管理人履职能力提出异议,有权向法院申请更换管理人。

本案具有以下两方面的典型意义:一是保障债权人对管理人履职行为的监督权。当管理人怠于履行职责或者不能勤勉履职时,债权人有权提出异议。二是支持债权人行使管理人更换权。在债权人会议尚不具备履职条件的情况下,法院认可单个债权人有权就管理人履职能力发表意见,并行使请求更换管理人的权利。法院依法对相关事项进行审查,认为债权人申请更换管理人的意见成立的,应及时更换管理人。

1.3.7　案例七

预重整及时指定管理人,保障债权人的推荐权——BJLL 技术集团有限公司、BJXA 混凝土集团有限公司合并重整案。

【案情简介】

因陷入经营困境和债务危机,BJLL 技术集团有限公司(以下简称 BJLL)和 BJXA 混凝土集团有限公司(以下简称 BJXA)共同向北京市昌平区人民法院申请实质合并重整。在审查重整申请过程中,法院充分考虑债权人和债务人希望通过协商方式实现利益最大化的诉求,在认真评估和识别两公司重整价值、重整可能性的基础上,决定对两公司适用预重整程序。

预重整中,债权人从管理人名册中选定了某律师事务所并向法院推荐其作为临时管理人。法院经审查后迅速指定该律师事务所为临时管理人。临时管理人自 2019 年 10 月 9 日入场,至 2019 年 12 月 31 日完成预重整,期间完成了债务人财产状况调查、监督债务人经营管理及财产处置、通知债权人并接受债权申报及审查、制定保障职工权益的劳动管理制度、提交预重整工作报告等工作。

临时管理人履职得到了债权人认可,预重整债权人会议通过了"确定临时管理人为 BJLL、BJXA 转入重整程序后的管理人"的事宜安排。2020 年 2 月 3 日,法院裁定受理联绿集团、新奥集团合并重整案,并直接指定临时管理人为重整管理人。由于前期预重整工作打下了良好基础,该案审理时长仅 3 个月。目前,重整计划已执行完毕,BJLL 和 BJXA 的产能逐步恢复。

【裁判要旨及典型意义】

本案是人民法院尊重债权人意见指定临时管理人,保障债权人对预重整管理人推荐权的典型案例。

在预重整程序中,法院尊重债权人意志和需求,赋予债权人对选任管理人的推荐权,能够有效简化指定管理人的程序环节,增强债权人对临时管理人的履职监督。由债权人推荐临时管理人,还有利于提升债权人对重整程序的参与度,降低重整成本,提升重整成功率。进入重整程序后,法院根据预重整债权人会议结果,直接指定临时管理人为重整管理人,实现了预重整和重整程序的良好衔接。

本案中,法院根据债权人意见迅速指定临时管理人,快速完成管理人从临时向正式的转化,同时全程监督管理人依法行权、规范履职。这是充分尊重债权人意愿,给予各方主体商业决策空间,有力保障各方权益的有益探索。

1.3.8 案例八

充分尊重债权人合理意见,指定债权人推荐的机构担任重整管理人——GZKLS 自行车运动时尚产业股份有限公司重整案。

【案情简介】

GZKLS 自行车运动时尚产业股份有限公司(以下简称 GZKLS)于 2014 年 5 月在新三板挂牌上市,主营业务为中高端运动休闲自行车的品牌运营、设计、研发、制造与销售,名下"KLS"商标为广东省著名商标。自 2017 年起,公司开始发生巨额亏损,审计机构无法向中小股东出具财务报告审计意见。2017 年 11 月股票被暂停交易时有股东 477 人。2019 年 2 月 19 日,债权人向广州市中级人民法院申请对凯路仕公司重整。

经债权人协商,其中债权金额占比 74% 的债权人共同申请指定某律师事务所作为该案的管理人。2019 年 3 月 8 日,法院召开听证会,KLS、破产申请人、某律师事务所和部分债权人参加听证会。2019 年 3 月 18 日,法院指定该律师事务所为管理人。

案件审理过程中,管理人发挥重整经验丰富的优势,为公司量身定做重整方案。2020 年 1 月 16 日,KLS 第二次债权人会议召开,职工债权组、税款债权组、普通债权组、出资人组等各表决组均一次性表决通过重整计划草案。2020 年 4 月 8 日,法院裁定批准 KLS 重整计划。

【裁判要旨及典型意义】

本案是人民法院充分尊重债权人意见,指定债权人推荐的中介机构担任管理人的典型案例。

法院将债权人推荐的机构指定为管理人具有以下积极作用:一是债权人基于对管理人能力的信任和认可做出选择和推荐,不仅为管理人履职过程中与债权人沟通协调奠定良好基础,还能使管理人的业务能力、特点与个案具体情形相互匹配,保障破产程序高效推进。二是该模式充分考虑债权人在选择管理人时的自主权,有利于完善债权人对管理人的监督机制,确保债权人监督权在管理人选任环节的落地。三是由债权人推荐管理人,可以打破管理人执业的地域限制,形成管理人跨区域的执业竞争,促进管理人队伍管理水平和质效的总体提升。

本案中,破产企业的资产对投资人吸引力不强,重整成功难度较大。法院通过召开听证的形式,充分听取并考虑债权人对选任管理人的意见,经过对管理人履行能力的考察,最终同意指定债权人推荐的专业机构担任管理人,破产程序得以顺利高效推进,企业最终重整成功。

1.3.9 案例九

适用重整计划草案表决新机制,权益未受调整或影响的债权人不参与表决——ZDHT 信息科技有限公司破产重整案。

【案情简介】

ZDHT 信息科技有限公司(以下简称 ZDHT)因经营不善资金链断裂,债权人向北京市第一中级人民法院申请对该公司进行重整。为充分识别 ZDHT 是否具有重整原因、重整价值及重整可能,法院对 ZDHT 启动预重整程序。经过预重整程序后,法院于 2020 年 8 月 3 日裁定受理 ZDHT 重整案。

重整期间,根据预重整方案,管理人制订重整计划草案。草案规定,职工债权及税款债权将获得一次性全额现金清偿,有财产担保债权通过债转股的方式获得全额清偿,普通债权人可选择按照 25%的比例进行现金清偿或者通过债转股的方式进行全额清偿。同时,重整计划草案对出资人权益做全额调整,该公司 100%股权全部让渡用于引入战略投资人。

在第一次债权人会议上,因重整计划草案对职工债权及税款债权全额现金清偿,故前述债权人不参与重整计划草案表决,有财产担保债权组、普通债权组等对重整计划草案进行表决并获得通过。2020 年 12 月 28 日,法院裁定批准重整计划。

【裁判要旨及典型意义】

本案是适用重整计划草案表决新机制,权益未受调整或影响的债权人不参与表决的典型案例。

重整中,权益未受调整或影响的债权人不参加表决,将有利于在制订重整计划草案时管理人和债务人明确谈判对象和谈判重点,同时也防止权益未受调整或影响的债权人滥用表决权、阻碍重整计划制定和通过,进而提升重整成功率。

本案中,法院根据《最高人民法院关于适用〈中华人民共和国企业破产法〉若干问题的规定(三)》第十一条第二款的规定,对重整计划草案表决机制进行了调整,将权益未受影响的职工债权人和税款债权人不纳入重整计划草案表决,仅将权益因受重整计划草案调整或影响的利害关系人纳入表决程序,从而促进表决程序的高效性与结果的合理性,在保障债权人合法权益的基础上有效提升程序效率。

1.3.10　案例十

妥善处理权益未受影响和受到影响的利害关系人表决问题,兼顾重整的效率与公平——XSCY 彩印包装有限公司重整案。

【案情简介】

2019 年 2 月 1 日,杭州市萧山区人民法院根据债权人的申请,受理 XSCY 彩印包装有限公司(以下简称 XSCY)破产清算案。因企业具有重整可能及重整价值,经债务人申请,法院依法裁定 XSCY 由破产清算程序转为重整程序。

2020 年 1 月 21 日,XSCY 债权人会议召开,对重整计划草案进行表决,部分债权人因对重整程序和重整计划草案了解不够,未投赞成票或未及时投票,导致担保债权组及普通债权组未表决通过。经管理人、重整投资者与未通过重整计划草案的表决组再次协商,在充分保障其权益的基础上,获得了上述债权人的认可。

2020 年 6 月 28 日,XSCY 债权人会议再次召开,对重整计划草案进行二次表决。在本次重整计划草案分组表决中,因重整计划草案未做实质性调整,担保债权组及普通债权组第一次表决中同意的债权人不再参加本次表决。重整计划草案最终在二次表决中获得各表决组通过。2020 年 8 月 3 日,法院裁定批准 XSCY 重整计划。

【裁判要旨及典型意义】

本案是重整计划草案未做实质性调整时,先前已表决同意该重整计划草案的债权人不再参与表决的典型案例。

重整中的利害关系人是指重整计划草案对其权益产生影响的债权人或股东等。一般而言，权益未受到重整程序影响的债权人或股东，属无利害关系人，重整计划草案当然无需由其进行表决。而对于第一次表决中已投票赞成的债权人，虽属利害关系人，但因其已经主动同意重整计划草案对其权益的影响，在管理人未对重整计划草案进行实质修改的前提下，也无需参加二次表决。

本案中，因再次协商未对重整计划草案进行实质性调整，表决组中此前已同意的债权人无需参加二次表决，仅由未投票及未投赞成票的债权人进行二次表决。如此的表决规则设计，在保障债权人知情权与表决权的同时，还大大缩短了表决时间，降低了重整成本，体现了重整制度快速拯救企业的价值和功能。

1.4　典型案例总结

典型案例中通过灵活运用破产程序规则实现债务人重整成功，维持了企业持续经营能力、破产财产以最大价值变现，同时还能够维护债权人公平清偿的破产法基本原则。当中运用到的破产清算与重整常见方法有：出售式重整、合并重整、预重整、破产清算中的资产处置方式以及在破产清算中发现企业具有重整价值时的清算转重整。

典型案例体现了破产案件审判趋势，对目前破产案件办理提供了有益的参考要点（黄亮平和苗雨荔，2021）。从本次最高院发布的案例中可以看出：未来的案件对破产管理人、顾问律师等中介机构的经验、行业熟悉程度、规则熟悉程度的要求正在逐步提高；在未来的案件承办中，应当充分发挥法律法规的灵活性，结合市场经济形势、企业、行业及资产特性制订切实可行、兼顾效率的清算或重整方案；注重与利益各方充分沟通，尊重债权人意见，并提高清偿率以消减或化解程序中的各方矛盾。在此过程中，要求债务人、管理人、债权人及投资人等利益相关方应当充分发挥对各行各业的知识储备以及主观能动性，在破产程序规则框架下制订具有适合企业的方案等等，皆是本次案例带给业界的重要启示。

1.4.1　出售式重整

案例一:破产重整案中,采用的重整模式为出售式重整。以其与天然气业务相关的全部营运资产及其他优质资产设立新公司,剩余资产仍归华源公司所有。重整投资人出资收购该新公司全部股权,并全盘接收现有职工及天然气业务。

出售式重整指的是将债务人的优质营运资产部分或全部出售,使优质营运资产在新的企业中继续经营,而转让的对价以及未转让低效或者价值较低财产进入清算程序,最终注销原企业法人。在此模式下,企业的优质资产包括无形资产、人员、固定资产等将整体过户至另外一个法人主体名下并实现持续经营。原债务人将获得的优质资产转让对价以及低效资产变现所得价款作为偿债资金,剩余低效资产清算完毕后,企业法人注销。

出售式重整的优势在于,投资人无需全盘接收债务人整体资产,只要债务人现存的优质资产存在重整价值,即可只对优质资产进行重整。投资人相当于从债务人处购买了资产包,价格是确定的,从而偿债资金也是确定的,无需考虑优质资产的未来收益。未申报债权作为重整投资人最担心的重整风险之一,在出售式重整的模式下可以规避,特别是针对一些历史遗留问题相当复杂,关联主体间互保、暗保情况较多存在较大或有负债风险的债务人,出售式重整是较容易成功的重整模式。

近年来也出现了不少典型的运用出售式重整方式的案例,如 BHGT 破产重整案。受钢铁行业转型升级和去产能政策等影响,"渤钢系"48 家企业陷入严重债务危机,自行协议重组未获成功后,法院于 2018 年 8 月 24 日裁定受理该 48 家企业重整申请,并通过采取关联企业程序合并的方式协调审理,于 2019 年 1 月 31 日依法批准了"渤钢系"企业重整方案。

根据 BHGT 的重整方案,BHGT 集团 48 家企业资产合计 1 301 亿元,负债合计 2 868 亿元。管理人采用"出售式重整"模式将渤钢系 48 家企业分为两部分,一部分以钢铁资产为主,包括渤钢下属 17 家公司纳入钢铁资产平台,涉及资产 584.3 亿元、拟承债 1 651.3 亿元。另一部分以非钢铁资产为主的资产作为留存资产,包括另外 31 家公司纳入非钢铁资产平台,涉及资产 716.7 亿元,拟承债 1 216.7 亿元。TLGT 作为投资人,出资 200 亿元主要重整钢铁资产部分。原出资人以零对价出售钢铁资产给运营平台,TLGT 通过出资取得运营平台控股权完成对收购标的钢铁资产部分的实际控制。非钢铁资产平台承接未纳入钢铁资产平台的全部剩余资产。重整的清偿方案是"现金清偿+留债+债转股",其中现金清偿 160 亿元,包括员工工薪资、补贴等 43 亿元,留债 179 亿元。非钢铁资产平台承接全部剩余资产后,委托建信信托设立财产权他益信托,指定债权人作为信托受益人,财产权信托通过向债权人分配信托利益的方式实现债权清偿。

BHGT 重整是通过出售式重整有效化解大型国有企业集团巨额债务危机,促进资源优化配置的典型案例。典型案例中,案例二也采用了出售式重整的思路,整体出售了债务人的营运资产,包括产品、商标、网店经营权等,提高资产整体价值,达到了优化资源配置的要求。

但出售式重整也有明显的劣势,如资产过户时,需要承担较高的税费;企业如果是上市公司,或存在特许经营资格,出售式重整中,新的法人主体将无法继承这些资格。出售式重整中,投资者需要一次性支付较高的对价,而在存续式重整中,投资者只要投入可以取得企业控股地位的股权对价即可,剩余的股权可以通过债转股股东、财务投资人股东进行持股,从而降低投资成本。在方案选择时,需要综合考量。

1.4.2 合并重整

典型案例中采用了合并重整模式的案例有,案例四:公司实质合并重整案,合并破产也是在破产程序中常用的手段。主要适用于关联公司如母子公司、同一套班子两块牌子的关联公司发生高度人格混同、财务混同、业务混同和资产混同,不进行合并重整无法满足破产法公平清偿的原则的情形。

案例七:合并重整案中,法院裁定两公司合并重整的理由主要从三个方面考量。一是两公司的实际控制人和控制权高度混同。两公司提交的管理文件及资料记载两个公司共用一套管理制度以及同一决策管理层,其他部门人员也存在交叉任职和办公的情况。二是两公司的主要资产高度混同,存在大量大额资金往来,审计机构无法单独通过对两公司审计查清专利技术研发支出和转让情况。三是两公司存在多笔互保债务,金额巨大。其中第一点中,包含了企业控制权混同和人员混同两个特征。法院在本案中对两公司法人人格混同的认定标准,也是实践中法院对于企业合并重整理由的审查标准,也是管理人在企业合并重整论证书中主要的论证要点。

合并重整对于债务人、债权人等利害关系人的主要不利影响有：①会造成负债率（总负债／总资产）较低的主体的债权人清偿率降低。②关联企业之中同时存在债权人的主债务人和保证担保债务人的，对两个主体的不同性质债权归于一笔债权，因此会导致债权人的实际清偿率降低。③关联企业的未参与实际经营的参股股东利益受损。为此，在现行的破产法法律体系中也对实质合并规定了严格的审查制度。

最高人民法院印发的《全国法院破产审判工作会议纪要》中第六点关联企业破产中，就对审理实质合并破产做了严格的规定。其中第三十二点明确应当审慎适用关联企业实质合并破产，应当尊重企业法人人格的独立性，当关联企业成员之间存在法人人格高度混同、区分各关联企业成员财产的成本过高、严重损害债权人公平清偿利益时，可例外适用关联企业实质合并破产方式进行审理。第三十三点、三十四点还规定了关联企业实质合并破产的审查以及权利救济。人民法院收到实质合并申请后，应当及时通知相关利害关系人并组织听证，听证时间不计入审查时间。相关利害关系人对受理法院做出的实质合并审理裁定不服的，可以自裁定书送达之日起 15 日内向受理法院的上一级人民法院申请复议。

高度混同的关联企业通常有非常复杂的交易往来，主要资产通常也不在核心控制企业名下。对于参与到多企业集团合并破产重整的重整投资人来说，通过实质合并重整能够尽可能保证取得优质资产的完整性，但需要充分考虑实质合并重整后重整草案的执行过程可能较复杂，存在一定的不能执行的风险等问题。未申报债权对于复杂的合并重整案件来说也是非常大的风险因素，需要综合考虑。

1.4.3　预重整

破产预重整，是指为了提高重整的成功率、降低成本，在进入法定破产重整程序前，债务人与债权人、投资人等通过协商制定重整计划草案，在获得多数债权人同意后，借助破产重整程序使重整计划草案发生效力的企业拯救机制。

我国的法律法规对于破产预重整并未明确的法律规定，《企业破产法》及其司法解释均未涉及类似破产预重整的概念及条款。但在最高人民法院2018 年发布的《全国法院破产审判工作会议纪要》和 2019 年发布的《全国法院民商事审判工作会议纪要》(以下称《九民纪要》)中,个别条款提及了破产预重整相关的概念。而在地方层面,因破产重整案件审理的实践需要,已有多个地方中级人民法院专门制定破产预重整的指导意见或者会议纪要。

案例七:公司合并重整案就是运用预重整程序并发挥了预重整的灵活性及充分尊重债权人意见的典型案例。根据该案的重整计划,两公司的普通债权总共 79 笔,假定清算状态下普通债权的清偿比例为 17%。重整计划确定的债权受偿方案为采取"现金清偿+留债"的方式进行清偿,并不对债权的清偿比例进行调整,担保债权清偿期限为 2 年,普通债权清偿期限为 6 年。偿债资金来源主要是债务人未来的经营收入以及融资借款,没有战略投资人参与到重整中。该方案保证了债权的清偿率的同时,还保证债务人股东的权益并维持了企业的正常经营和职工的稳定性。在没有新的投资进入的情况下,该方案的达成取决于预重整阶段债权人、债务人、管理人的默契配合与充分谈判。通过预重整程序,债权人、债务人争取到了 5 个月的谈判时间,并能够选择熟悉企业特点且充分信任的机构作为临时管理人,降低了债务人、债权人与管理人的磨合成本。

对于拟投资破产企业的投资人来说,预重整的优势在于有较宽松的时间了解债务人的情况,合理把握或规避拟收购资产中存在的风险,在并非完全公开的预重整程序中,提前锁定唯一投资人的身份,免去了在破产重整公开程序中公开遴选战略投资人时面临的竞争。预重整中锁定投资人身份后,可以参与到重整计划的制订中去,争取用最少的成本取得收购资产的控制权。

1.4.4 破产程序和资产处置方式

破产程序中的资产处置方式与破产清算转破产重整程序,为以后的案件处理提供了成熟的经验做法,是具有参考价值的方面。

在破产程序中如何将企业资产变现价值最大化、提高债权清偿比例一直都是核心重点问题。典型案例中多个案例均围绕着债务人财产处分方式、优化资源配置形式等问题进行讨论。

案例二:公司破产清算案中运用的是企业资产的组合出售;案例四:公司实质合并重整案中,保留资产只占到破产财产的一小部分,大部分破产财产是通过管理人根据不同标的的性质制订不同处置方案进行处置的。案例三：公司破产清算转重整案以及案例十：公司重整案运用的是破产程序中，破产清算转重整的规则。

关于破产财产的处置，主要适用《破产法》第一百一十一、一百一十二条规定以及《全国法院破产审判工作会议纪要》26 条关于破产财产的处置规定。一般破产程序对破产财产处置的基本流程为：①管理人拟订破产财产变价方案（包括参考价格或低价），提交债权人会议讨论；②债权人会议决议确定破产财产变价方案；③按照债权人会议通过的或者人民法院依照裁定的破产财产变价方处置破产财产。

破产清算转重整程序的主要依据是《破产法》第七十条第二款的规定，对于由债权人申请破产清算的债务人，可在人民法院受理破产申请后，宣告债务人破产前由债务人或者出资额占债务人注册资本 1/10 以上的出资人向人民法院申请重整。在破产清算过程中申请重整对于重整价值的要求也会相对较高。有的地方法院可能会要求债务人经营情况的明显起色、出现新的投资人愿意对债务人进行重整或者已经形成初步的重整方案并获得大多数债权人的同意等。

典型案例二和案例四中，管理人根据债务人资产的特点制定资产处置方案。JKWK 破产清算案中，不同于一般破产清算资产处置的单个资产单独拍卖，而是将债务人的存货连同网络店铺经营权、商标权等无形资产打包出售。该方案是管理人通过与债务人、意向买受人持续沟通的结果，否则将无法确保标的资产拍卖的成交。ZHSX 实质合并重整案中的破产财产处置方案是根据不同资产的特点分别制订了多种处置方案。处置方式中除了拍卖实物外，还包括拟处置的股权通过产权交易所交易、对外债权采用保留、协商确定部分对外债权的催收计划、拍卖等多种方式处理。这两个案例中管理人通过详细了解资产特点，灵活运用破产程序相关规则，达到了提高资产变现价值与效率的良好效果。

案例三：公司在清算状态下测算的债权清偿率，不但普通债权的清偿率为 0，破产费用、职工债权、税款债权的清偿率均为 0，该债务人只有在持续经营的情况下完成经营订单，产生一定的现金流才有能力清偿债权。CQHH 重整计划中基本未对出资人权益进行调整，只约定了未来可能有投资人时在保留控股权的前提下对部分股权予以让渡。债权清偿则采用了留债免息的方式，未对债权本金进行调整。该方案虽然清偿期限较长，但相较于破产清算中的清偿率已经有了质的飞跃。

上述破产清算中灵活处置资产以及债务人转重整程序起死回生的案例,展示出了实践中灵活运用破产程序规则的表现形式,也体现出了破产清算企业的多种可能性。优秀的破产清算案例也能够实现利益多方共赢、保护企业整体经济价值与职工就业稳定性,而不只是程序性的完成破产清算工作并最终注销企业法人主体资格。

1.4.5 破产案件审判趋势

典型案例能够体现破产案件审判趋势,值得业界关注、参考和借鉴。

最高院遴选的 10 件具有代表性的案例中,有 8 件为破产重整案件,其中 2 件为合并重整。两件清算案件中,ZHSX 破产清算案的主要破产财产处置方案为整体打包出售包括产品、店铺经营权、商标等在内的企业主要资产。8 件破产重整案件中,提及了出售式重整、破产清算转重整、债转股、预重整等概念。上述案例体现的以下破产案件审判趋势:

预重整作为提高重整成功率的新手段将会得到更广泛的运用。预重整作为我国的法律法规还没有明确规定的程序,已经在破产重整实践中发挥出了重要作用。各地中院也在接连落地各项保障企业预重整实施的地方性政策。最高院在本次典型案例中提出预重整的成功案例,预示着预重整程序将会成为新的审判趋势,在实践中获得更加广泛的运用。

实质合并审理在集团企业破产案件中将会有更加广泛且谨慎的运用。针对集团企业、关联企业混同的破产案件,实质合并审理将会有效地解决关联方担保、异常关联交易以及关联企业外债权人公平清偿的问题。通过合并重整,也能够调整重整后企业经营模式,使得营运资产更加集中,发挥营运能力。最高院本次提出了两个实质合并重整的案例,在强调实质合并审理的谨慎审查的同时,也体现出未来实践中实质合并审理将会成为集团企业破产审判中的趋势。

灵活运用破产程序规则,实现企业脱困,维持企业的持续经营能力还是目前破产审判中的主要价值导向。无论是出售式重整、清算中的资产整体处置还是破产清算转重整,其核心目的都是保留企业营运价值。典型案例展示不同的清算、重整方式,其目的就是为后续实践案例打开思路,提出指导意见。清算方式消灭企业法人主体并不是首选,保留企业营运价值,使企业核心营运资产轻装前行恢复造血能力才是最优选项。

在破产案件中,充分尊重债权人的意见,化解破产程序各当事人矛盾也是本次案例中主要体现的思想。10 件案例体现的破产制度效能中,有三项与债权人权利相关,分别是重大财产处分的决策权、对管理人的推荐和更换权以及债权人决策权的行使与决策效率问题。从上述案例中可以看出,在未来,破产审判法院将会着重关注对债权人权利的保护,增加债权人在案件中的参与程度,从而达到化解破产程序当事人之间矛盾,提高破产案件处理的社会效果的目的。

2

企业破产会计的发展历程及趋势

　　破产会计就是对不能按时偿还到期债务而被依法宣告破产的企业进行处理,使得债权人的损失最小化,同时保护债务人的合法权益的一种程序和方法。我国当前处于经济转型的时期,虽发展迅速,但困难重重。如何使得那些没有发展潜力的传统企业和平地退出市场竞争,更好地促进新兴产业的发展壮大,已经成为当前的一个重要话题。

　　我国新《破产法》颁布后,破产会计也发展到了一个更高的层次。不仅仅是要结束那些破产企业的经营,更多的是要找到方法使一些企业起死回生。通过对世界其他国家破产会计的发展历史以及现在发展的情况进行分析借鉴,分析我国破产会计的发展过程及现状,结合本国的国情以及当前世界的经济形势,探讨我国破产会计的发展趋势,以促进我国破产会计得到更好的发展。

2.1　研究背景及研究现状

2.1.1　研究背景

　　改革开放四十多年来,中国经济持续高速增长,逐渐向经济大国的行列迈进。但是在各种内因跟外因的共同作用下,我国经济发展进入了"新常态",我国当前产能过剩问题严重,尤其是钢铁、水泥、家电等行业,中央在2015年1月27日提出了供给侧改革方案,旨在提高社会生产力水平,落实好以人民为中心的发展思想。这种产能过剩的企业极易转变为"僵尸企业",最终也会破坏当地乃至国家经济的发展,《破产法》是对付僵尸企业的有力武器。习近平在G20峰会上也提到过破产问题,可见其重要性。我国破产会计在这几十年当中也是在吸取不同时期企业破产的经验中不断发展完善。

对国家而言,我国当前社会经济虽然取得高速的发展,但是问题也随之而来,尤其是企业的结构性问题。我国工业体系中传统工业较多,新兴产业的增长难以弥补传统工业的萎靡,内部结构矛盾十分明显。对于这种结构性问题国家也提出了供给侧改革,企业结构性问题得不到解决,产能过剩严重,导致大量僵尸企业产生,阻碍中国经济发展。破产法是解决这一问题的有力武器,对破产会计的发展历程及趋势的研究,可以更好地处理僵尸企业,使国家经济在健康的环境下发展。

对企业而言破产会计的研究,对破产企业也就是债务人来说,可以促进和解协议的实现,摆脱破产宣告之厄运。相对应的债权人破产会计在增大债权人的债权受偿比例、维护债权人与债务人的合法权益方面起到重要的作用。资源的合理配置,结构性改革的进行,可以使企业更好地发展。

2.1.2　国内外研究情况

Oscar Couwenberg(2001)指出对破产的广泛研究还不可能结束关于破产法律重整规定的必要性的讨论。他讨论了西方国家企业的存活率低得惊人这一现象产生的原因。

Orlikoff Jame E, Totten Mary K(2002)分析了高调的企业破产,列举了一些企业破产的案例以及这些企业破产的影响。

Philippe Frouté(2007)为了满足支持债权人友好的《破产法》而提出了一个新的理论,对债务人友好的系统的演变也是与之相抗衡的。它揭示了一个由法官传输的宽松的信号,使得有可能减少风险,以避免坏的风险,寻求避免审判。因此,它表明债务人友好的破产法没有系统地反对债权人的利益。他们降低了经济风险,有助于提高全球效率。

William J. Woodward(2007)分析了中美两国破产重组系统之间的许多

根本差异,不同的文化、法律、经济环境内的破产重组,要运用不同方法。

Roberta Provasi,Patrizia Riva(2013)指出自 2007 年以来,金融危机重创了经济体,严重影响了意大利公司的偿付能力水平。在文中列出了一些中间的解决方案,纯粹的合同债务与债务人和债权人的破产改革,介绍了恢复和解决计划,重组协议,破产前与债权人的协议。要解决这场危机,需要采取适当的程序。

我国的许多专家学者对破产会计进行了研究分析,研究的主要内容及观点体现在下面的四个方面:

第一,破产会计的理论及发展历史。栾甫贵(2011)在《我国破产会计的回顾与评价》中以 1978 年为起点,重点回顾了 1978 年以来我国企业破产会计研究的简要历程,分析了不同时期相关的政治、经济、法律等环境因素的影响,总结了破产会计研究的主要成果和存在的主要问题,并提出了相关的改进建议。魏耿(2013)在《浅议破产会计》中根据自己对破产会计的理解,对其定义和特点进行论述,分析研究目前我国破产会计存在的问题。

第二,破产会计研究的主要问题与对策。朱晓丽(2012)在《关于破产清算会计若干问题的思考》中根据破产法的相关规定,比较破产清算会计和一般财务会计的区别,与企业破产实践相结合,思考和探究了破产清算过程中出现的若干问题以及应对措施。指出应该结合新《破产法》的理念以及实践中破产清算的问题和处理经验进行探究和突破,从而让会计实践中的难题得以解决。马平川(2013)在《社会转型期我国破产会计存在的问题及其对策研究》中指出进一步规范破产会计工作是确保破产工作正常、有条理进行的先决因素。他指出我国破产会计存在的问题,并针对问题提出了若干对策以规范破产会计工作。许亚湖、周志玲(2014)在《我国破产会计研究的主要问题与对策》中指出我国破产会计目前研究存在的主要问题,罗列出当前我国破产会计研究所忽略的几个方面的问题。任永宏(2015)认为要想让破产企业得到顺利的退出,使新企业的诞生得到更好的规范,就要彻底研究破产会计的整个过程,在细节上做到万无一失。对破产会计与传统会计进行对比,发现问题并提出相应的建议。许佳思(2013)从企业破产会计对象及目标出发,在以破产会计清算的相关假设为前提下,给出企业破产会计清算的具体程序。王小琪(2013)总结我国破产会计发展历程,对破产会计的探索和研究以及我国目前破产会计的成果和问题,为后期相关研究做铺垫。

第三,破产会计中破产重整问题。陈英(2009)提出破产重整中各种信息的不对称,这种不对称的出现就会严重影响企业破产重整的公平及效率,指出我国目前的《企业破产法》对这个问题的规定还不完善。张尔珺、任宏、赵珞(2009)认为要认清企业进退市场机制,防止社会资源的浪费。没有重整必要或价值的上市公司就不必进入破产重整程序,反之可以通过现有的"破产和解制度"加以运作。王春超、曹阳、张小立(2011)认为债务人的大量破产一定程度上既损害债权人的利益,也损害社会利益,对于集团公司的重整要从尽力挽救市场主体的角度出发。

　　第四,《破产法》对破产会计的影响。胡燕(2015)以《企业破产法》实施以来30多家破产重整上市公司为样本,采用规范研究与实证研究、案例研究相结合的方法,探索和研究上市公司在破产重整期间的一系列财务与会计问题,丰富了破产重整财务会计理论和实务,为上市公司破产重整制度的完善和有效实施提供了政策建议。何帆、朱鹤(2016)在《僵尸企业的识别与应对》中指出僵尸企业在世界各地普遍存在,提到了识别僵尸企业的三种方法并指出僵尸企业会阻碍行业进步、加剧产能过剩、还会挤垮好的企业使经济丧失活力,危害非常的大。张钦昱(2016)认为可以考虑在营造《破产法》良好实施氛围的契机下,从内部以信用为标准改造《破产法》系统,并设立破产管理局和破产法院,作为硬化破产清算程序的保障机制。陈竹(2018)对新旧《破产法》的差异进行了比较,分析了新《企业破产法》对破产会计实施主体及内容的影响。

　　结合以上学术界各个学者的研究可以看出,我国破产会计虽然有了一定的发展时间,但仍是不完善的。学者的研究中也指出了企业破产清算中出现的诸多问题,并提出了解决的措施,为破产会计的进一步完善提供了宝贵的意见。也有学者对我国不同时期破产会计的发展情况进行了研究分析,通过对不同时期破产会计发展的对比,可以更好地研究其今后的发展。结合我国当前产能过剩以及国家结构性调整的实际情况,破产会计的未来发展方向显得很重要。

2.2　企业破产会计的历史与发展现状

2.2.1　企业破产会计的历史

以 2006 年作为分界点的原因就是我国新的企业破产法于 2006 年 8 月通过,并于 2007 年 6 月开始正式施行,作为破产会计正常执行的重要依据和规范破产会计的重要保障,新《破产法》会将我国破产会计的发展推到一个新的高度。

(1)新中国成立至改革开放时期。这段时间我国还是处在计划经济时期,极少与国外存在经济的往来,基本上是处在自我封闭的一个状态,当时我国大力发展社会主义经济,并且严厉打击资本主义,那时候的企业破产被当作是资本主义的东西,在社会主义中是不允许存在的,这是破产会计发展前的一个阶段。

(2)改革开放初期。在这段时间里,我国的经济重心已经转移到经济发展上,不再以阶级斗争为纲。经济管理体制得到改革,经济制度建设不断完善与加强,同时相应的法律制度建立,这一系列都为破产会计理论的产生做好了准备。

(3)20 世纪 90 年代中期。这时候国家逐渐走向了开放,国家计划经济和市场调节相互作用,社会主义市场经济构建被提出,法律上国家也制定了相应的法律体系,此时,中国第一家破产企业也相应出现,使得破产会计有了实践的基础,我国破产会计得到了飞跃式的发展。

(4)从 2001 年中国加入世贸组织到 2006 年。我国社会主义市场经济制度继续完善,加入世贸组织,我们也就要建立适应世贸组织的法律,破产法也要与国际接轨,此时破产会计发展到了一个新的领域。

(5)从 2007 年至今。随着我国企业组织结构调整和重组的作用,新的《破产法》颁布。这时我们研究的已经不仅仅局限于传统的破产会计的问题,而是扩展到了破产重组等方面的问题研究。

2.2.2　企业破产会计的发展现状

目前,我国经济发展迅速,在这个大趋势下,许多企业也随之产生,在这样大的竞争环境之下,成活下来的企业很多,但是没有发展潜力的企业同样是数不胜数,这些企业面临的就是被兼并或是破产。但是我国的破产会计核算规范到目前为止还没有一套是完整的,所以在对企业破产问题进行处理的时候也只能根据之前拟定的相关法律进行处理,由于法律的不完善,使得破产清算时的会计核算得不到统一的规范,给清算带来了很多的困难。

我国当前的经济虽然是高速的发展,但仍以传统产业为主,高新产业发展还比较缓慢,存在大量失去发展潜力的老传统企业即20世纪90年代期间成立的一批钢铁煤炭等传统企业,这些企业的大量存在,导致我国产能严重过剩,资源不能得到很好的配置,大量占用国家的资金与能源,对经济的发展起反作用。那么破产会计的发展就可以使得这些没有发展潜力的老企业走向破产的道路,这些老企业的破产,会腾出许多闲置劳动力以及自然资源,这些资源可以给新兴的产业即随着网络通信、电子技术的进步而产生的低污染低耗能的产业提供巨大的供给。

但是目前破产会计的发展并不是一帆风顺的,破产会计对《破产法》有着很大的依赖性,根据老《破产法》即1989年颁布的试行法的规定,破产会计被分为广义与狭义。而且老《破产法》的重心是破产清算,那么之前破产会计的重心也就不言而喻了。新《破产法》颁布的时间还比较短,随着新老《破产法》的变更,破产会计的重心也会发生改变,需要从不断的实践中去消化理解,才能得到一套新的企业破产理论。随着《破产法》的不断完善,破产会计也是在不断地发展的。

对破产会计的研究,最基本的就是要理解什么是破产会计,也就是破产会计的理论体系。我国破产会计在这几十年当中从无到有,从浅显到逐步深入,从单一的破产清算到破产重整、和解整顿。这些方面的进步都离不开对破产会计基础的理解,对破产会计含义、原则、目标、假设等的深入认识,给我国破产会计的进一步发展打下了坚实的基础。

我国破产会计的发展时间相对于发达国家虽然是短暂的,但是发展的速度却是非常快。虽然我国当前经济发展迅速,但是许多传统的老企业根深蒂固,即使这些企业早已失去了发展的潜力,甚至根本就没有盈利能力,但是这些企业维系着大量职工的生存问题,且大多是国有企业。既然是国家的企业,那么也就要由国家来维持,这样的企业大量存在,无形之中给国家经济带来了巨大的压力,这样的企业被称为"僵尸企业"。

在这样的一种形势下,没落企业大量存在,新兴企业崛起困难,破产会计所发挥的巨大作用就突显出来了。破产会计对这些没落企业中尚有发展余力的企业进行破产重整或是和解整顿,一方面有可能使这些企业在这样的一个压力下,努力去找到新的出路,探索新的发展方向和发展方式,也许会使企业得到全新的发展,这样问题既得到了解决,同时还带动了经济发展。其次就是对那些已经完全没有发展能力的企业,直接对其进行破产清算虽然会带来一些不利的影响,比如职工的安置问题等,但是就长远发展来说还是好的,清除掉这些阻碍经济发展的绊脚石,使我国经济发展更有后劲。对那些新兴的小企业也是一样的道理,适者生存,没有发展潜能的企业是不适合生存在这个社会的。

以北京鼓风机厂的破产清算为例,在这一案例的破产清算中我们可以看出我国现在对企业的破产清算不仅仅是使其破产,彻底终止它的经营,还要考虑破产过程中如何安置和处理一些问题。比如在这个案例中,破产清算小组对这个企业的资产进行变现的过程中遇到了难题,但是清算小组很巧妙地利用企业地理位置的优势,对资产进行了正确的处理。再者就是清算组对破产企业职工的安置处理得非常好,要是职工问题处理不当接下来的很多工作都会无法进行。再从2009年扬动公司的破产案例中来看,法院发现扬动公司还存在一定的发展潜力,就没有一味地对其进行破产清算,而是想方设法地要重整这一企业,从而推动公司恢复生产,对其进行技术改造,促进企业的转型升级,使得扬动公司起死回生,这也是我国破产会计发展的一大进步。

我国破产会计通过这几十年的发展研究,也逐步认清了破产会计与《破产法》之间的关系。在之前的破产会计理论研究中,破产会计是极度依存《破产法》的,很多方面都是受到《破产法》的制约,现在有了一个新的观点就是破产会计与《破产法》相互脱离,进而满足《破产法》在实践中的需求。虽然这一观点尚未成熟,但是可见我国对破产会计与《破产法》内在联系的认识的研究有了新的高度。

2.2.3 企业破产会计的发展存在的主要问题

传统企业根深蒂固。虽然破产会计与《破产法》相互脱离的理论被提出,却是不成熟的。破产会计依旧非常依赖《破产法》,那么问题就非常明显了,一是《破产法》久久得不到发展,那么破产会计是很难得到实质性突破的,对《破产法》的研究也很难进行下去。二是我国的老传统企业根深蒂固,破产会计要对这些企业下手还是非常困难,国家对这些老企业进行了太多的保护,要想妥善的处理这样的企业,就要计划好企业破产后的工作,安排好企业老员工,处理好剩余资产,最主要的就是不要给国家带来额外的损失。

对破产会计从业人员的培养滞后。企业破产过程中很重要的就是破产清算组,破产清算组也存在着很大的问题。一是破产清算组的成立时间太滞后了,使得债权人的利益得不到周密的保护,换言之,在这段时间内,破产人完全可以非法使用这些财产,损害了债权人的利益。二是公正性得不到保证,现行的破产清算组的成员身份可能与涉及企业破产的部门存在相交关系,所以很明显存在着不公正性。三是破产清算组的效率低下以及技能不到位,清算组的大多成员是国家的工作人员,有着自己的本职工作,工作时间可能出现冲突,极大地影响了工作效率。四是对破产清算组的监督不完善,在清算过程中就算工作人员做出了损人利己的事情也没有明确的处置方案。五是现行法律对清算组制度的规定非常少,很不完备。同样以北京鼓风机厂的破产为例,这一企业从 2001 年申请破产,到 2002 年底才开始对公司的资产进行处理,由此也可以看出清算组的办事效率低下,对破产事件的处理效率低下,对申请破产的企业也会带来巨大的压力。

与税务部门的沟通服务严重缺失。在企业破产清算过程中,需要将诸多欠税税种补缴完成。在清算组的破产清算过程中,要与地方税务部门之间保持密切的联系,从而对企业没有缴清的税费款项进行查询。但实际上,清算组与税务部门之间的沟通严重缺失,一定程度上导致在清算过程中,很难及时处理好诸多税务问题,导致企业财产变卖和产权转移等问题越来越严重,特别针对各个方面税率和税种出现的适应性问题比较多,尚未在企业税收管理中有效落实到位,进而导致清算损失问题的出现。因此,加强与税务部门之间的沟通和服务是至关重要的。

破产会计发展存在问题的成因可归结为两个方面:一是过度依赖《破产法》。破产会计研究之所以存在上述的这些问题很主要的一个原因就是破产会计本身对《破产法》的依赖性太强了,没有《破产法》的规定或是束缚,破产会计就不能对企业进行有效的破产清算,在清算过程中就会出现很多问题。二是实践经验不足。我国的破产会计发展时间太短,实践的经验还不到位,要在实践中发现问题并不断地改进。

2.3 国外企业破产会计发展的经验和启示

2.3.1 美国企业破产会计发展的经验

谈到美国的破产会计,当然要先了解美国的《破产法》的发展历程,破产会计需要《破产法》的约束,企业破产需要《破产法》的规定,还需要破产会计进行处理,《破产法》的发展也就是破产会计的发展。美国的破产法律制度发展时间要追溯到 19 世纪初,发展的时间很长。

1800 年美国通过第一部《破产法》,在 1800—1978 年这一段时间里,美国多次废除又多次确立新的《破产法》,期间的《破产法》,有的只是在维护债权人的利益而对债务人的欺诈行为没有有效的预防措施,有的是对破产企业的债务人进行救济,之后导致了大量的债务人申请破产,极大地威胁到了债权人的切身利益。

直到《钱德勒法》的产生,这部法主要是要解决公司的倒产问题,他的理论根基就是当企业遇到财务危机的时候,想办法维护企业的存续,进而使企业的存续价值继续存在,这样的话对债权人和债务人都是有利的。在这一部法律当中,破产制度中就确立了重整这种预防破产的方式,影响很大,这部法律在未来的 40 年间也只做了一些细节的改动,一直被沿用。之前确立的《破产法》都是美国经济萧条时期的产物,1978 年确立了新的《破产法》,更进一步强调了企业破产重整的程序,之后还在不断完善,比如确立了破产法院专门管理破产案件的管辖权属性,对涉税问题进行了补充,增加了农场主债务调整程序等,之后此法于 1993 年正式失去效力。

1994 年对《破产法》修正案进行了大面积的修改,并确立了全国破产审查委员会,他们的职责就是调查和研究与破产法典相关的问题,任务就是两年之后就原规定提交一份修改报告。这对我国《破产法》的发展来说还是非常有指导意义的。之后美国也提出了很多的修改方案,但是由于美国的政治形势,两个政党之间为了各自的利益相互妥协退让,使得美国《破产法》的修改议案一直难以确立,道路坎坷。

美国《破产法》的演变轨迹从权宜之计到必不可少,从强制到自愿乃至策略性破产的变化。美国破产立法的现实走向就是防止破产程序被消费者滥用,加强保护城市消费者,对小型企业要简化其重整程序,如果重整的程序烦琐并且费用高昂的话,小型企业根本无法负担,那么这种形式的重整就是没有意义的,所以要提高小型企业破产重整的功效。

2.3.2　日本企业破产会计发展的经验

日本《破产法》修订的背景就是日本长期受到泡沫经济的不良影响,导致了大量公司和个人破产事件产生,与此同时还为了简化破产程序以及强化破产主体的民事再生能力。日本的《破产法》重新修订主要是为债务人考虑的。他考虑的是使得债务人的财产得到适当并且公平的清算,确保债务人的经济生活能够重新开始而不是没有复苏的机会。那么日本对破产程序的修改旨在使得破产程序迅速及合理化,确保破产程序公正。

有日本学者说,"《破产法》的最大功能在于帮助自由主义经济社会的新陈代谢,现代社会提倡经济自由,企业是市场竞争的主体,就会在这种自由的竞争之中遭受优胜劣汰的残酷事实,在经济形势好的情况下会产生大量的新企业来共同竞争利润,但是相反,在经济萧条的情况下,就会有大量的因为经营管理不善以及缺乏发展潜力的企业被淘汰,这样才能促进经济形势的迅速回升。"这样,企业的破产是将其赶出市场的唯一途径,那么《破产法》的完善也就很重要了。

2.3.3　其他国家企业破产会计发展的经验

还有很多国家的破产制度也是值得借鉴的。德国的《破产法》的发展时间较长且得到了许多国家的学习。德国的新《破产法》统一了传统的《破产法》和破产和解法。该法为了使得破产企业能够有重新建立的机会,扩大了保全处分的效力,在宣告破产程序开始之前设立保全管理人制度。德国现行《破产法》还是有很多创新的,比如鼓励尽早破产并简化破产程序:只要出现即将无支付能力的情况,债务人就可以申请破产,而不必一定要到了已经无支付能力事才申请破产。

现代的英国《破产法》除了对破产的个人、企业进行最大限度地防止与适当的惩罚外,还对诚实的、不幸的债务人进行保护,进而限制债权人的行为,在债务人彻底破产之前,寻求除破产宣告以外的解决办法。所以,在英国的破产制度中就有多项程序供破产者根据自身的情况进行选择,但是无论选择哪种程序,债权人会议制度都会对破产程序的进行发挥着重要的作用。在英国有着很多专门从事破产业务的专职公务员,一旦出现个人或企业进入了破产程序,他们就会介入其中,对这个企业或个人进行审查,然后为他们选定相应的破产程序,向法院提交可行性报告。

2.3.4　国外企业破产会计发展的优缺点

我们对所进行研究的四个国家的破产制度进行相互比较后不难看出,首先,这四个国家都很注重对债务人的保护,在破产程序中真正陷入困境的不仅仅是债权人,所以在保护债权人的同时,对债务人权利的维护也是非常重要的。其次,就是各国都很注重精简破产程序,烦琐的破产程序使得整个破产的实施过程被拉得很长,这样对破产企业也就是债务人来说是很大的压力,浪费了大量的时间,而且还会耗费很大量的财力,特别是对有重整希望的企业来说,冗长的破产程序无疑是对这些企业雪上加霜。最后,就是他们很重视企业的再建,破产不仅仅是要直接关闭这个企业,有的企业可能只是一时的财务困难而导致的资金周转不畅,或者是有一些企业还有一定的发展能力或潜力,要是直接使其关闭的话,损失是很大的,对债务人来说面临许多的债务,对债权人来说直接损失也是很严重的,对国家社会来说,关闭了一个在将来有可能给国家带来经济效益的企业也是一个损失,这就可以看出重整的重要性了。

单个国家来说,英国的债权人会议制度是非常好的,作为债权人,当然是要极力维护自己的债权,这样债权人会议就会起到一个监督破产程序中工作人员的作用,保证破产程序的合理合法及公正性,对债权人与债务人都是有利的,还有就是英国等其他国家会有专门的工作人员进行破产程序,这些从业人员都是通过考试才得到专业资格的,都是掌握了专门的知识,所以对破产案件的处理就更加专业,更加得心应手。

说到不足,美国破产法律制度的最大的不足不是其本身,而是由于美国的政治环境原因,民主党和共和党的并存使得美国破产制度很难得到大的发展,两党都在为了维护自身的利益而相互斗争。还有一个很大的不足就是对破产程序的日常实施没有切实有力的监督,万一在破产程序中出现了有关债权人利益的问题,由谁来解决呢,如果同样是通过债权人会议的话,那么债权人会议的实体权利就如同虚设,失去了权利的平衡,这样结果的公平便会受到质疑。

2.3.5　国内外企业破产会计发展的比较

首先,从破产会计的产生来说,美国破产会计发展的时间最早,在19世纪初就已经出现,其次是德国、英国和日本,中国破产会计的发展则较为滞后,这是由中国特殊的社会环境决定的,直到改革开放之后才有破产的出现,破产会计也就应运而生。所以从时间的角度看,列举的这几个国家破产会计的发展年代较长,时间长了就会有更多的经验积累,所以破产法律制度比较完善,破产会计的发展也就相应的成熟。

其次,就是破产程序,列举的四个国家中,在不同的时期内,破产程序也是不一样的。各个国家都一样,在对破产法的研究初期,考虑到的方面不够完善,旨在完成某企业或个人的破产,单一的考虑某一利益群体,加上发展初期对这些概念的理解不透彻,使得办事的效率很低下,这样使得无论是债务人、债权人、清算人的利益都得不到及时的维护。但是随着破产会计的不断发展,各个国家的程序得到了极大的精简,但是相比之下中国破产会计还是刚刚起步,效率还是比较低下。

最后,就是各个国家在破产清算或破产重整中所主要关注的利益主体。对比可以看出,这些国家破产会计在起步初期都是主要维护债权人的利益,想最大化地提高债权人的利益。但是经过了时间的洗礼,这些国家也发现了只是使得企业破产而只保护债权人利益并不是最好的解决方式,能不能获取双赢的结局呢?他们从这些角度思考,在维护债权人利益的同时开始关注债务人这一主体,对仍有发展潜力的企业对其进行救助,不仅仅能最大化债权人利益,最主要的是还能使一个企业继续经营,不但使社会经济得到更好的发展,还解决了其内在的很多矛盾。中国现在处于经济变革的重要时期,且破产会计发展时间较短,所以还是主要以债权人利益为主。但是中国目前也看到了国外的成功案例,它可以使得在挽救一个企业的同时,不损害第三方的利益。

根据以上分析的国外破产会计发展及实施的优点与不足,结合我国当前的具体情况,一是,我国破产会计虽然已经逐渐开始重视企业的破产重整,但由于是刚刚起步,力度还是不够的,要具体问题具体分析。中国经济还处在转型时期,要解决预算软约束问题就要严格遵守《破产法》的规定,在这种背景下产生的破产法将是对债权人友好的,也就是以破产清算为主的。因为我国还是以传统产业发展为主,对于那些存在已久的没有任何发展潜力而且还在不断掠夺国家资源财产的企业我们还是要采取强硬的手段,这样才能更好地实现资源的优化配置,把好的资源留给更好的企业,博取更好的发展。

二是,就是破产程序实施的工作人员。我国破产管理的工作人员基本上都是身兼两职的国家工作人员,在从事本职工作的情况之下还要进行破产管理。工作压力增大了,使得工作的效率低下,而且这些工作人员来自各种不同的岗位,专业知识不够,这样工作和办事效率就会很低。所以我们国家应该培养一批新的具有专业知识的工作人员专门从事破产清算和破产重整工作,既可以增加就业岗位缓解就业压力,又可以使破产程序的效率得到大大地提高,最重要的是还保证了工作的公平公正。这批新的工作人员身份应该独立,工作时不要受到上级太多的指示,没有上下级的牵制,那么公正性可以得到很大的提高。

处理破产案件的工作人员的素质提高了,破产程序得不到简化,那么整体也不会有太大的提高。从英国处理中小企业或个人的破产案件当中可以看出,他们非常重视程序的精简,烦琐的程序会使本来就在困境当中的债务人陷入更大的困难,处理的时间一旦拉长,对他们来说就会是巨大的经济负担。所以,简化破产程序也将是破产会计发展进步的表现。

2.4　我国企业破产会计发展的趋势以及建议

我国破产会计发展面临的机遇和挑战。经过了一段漫长且曲折的发展之后,我国企业破产会计的理论和方法体系得到了初步的构建,为破产会计的进一步发展打下了坚实的基础。

2.4.1　我国企业破产会计发展的趋势

对破产会计与《破产法》之间的关系进行了梳理,更进一步地认识了两者的相互作用与区别。现在的国际化逐渐加深,各国之间的财政问题更加公开透明,这也可以得到更多的国外破产会计发展情况的资料,可以以国外破产会计发展的现状为参考,探寻适合自己发展的方法,给我国破产会计的发展提供了可靠的经验。

新《破产法》的颁布,更完善了我国的破产制度,对破产会计工作以法律的保障。但是破产会计的发展仍然是曲折的,未来的发展道路也不可能是一帆风顺的,现在我国经济的发展速度逐步加快,大量的企业应运而生,新企业的诞生必然也会有大量的企业面临破产。就是破产会计的工作强度大大提高,其次就是扎根很深的一些腐朽的老企业,这些企业的破产处理难度较大,数量也非常的多,处理这些企业不仅仅是使其破产那么简单,还要考虑到很多连带的问题,这就需要从业者不断地思考,得出解决的办法。我国破产会计的工作人员的专业化还不够强,专业知识不够牢固,仍需加强。

我国破产会计发展将与国际惯例接轨。在经济全球化的今天,全球的经济发展是紧密相连的,各国之间有着相互的经济往来,各取所需。为自己国家的利益不断地努力,那么就要有一个与世界主要国家相呼应的经济法律制度,破产法律也是一样的。有企业诞生就会有企业面临破产,现如今大量的跨国企业产生,那么破产会计也要逐步走向国际化才能适应国际的发展。破产会计与国际接轨首先可以更好地吸收国外先进成熟的破产会计发展经验,促进自身的发展。其次,能够更好地解决国际上面临的一些破产问题,不会出现在破产问题上出入太大的情况进而难以得到解决。

2.4.2　我国企业破产会计发展的建议

(1)建立健全破产会计的法律环境。如今破产会计与《破产法》的内在关系形成了两个观点:一是依赖《破产法》构建破产会计,二是脱离《破产法》构建破产会计。毋庸置疑,失去了破产法律制度,破产会计是无法正常运行的,破产会计需要《破产法》的保护,需要《破产法》的支持,这就需要不断地研究,不断地改进破产法律,使得我国破产会计的发展能有一个更好的法律环境。

(2)加强政府监管制度建设力度。政府对破产会计的执行起着很大的作用,企业的破产过程中,需要政府的监督,无论是对债务人、债权人还是清算人。对债务人的监督,防止债务人在清算前故意转移财产,损害债权人的利益;对债权人的监督,就是监督其债权的合法性,维护债务人的利益;对清算人的监督,对清算人在清算过程中的各个程序进行严格的审查,防止出现故意或者是意外的错误,确保清算过程的公平。

(3)强化破产清算会计人员的培养。我国的破产清算会计人员是我国破产会计发展中的薄弱环节。由于我国破产清算会计人员大多是国家工作人员,在从事本职工作的同时还要进行企业的清算工作,身兼两职。首先是工作的压力较大,其次是这些工作人员往往是非专业的,对会计的工作甚至不是很了解,在这样的条件下进行工作往往很容易出现错误,最后就是这样的工作人员往往会受到自己上级领导权力的压制,然后指挥其工作,这样就很容易出现舞弊情况,使得企业的破产清算失去了原有的公平性,严重地损害了债权人和债务人的利益。因此我国应该专门的培养一批从事这类工作的专业人员,使其保持独立的身份,不受上级的制约,并且专业知识丰富,这样企业的破产程序效率更高,公平性也能得到保证。

(4)加强与税务部门之间的交流和协作。在税制改革不断深入和强化过程中,虽然企业营业税被取消,但是增加了增值税。由此可以看出,财税政策的变动性和发展性比较显著,所以企业破产清算所关联到的税费问题,也具有不同的阶段性特点。因此,清算小组要加强与财税部门之间的交流和协作,为取得沟通效果奠定坚实的基础。结合当前财税情况,妥善处理好企业发票缴销、纳税申报等问题,促进企业破产清算工作的顺利进行。

3

企业破产会计信息披露

　　随着我国市场经济不断发展,破产退市制度也逐渐完善。本部分研究了我国目前的破产法律法规,列举了其中对于破产会计信息披露的相关规定,并对近年来的一些破产案例进行了分析。在研究中发现我国破产会计信息披露制度还存在一些不足,而且在实际的工作中也有不少问题。针对制度和会计实务这两方面的不足,本部分对破产会计信息披露制度和会计工作人员实际工作提出了一些改良建议,希望能为破产退市制度的进一步发展提供些许帮助。

3.1　研究背景及研究现状

3.1.1　研究背景

　　随着社会经济的发展形势不断变化,我国的破产制度也逐渐完善,2007年颁布了新的破产法律,明确了破产制度和程序。近年来,在新的经济形势冲击下,不少企业逐渐沦为"僵尸企业",严重影响了经济的可持续发展。在这种情形之下,一个完善、合理的企业重整和退市制度的需求越来越迫切,如果不能根据经济变化调整相关的法律法规和其他制度,势必会影响国家的未来发展。2016 年在杭州召开的 G20 峰会上,习近平再次强调创新发展方式的重要性,希望通过经济领域的结构改革,让市场焕发活力。信息披露是整个破产制度进行的重中之重,但我国目前的破产法律都已经实行多年,许多不法分子趁机寻找法律漏洞,非法谋取个人利益,破产的舞弊和欺诈案件越来越多。

破产会计信息披露有利于降低信息不对称。在破产清算中,信息是先由管理人进行收集整理,然后才会把整个清算过程中的各种信息披露出来,人民法院和债权人这时大多被动地接受了这些信息。在这一过程中债务人有着大量信息,处于主动地位,而债权人的信息所得不足,这使得信息在一开始就是不对称的。对破产清算企业会计信息披露中出现的各种情况进行研究和探索,能够发现其中隐藏的问题,找到改善的方法,提高信息的透明度和公开度,还可以让信息不对称的状况减少或规避,这样信息披露在数量、质量和时间上也可以得到保障。

破产会计信息披露有利于明晰清算资产产权主体。债权人能否使利益不受到侵犯,首先就是要明确资产的产权属于谁。破产的信息被准确、及时披露之后,能够帮助产权主体的确定。

破产会计信息披露的研究能够指导企业和管理人员怎样才能把信息进行正确、及时和充分的披露;使得债权人和相关的得利者可以明确了解企业信息,更好维护自身权益。而本书的研究成果,也可以被事务所或者其他破产工作人员参考,有助于破产会计信息披露的继续发展。

3.1.2 国内外研究情况

Cheryl Block(2004)研究认为清算会计是一个反映企业资产变化和货币流动的动态过程。Oscar J. Holman(2012)研究认为破产清算指企业将资产转化为现金或其他资产,偿还债务后剩余的分配给企业所有者,可以是强制的或自愿的。David G. Epstein(2003)研究认为破产欺诈的主要类型是隐匿财产,虚假证明,伪造、销毁相关资料,不配合相关人员工作。Joe B Brown(1999)认为破产欺诈的原因主要是不正常的现金交易、欺骗债权人以及经营记录缺失等虚假信息披露行为。John Larsen(2006)认为破产债权可以分为全额担保债权、部分担保债权、可优先受偿的无担保债权、不可优先受偿的无担保债权。Peter Francis Bergerac(2008)研究出破产会计的主要工作是满足投资人、政府部门等的信息需求,使信息使用者对破产清算过程及结果有全面的了解。Grant W Newton（2009）划分了破产清算会计报表类别清算计划表、清算损益表、现金收支表、变卖财产与未清偿债务表。Oscar J Holman（2012）研究认为会计报表的主要内容包括使用清算基础的声明；清算计划的描述；评估方法及假设；收入和费用的类型及金额。

有的国内学者进行了破产清算企业会计核算研究。潘自强（2008）研究了企业破产后会计假设的变化，认为破产清算会计核算前提改变，破产管理人成为新主体，正常经营假设停止。曹伟（2009）探索破产清算会计的一些特点，认为清算资产负债表的要素包括资产、负债、清算权益。亓玉芳（2011）研究了应收债权的处理方式，未回收的债权及未偿还的债务均应计入"清算损益"。余坤和、贾红（2013）主要研究了破产会计清算资产负债表依据，认为应根据资产负债表和财产清查等资料进行财产评估，并依据资产的变化结果编制清算资产负债表。

有的国内学者进行了破产清算企业内部控制研究。吴海清（2010）进行了财务控制工作的改善，认为应该完善控制环境、健全财务控制制度、加强信息沟通、完善内部监督。栾甫贵（2012）研究了破产清算欺诈的原因及改善的对策，认为内部控制的不完善是出现破产欺诈的主要原因。需要构建相关的理论架构、实务操作、风险预警等控制体系。袁帅（2012）研究控制风险预警，认为识别破产清算各阶段工作与内控有关的风险，针对不同级别风险进行不同的监督。于淑媛（2015）研究了内部控制框架构建，从破产清算企业内部控制主体和客体两方面完善内部控制框架的构建。

有的国内学者进行了破产企业的信息披露制度研究。王欣新、丁燕（2012）研究了我国的破产信息披露制度，认为在制度建设和实务操作上都存在不足，需要进行制度构建及规则的改进。冯明、卢鸿毅（1997）进行破产清算会计信息披露制度的完善工作，清算财务信息的用户、信息披露特点、信息披露时间、披露内容改进。栾甫贵（2005）认为破产清算会计信息披露的报告主要包括其中清算信息、决算信息。李毅（2012）研究认为在信息披露制度方面应该增加披露义务主体、扩大披露内容范围、信息披露真实充分、加大对违法行为的惩处力度。车兴海（2013）认为不同的时间节点编制不同的破产清算会计报表，清算前，编制财产、债务清单、破产宣告日的资产负债表；清算中，编制变现清算表、债务清算表等。任永宏（2015）研究了在会计实务中信息披露的不足之处，认为信息披露水平低，工作人员素质不达标。

从国内外的文献情况看:研究的积极方面在于国内外学者从不同的角度对破产清算会计及其信息披露进行了研究,为破产制度的发展和改进做出了杰出的贡献。一是着重研究了破产欺诈案例,深入发掘其本质,发现了信息披露的重要性。二是突出了企业内部控制制度的重要性,需要完善企业内部的破产信息沟通框架理论。研究的不足之处表现在虽然学者们贡献很大,但经济发展不断变化,需要新的研究来弥补不足。其一,信息披露方面对持续经营的企业研究比较多,而破产清算企业的研究仍有不足;其二,对破产的探究大多是关于企业内部控制和会计核算的,从信息披露方面入手的比较少,而且实际例子比较少,缺乏理论和实际的结合。

3.2 破产清算企业会计信息披露现状

破产欺诈案件之所以会频频出现,其中一个重要的原因就是信息披露制度的不完善,破产清算的各个环节不够公开、透明。因此,我们首先要对现行的法律法规有一定的研究,才能从中发现问题。这一章节着重介绍了我国现行的破产清算会计信息披露制度,并对其施行现状进行了探讨。

3.2.1 破产清算企业会计信息披露的现行规定

表3-1列举了我国现行《破产法》及与破产相关的一些规定。

表3-1 我国破产法律法规表

颁布机构	颁布时间	名称
全国人民代表大会	2006	中华人民共和国企业破产法
最高人民法院	2007	最高人民法院关于审理企业破产案件指定管理人的规定
最高人民法院	2016	关于企业破产案件信息公开的规定(试行)
财政部	2016	企业破产清算有关会计处理规定

数据来源:中国法院网、中华人民共和国财政部官网。

表3-2列出了在破产清算中破产企业应承担的责任。

表3-2 破产企业的责任表

序号	内容概述	要点
一	破产企业应接受并协助清算组进行资产、债务核查	破产企业参与清查
二	破产企业应按规定进行相关账务处理,并送达有关部门	破产企业的账务处理
三	会计档案应移交清算组	会计档案妥善处理
四	破产期间的收益与费用	计入清算损益表

数据来源:根据《中华人民共和国企业破产法》整理。

表3-3列举了清算管理人的责任,以及违法处罚的办法。

表3-3 清算管理人责任表

序号	内容概述	披露要点
一	按规定编制破产管理人名册,并指定管理人	人民法院指定管理人
二	管理人应向人民法院和债权人会议汇报工作情况	管理人受到人民法院和债权人会议的监督
三	管理人拟定财产分配方案并提交债权人会议	
四	债权表提交债权人会议审查	
五	管理人进行财产处分行为报告债权人委员会或人民法院	
六	编制债权表并妥善保管	如实记录
七	管理人未按法律执行职务,人民法院可依法处罚	管理人违规处罚

数据来源:根据《中华人民共和国企业破产法》整理。

表3-4中罗列了破产清算中会计报表的要求

表3-4 会计报表信息表

序号	报表	信息
一	资产负债表	破产企业资产及负债净值
二	清算损益表	各项收入、费用
三	现金流量表	货币资金变动
四	债务清偿表	债务清偿状况

数据来源:企业破产清算有关会计处理规定。

3.2.2 相关规定的实施现状

信息不对称。信息不对称在一开始就是存在的。相对于清算人员,破产企业的人员对于企业的财务状况了解得很详细。而清算人员在核查破产企业时,需要的信息大多是从企业人员得来的,这就使得信息很可能不准确或者不够及时披露。企业人员在信息披露上就处于主导地位,而清算人员只能被动获得信息,信息的不对称就出现了,如果不及时处理很可能导致舞弊案件的发生。这一情况也出现在破产的管理人员与人民法院和债权人会议之间,管理人在掌握企业后,处于信息的主导地位,在信息的披露上有了很大的自由性。若此时监管人员不积极进行管理,也会导致舞弊情况的发生。

权力过于集中。破产企业的各项资产与信息在清算组进驻企业后都由清算工作人员接受。其中管理人由人民法院直接认定,除非管理人工作不能尽职,否则债权人不能进行更换。人民法院和债权人会议虽然有监督权,但工作的内容及进程全都由清算的负责人进行汇报,清算负债人在这一时期掌控着破产企业的所有资源。且新《破产法》中对违法的管理人处罚较轻,管理人员很有可能铤而走险,以权谋私。其他清算人员的职权没有明确的划分,由清算的管理人进行分配,这让清算组的内部缺乏监督,管理人一家独大。严重时会影响破产工作的结果,甚至可能导致舞弊的发生。

3.3 破产清算企业会计信息披露的问题

改革开放以来,众多的学者对破产问题进行研究,并且提出了有用的建议,法律法规也一步步地深入、具体。但随着经济不断发展,市场经济情形不断变化,我国的企业破产重整与清算退市制度也亟须改进。而信息披露制度就是其中之重中之重,因为信息披露的不完善使得清算各个环节都容易出现问题,也容易导致欺诈舞弊案件发生。信息披露不完善不仅是因为制度,也与操作人员有关。

3.3.1　现行会计制度方面

（1）破产清算会计要素不明确。会计要素是会计的基础，是编制报表的基本，也是会计对象的具体化。但是法律法规中，对于破产企业的会计要素没有给出标准的要求，这就使得对破产企业会计要素的划分出现了分歧。

现在破产企业进行的会计要素划分主要是两类。第一类是直接按照一般企业的会计要素进行，不过都加上了"清算"这两个字，于是就成了清算资产、清算负债、清算所有者权益、清算收入、清算利润、清算费用。

第二类是根据破产企业的特性进行分析和总结，将其划分为清算资产、清算债务、清算净权益、清算损失与利得。不过这两种划分其实都不够准确，因为无法继续经营的企业其各项指标都发生了巨大变化，不能简单地变换一般企业的要素。由于会计要素十分重要，划分不具体会严重影响破产工作进行。

（2）破产清算企业会计报表项目不准确。会计报表的内容与会计要素有着密切的联系，甚至可以说要素直接影响着报表的内容与准确性，公正性。现行的规定中，会计要素并没有特别明确的进行划分，这也就使得破产企业的会计报表的制定存在不确定性。

一般企业会计报表的内容在法律规范中都是有着标准的格式和内容的，破产企业的会计报表的不确定性，会让披露的信息不准确。有许多需要进行披露的内容会因为法律规定的不完善导致的报表不准确因而无法披露出来。这也不利于破产清算工作的透明以及公正公开。

（3）破产清算企业信息披露形式单一。当今是一个信息大爆炸的时代，人们获取信息的方式不断变化并且增多。因此在破产会计的相关信息的披露方面，披露的形式也应该变得多元化而且具体准确。但是在现行的法律法规中，对于破产清算企业的会计信息的披露方式有着严格并且固定的要求，其披露的形式有纸上书写的报告，还有相关人员的口头描述。

然而这些披露方法都有不足，直接的报告披露会使得信息无法及时传递，而且会加大成本；语言描述会导致后期的查证困难。这些都不利于信息披露，因此需要增加新的方式。

（4）破产清算企业信息披露时间不明确。时间的重要性不言而喻，而对于信息的披露更是如此。无法继续经营的企业的信息进行披露时间或早或晚都会对整个清算结果产生巨大的影响。

但是在破产法律法规中,对于时间也没有标准的要求和规定,许多经济学者参与探讨,对于时间的划分始终无法给出一个统一的意见。他们争论的焦点集中在以下两个大的方面:

一方面是信息披露的开始和结束时间的划定,有些研究者认为应该从破产正式宣告的那天开始,到整个清算工程完成结束。而另一些研究人员认为开始的时间应该是企业申请进行破产的那天。

另一方面是破产会计信息的书面报告披露的时间要点。现在的许多破产案例中,信息的披露只在破产宣告的时间、开始进行结算工程的时间、整个清算的内容结束的时间,次数过少,许多的研究者认为应该有更多的披露时间节点。因为一般的持续经营的企业,一年就会有许多次的披露。

3.3.2 实务操作方面

(1)披露义务履行不充分。在 2006 年的新《破产法》中,出现了一个新的制度,那就是破产管理人的制度。破产管理人在整个破产清查的过程中掌握了大量信息和重要的资源。相比较之下其他清算的工作人员在整个过程中并没有明确的责任划分,这也导致一些工作人员的积极性不高,对于信息不会主动去发现,更不会对信息进行进一步的分析和探索。而且不仅仅是工作人员,债权人的参与也非常重要,有了债权人的监督才能让清算成果正确无误。因此管理人的作用也十分重要,若是管理人也未能切实履行工作义务,整个破产清算将不可避免地走向舞弊欺诈。而一般正常运营的企业有股东会、董事会以及监事会,这三个方面的工作都有具体的规划和指定,能够互相监督引导,使得信息披露工作能顺利进行。

曾经任职 SHHL 食品有限公司总经理的王某,因为破产清算工作人员的不作为,得以谋求暴利。王某在工作的时候便已经沦为欲望的奴隶,私自挪用巨额公款。在这之后,该公司因经营不善申请了破产,王某为了掩盖其罪行,将挪用的款项作为坏账注销,还篡改了账务记录。公司进行破产清算的过程中,进行相关工作的人员竟然没有发现这其中所隐藏的秘密。

最后在破产工作结束后,王某的罪行才被揭发出来。相关的清算人员在工作中没有主动进行调查,只是被动地接受了债务人给出的档案和资料。破产工作人员的责任不仅是获得资料,更重要的是去分辨和查明这些资料的真实性。债权人过于相信清算小组，没有真正地进行研究和监督，最终使得债权人利益受损。

（2）相关人员的素质不高。有时往往同一个破产清算工作，由不同的工作人员进行处理，可能会有不同的结果。重要因素就是清算人员的自身素质。这种自身素质取决于两个方面：其中一个是会计专业能力的不足，这会影响工作进程，可能导致工作人员在工作中发生重大差错。在湖南发生的HH投资有限公司的破产清算案件中，湖南省株洲市食品药品监督管理局和株洲人民药店都向负责清查的人员提出申请，要求获得不动产的部分权益。而进行清算的工作人员做出裁定之后却被两个申请人告上了法庭，原因就是对于清算人员的裁定不认同。而最后法院支持了药监局的申请。

由于清算人员工作能力的不足，无法正确地划分财产的产权，差一点就发生了侵权的案件。错综复杂的破产清算工作需要工作人员不断提高自身的会计能力。

而另外一个就是个人的道德水准。如果清算的人员不能够约束自己，就无法抵制各种利益的诱惑，最终导致舞弊欺诈案件的发生。

人的欲望是无穷的，但人与人之间的差距就是出现在对自身欲望的约束上。如果沉浸在欲望之中，就会如SGXSL纺织公司的清算现场负责人黄某某一样，受到法律的制裁。

在2008年11月20号，一家名为SGXSL纺织的企业宣告破产，此后经人民法院的裁定和受理，破产管理人进驻了该公司。而黄某某被选定成为现场清算的直接负责人，之后需要对此公司使用的棉纺设备进行评估，黄某某开始了利用职务之便的谋私行为。黄某某在进行设备评估的时候，与公信评估事务所派遣的评估员李某进行勾结，他们私下串通达成协议，将棉纺设备的评估数值往下压，远远低于市场应有价格。之后两人又勾结上了开展废品收购工作的潘某，让潘某用非常低的价格买到设备，再用高价卖出，得到了巨额的利润，互相瓜分。最终债权人的利益受到巨大的损害。

（3）披露监管体系不严格。正如上文所言，法律规定不完善，清算工作人员的素质参差不齐，这时就需要一个强有力的监督体系来促进破产清算工作的顺利进行。

管理人是最容易发生舞弊的链条，也是最应该进行监督的。在我国的破产法律的规定中，管理人的确定人民法院具有最后的决定权，其指定和更换都必须是人民法院的决定。而管理人虽然需要向破产企业的债务所有者会议汇报工作并且接受其监督,但债务所有者并不能直接影响到管理人。并且债权人会议十分复杂,有时会把权力完全交给管理人,这使得债权人会议的监督权有名无实。这时如果管理人没有积极履行义务,没有将工作内容及进展汇报给债权人会议和人民法院,舞弊和欺诈的情况就非常有可能发生。

王某和李某是某市财政局的工作人员。在受命监督南票矿务局破产清算的工作中,不但没有履行应尽的严格监督的责任,反而和清算的相关工作人员勾结在一起谋取私利,严重损害了债权人的利益。

3.4 破产清算企业会计信息披露的完善建议

如果在法律法规、人员以及监督这三个大的方面都存在问题,将会导致破产欺诈案件的不断发生。因此,完善我国信息披露的需求日趋高涨。

3.4.1 健全会计制度

(1)明确定义破产清算会计要素。本书认为应该有以下四种要素:清算资产、清算负债、清算权益、清算损益。这么划分是为了与持续经营的企业区分开来,毕竟这两类企业在各个方面有很大的不同。

1)清算资产是指破产清算企业所拥有的,能带来清偿力的经济资源,包括担保资产和普通资产。

2)清算负债是指破产清算企业所承担的需要以清算资产偿还的债务。包括担保债务和普通债务,普通债务又按照清偿顺序的先后分为职工债务、税款及其他。

3)清算权益表现为清算资产可实现净值与确定的清算债务之间的差额,其由接管破产企业时所接管的原所有者权益总额和破产宣告日至破产程序终结日发生的清算损益构成。

4)清算损益是破产企业自破产宣告日起至清算结束日止的清算期间的清算成果,包括清算收益、清算损失和清算费用。其中,清算收益是指在资产变现和重新确认债务中,以及由于其他原因发生的资产价值增加和负债金额减少;清算损失是指在资产变现和重新确认债务中发生的资产价值减少和负债金额增加;清算费用是指在破产清算过程中合理预计的、为破产债权人的共同利益而从破产财产中支付的费用,包括破产费用和共益债务。

(2)破产清算会计报表的完善。

1)破产清算企业的资产负债表。现行的许多破产工作中对于进行清算的资产负债表的一级项目有三个,分别是资产、债务以及清算净损益。

但是在上文中,对于破产企业的会计要素进行重新划分和界定,因此在资产负债表中对于其项目也要相应地进行更改。一级项目应该与会计要素一致,改为清算资产和清算负债以及清算权益、损益。这样能够让报表更加直接、客观地展示相关的内容,而且也有利于清算工作的统一进行,能够一定程度上减少失误的发生。

2)清算损益表。在新《破产法》中,提出了共益债务这一新概念。这个概念将破产费用和共益债务区分开来,这二者的支付都会从整个企业的可用资产中减去,因此很容易在这个地方发生欺诈的案件。清算损益表仅仅展示出了清算费用这一个费用项目,这就给舞弊案件的发生提供了漏洞。

因此,对于清算损益表应进行一些改良,在清算费用这一个项目之外,再加上共益费用。这样才能更清晰明了地将费用信息展示出来。

(3)破产清算企业信息披露形式多元化。随着信息获取方式不断增多,原有的报表和口述的形式越来越难以满足人们的需求。

法院的公告公示是一个重要的披露媒介。通过法院发布的信息也更具权威性与准确性。

互联网也是一个非常好的信息披露媒介。可以在相关的网站上将信息进行披露,例如在中国法院网上就有庭审的公布以及图文直播的页面,最新也设立了中国企业破产重整案件信息网。这样可以让更多的人了解破产工作的进展和成果,也有利于披露信息的时效性、准确性,使得信息披露不容易失误且更加公开透明。

可以参考美国的听证会制度。举办债权人和债务人以及清算的工作人员共同参与的会议或者开展一些电视节目,让清算人员和债权人、债务人都参与进来。各方人员互相沟通,既有利于清算工作的进行,也能够有一定的监督作用,减少舞弊的发生。

(4)明确界定破产清算企业信息披露时间。披露时间的确定有两个方面,一方面是信息披露的开始和结束的时间。结束的时间一般都是一致的,争议集中在开始时间。本书认为开始的时间应该是无法经营的企业正式发布破产宣告的时间,因为破产有破产重整和破产清算,在法院进行裁定前无法确定企业的最终走向。所以在企业正式宣告破产的时间才是最佳的披露开始的时间,披露时间的区间由此可以确定为从企业宣告破产的那一天到最终完成全部破产工作的那一天。

另一方面就是在哪些时间节点进行信息披露。目前破产企业信息披露的重点放在了破产开始和破产结束这两个时间,这就导致债权人对于破产工作进行中的信息了解不够充分,无法进行监督。所以,信息披露的时间应该符合债权人的需求,与债权人会议的召开结合在一起,这样既有利于了解清算工作,也有利于监督。债权人会议的召开应该在三个时间点,一是在破产工作开始的 15 日内,需要披露出破产企业的财务状况和债务问题;二是应该在工作进行的中期,主要披露清算资产的变动以及分配的情况;三是在清算工作的最终报告提交之前,需要表明企业的最终资产以及债务的偿还工作。

3.4.2 提高实际工作能力

(1)充分履行披露责任。在企业宣告破产之后到清算的工作人员进入企业之前,企业的拥有者仍然掌握着公司权力。此时企业的管理者应积极履行义务,按照法律规定整理企业的财务状况、会计档案等资料,为清算人员的到来做好准备。

清算的工作人员进驻企业后,要主动去获得企业的各项资料和档案,并且认真检查其内容,辨明材料的真伪。而管理人也要从大局出发,统筹整个清算工作的进行,让清算工作可以迅速有序地开展。对于管理人的设立最好不止一个,对于个别人员的舞弊或者欺诈要承担连带责任,这样可以防止管理人员欺上瞒下,独自掌控全部的权力,也有利于清算工作人员内部的互相监督,互相帮助。

债权人在这一过程中也要主动参与,可以经常召开债权人会议,了解破产清算工作的进行程度。并且要对各项信息进行分析整理,及时发现其中存在的问题。对于清算人员的监督也不能放松,要做到多沟通、多了解、多参与,这样才能维护好自身的利益。

而破产企业的员工也是重要的破产信息披露的参与者。他们是企业的基石,对于企业的一些信息也有着充分的掌握。其次,有时企业的拥有者会为了自身的利益,提供的信息不准确或者不完全,损害了员工的利益。因此企业的工作人员和清算组已经同债权人站在同一个立场,将企业员工纳入披露的义务主体,可以让信息的披露更加全面、具体。

(2)提高破产清算会计人员素质。企业在宣告破产后,由人民法院来决定管理人的人选。管理人由有关部门、机构的人员组成的清算组或者依法设立的律师事务所、会计师事务所、破产清算事务所等社会中介机构担任。人员的素质包含两个内容:会计工作的能力以及个人的道德水准,只有从这两方面同时入手,双管齐下才能够使工作人员的素质获得提高。

1)提高专业能力。要提高相关清算人员的会计处理能力,首先要从人员的选择上入手。清算人员的选择是由人民法院决定的,在指定人员时要从一些专业的会计机构进行选拔,比如多选择一些知名的会计事务所或者评估机构等。而且在人员选定之后,应该进行一个短期的能力培训,让他们对一些特殊的专业知识或信息有足够的了解,并且让他们根据企业制定出一个大概的行动纲领,让清算工作有据可依。

2)提高道德素质。道德水平的提升应该从多方面入手,加强思想道德方面的指引以及教导,多开展一些研讨会议。还需要发挥榜样的作用,树立一些有道德有能力的人才榜样,激励其他的会计人员学习。单单依靠个人的自我约束能力是不行的,还需要加大处罚力度,建立会计工作公信档案,对于有违法舞弊行为的工作人员严惩不贷。

3.4.3　加强破产清算会计信息披露监管力度

权力是一把双刃剑,一方面可以促进工作的顺利进展,另一方面也可能失控造成重大危害。因此,对于破产清算工作人员,在给予管理人权力的同时,也要加强监督和管理。这不仅是为了防止工作上的过错与失误,更是为了预防权力过于集中,发生徇私舞弊的行为。

(1)加强外部监管。监管需要双管齐下,从外部入手。在现行的破产法律中,进行破产清算工作的主要负责人是管理人。管理人是由人民法院决定的,并且需要向法院和相关的债务所有者尽职尽责,这也就意味着管理人必须要接受法院以及其他的债务拥有者的监督和管理。但在实际的工作中,监督的人员和被监督的人员往往都无法履行自己的职责,从而导致舞弊欺诈案件的多次发生。

在对待舞弊人员的处罚问题上,现行的处罚规定往往是依情节的轻重结合法律进行处罚,这样含糊不清的法律法规条文,给实际的处罚造成了很大的困扰。许多违法的管理人员便是从法律中寻找漏洞,认为即使被发现也不会有很严重的处罚,进而铤而走险。因此需要在处罚的法律中明确各项规定,对造成舞弊的程度进行详细的划分;而在对违法行为的惩罚方面,惩罚的力度、具体方法以及具体的数额都需要明明白白地划分出来。

加强债权人会议对于进行清算人员的监管能力,债务的所有者在发现存在问题的时候,可以在法院举行会议,强制清算工作的管理人出席,面对面地进行询问。而且债务的拥有者,对于管理人的工作非常不满时,可以通过投票强制更换清算工作的管理人。这样一来,企业外部的监督就强而有力了。

(2)加强内部监管。监督需要表里兼顾,内外结合。对于清算工作组的内部要有监督存在,在管理人员的选定上,应该设立多个清查的管理人,并且让他们分别负责不同的工作内容。在出现问题的时候,所有的管理人都需要承担连带责任,这样一来让管理人员互相监督,也就不会出现管理人一家独大,对上欺瞒法院和债权人会议,对下蒙蔽其他工作人员的不合法现象。

对于整个清算组而言,互相监督往往是有效的管理方法。将清算工作的内容资料收集、财产清查、档案管理分出不同的工作人员负责。这样一来,一旦出现问题,可以迅速地锁定出差错的部分,保障监督的实时性和准确性。而且分工合作有利于清算工作的循序渐进,使得法院和债权人能够清晰地了解清算进程。

最后是对于破产企业的原有负责人的监督,企业的员工和企业股权的所有者都应该加入进来。因为破产工作的进行也在一定程度上缓解了他们的损失,有了企业内部人员的帮助,获得的信息也更容易进行分辨真伪和整理,能够使得信息的数量和质量都有很大的提升。

通过对我国破产会计的信息披露的情况进行研究,本书发现了许多问题。这些既有制度的缺陷,例如法律法规的不明确、惩处措施的不具体、监督监管的不严密;也有工作人员能力的缺失,专业能力的不足和个人素质的欠缺。

为了使我国的破产制度能够进一步发展,需要加强立法,提高人员素质,加强监督和管理,这些方法应当同时开展。

4

企业破产会计案例:ZHTB 破产重整

目前我国已经有多家濒临破产的上市公司通过破产重整的方式实现自救,但是破产重整的结果却存在很大差异。其中多家上市公司完成重整后并未迎来发展的转折,而是在短时间的改善之后,重新陷入经营的困境之中。我国破产重整制度的立法与实践仍在不断发展当中,因此对于破产重整的相关问题进行研究成为值得关注的课题。本部分对上市公司破产重整的案例进行研究,采用调查研究的方法,对破产重整的方案进行分析,找出其破产重整过程中存在的财务问题,并提出相应的解决建议,为解决我国上市公司破产重整问题提供一些参考。

4.1 研究背景及研究现状

4.1.1 研究背景

在 2017 年 2 月 28 日召开的中央财经领导小组第十五次会议上,习近平总书记提出要结合当前的经济形势采用市场化、法治化的手段处置"僵尸企业"。破产重整制度作为推进供给侧改革,处理企业破产问题的一种方式,受到了社会各界人士的关注。

2007 年 6 月 1 日,我国颁布了新的《企业破产法》,此次立法第一次提出了破产重整的概念。随着法律层面上破产重整制度的出现,在实践中也出现了许多上市公司破产重整的案例。据 2017 年最高人民法院通报显示,全国法院 2016 年共受理重整案件 1 041 件,比 2015 年上升 85%。随着破产重整制度在实际应用当中的次数不断增多,证券监管部门逐渐发现了许多破产重整制度在实际应用当中的新问题。在此背景下,本书选择研究上市公司破产重整财务问题。

　　破产重整制度作为处理企业破产问题的一种方式,在当今的资本市场中越来越多的出现。随着破产重整的上市公司的数量不断增多,各种相关的问题也不断增多。我国目前对处理上市公司破产重整财务问题这一领域的研究还处于起步阶段。从财务角度分析指导上市公司破产重整工作,并提出有效的政策建议,具有现实意义。ZHTB 破产重整作为一起比较成功的破产重整案例,从该案所采取的措施中得到启示,在此基础上提供一些改进和建议有助于促进破产重整制度的发展。因此,本文结合 ZHTB 破产重整的案例,对其破产重整方案中涉及的财务问题进行分析,从 ZHTB 公司处理破产重整问题的过程中得到一些经验总结,试图提出一些建议使得我们在破产重整实务中能更好地提高效率、更科学地处理财务问题。

4.1.2　国内外研究情况

　　从世界范围内来看,破产重整制度的产生与实践已有一百多年的历史。最早的破产重整制度出现于英国在 1867 年颁布的《铁路公司法》,随后破产重整制度开始在世界范围内发展。美国在 1978 年通过了新破产法典《美国破产法》,从而确立了较为完整的破产重整程序,并相继得到世界上其他国家的借鉴和效仿。

　　David G. Epstein(1993)在《美国破产法》第十一篇中阐述了破产重整的整个流程。Stefan Sundgren(1998)表明重组的直接成本低于破产清算的成本。Maria Brouwer(2006)认为破产清算不适合实现公司的全部价值。提出了通过重组注入新的融资延续公司的可能性更大。Chien-An Wang(2012)认为司法效率比债务人权利的形式有更大的影响,更高的银行债务比率并不一定有利于清算重组和债权人依赖未来可行的公司价值和司法效率决定的清算。Giacomo Rodano 和 Nicolas Serrano-Velarde 等(2015)利用意大利破产法律的改革,解开了重组和破产清算对于公司的影响,表明改革加强了债权人的权利清算,强调确定清算和重组之间影响的重要性。

与世界上其他国家相比,我国破产重整制度的立法与实践起步相对较晚。我国于 1986 年颁布了《中华人民共和国企业破产法(试行)》,其中第四章"和解和整顿"出现了有关破产程序中企业的整顿制度。但是由于此时的整顿制度适用范围具有一定的局限性,并且整顿在整个破产程序中并非独立存在的,这严重损害了债权人的利益,因此当时的整顿制度与现代意义上的破产重整制度存在着一定的差异。2007 年 6 月 1 日,我国颁布了《企业破产法》,其中首次出现了破产重整制度,这标志着我国破产重整的实践正式起步。对于破产重整制度的研究,我国研究者的主要观点如下:

(1)对破产重整制度理论的研究。孙心琳(2006)认为对于具有严重财务问题的债务人,如果其有继续存在的价值,并且考虑到费用和时间都适合,应该利用重整的程序,使其维持经营。谢博(2007)认为重整制度设计要努力降低重整成本,作为立法者应该从制度设计着手,尽量降低成本提高效率。杨烨(2008)认为美国破产重整的相关法律已经形成了比较完备与发达的制度体系,而我国破产重整的相关法律制度需要完善。唐晶(2008)介绍了破产重整的主要内容与过程,认为破产重整是对付高额负债最为有效的手段。

(2)对改进破产重整制度的研究。付翠英(2003)认为在重整制度的技术设计层面上,要注意在程序的启动环节上构筑对债务人或者债权人形成吸引力的制度因素。刘源(2007)认为当法院在批准强制重整时,应当规定对债权人和出资人的权利保护和救济机制。张尔珺、任宏等(2009)认为要完善企业退市机制。对于那些没有重整必要的上市公司,没有必要进入破产重整程序,如果其壳资源价值仍在,可以通过现有的和解制度加以运作,使其继续运营。王春超、曹阳等(2011)认为债务人的大量破产既损害债权人的利益,也会损害社会公众的利益,集团公司的重整要从整个市场主体的角度出发,这对参与重整程序的利益人和社会具有重要的意义。

(3)对破产重整企业案例的研究。李建兵(2010)通过浙江海纳破产重整案例的分析,提出了有关破产重整的会计处理和税收调整的建议。巩固(2014)认为破产重整是一种最为积极有效的企业救治手段,将资产重整程序纳入到重整计划当中确实是一种更为科学的制度安排。颜子(2015)对 ZHTB 破产重整的案例进行了分析,并提出了相关建议。认为破产重整的企业应慎重选择优质的重组方。通过重组方优质资产的注入可以使企业短期的偿债能力和盈利能力大幅增强。对于有关部门来说,应该建立严格的监管机制,积极参与国有资产的管理并规范交易行为。夏旭田(2016)报道了 ZHTB 重整前的公司内部存在的腐败问题,以及内部监督的缺失。介绍了 ZHTB 实施破产重整相关政策的背景,并对 ZHTB 破产重整的过程进行简单介绍。

(4)对破产企业财务问题的研究。朱晓翠(2014)认为要注重强化企业的风险意识,建立风险防范的有关机制。企业在日常经营管理也需要重视风险机制的建立。胡燕(2015)采用规范研究与实证研究、案例研究相结合的方法,探索和研究破产重整的会计核算以及破产重整信息披露等一系列财务与会计问题,以丰富破产重整财务会计理论和实务,为上市公司破产重整制度的完善和有效实施提供政策建议。

从国内外的研究现状来看,国外破产重整的法律制度已经较为完善,国外破产重整的立法与实践经过长时间的实际应用已经形成了一套成熟的法律体系。而我国破产重整的法律制度才建立不久,还需要不断地发展。国内目前对于企业破产重整相关领域的研究还比较少。因此,本书试从以下方面进行研究:通过分析 ZHTB 破产重整的案例,总结其在破产重整过程中的可取之处,并分析其破产重整过程中存在的财务问题,提出相应的建议。

4.2 案例概况

4.2.1 公司简介

ZHTB 公司地处甘肃省嘉峪关市,主营业务是钛白粉的生产与销售。2001 年 2 月 23 日,原 GSHY 企业总公司所属的钛白分厂经过债转股改制成立了 ZHTB 股份有限公司。

2007 年 7 月,ZHTB 股份有限公司在深圳证券交易所挂牌上市交易。2008 年,在 ZHTB 挂牌上市不久,受到全球金融危机的影响以及同行业竞争的压力,公司在生产经营方面出现了重大的问题,公司陷入全面停产的困境之中。由于连续经营性巨额亏损,深圳证券交易所于 2010 年对 ZHTB 的股票实行退市风险警示的特别处理。2012 年,ZHTB 通过资产重组的方式得到了 JXTB 的资产注入,使公司从濒临破产的困境中走了出来(表5-1)。

表5-1　ZHTB 2007—2011 年利润数据表

	2007	2008	2009	2010	2011
营业收入(万元)	46 982.60	28 983.20	13 927.90	35 039.20	41 893.90
营业利润(万元)	-3 463.02	-26 535.80	-14 871.90	-12 372.50	-18 290.60
利润总额(万元)	1 535.94	-26 422.50	-14 881.90	1 106.75	-19 766.40
净利润(万元)	1 750.37	-26 743.50	-14 896.90	1 096.59	-19 772.00

数据来源:新浪财经。

据 ZHTB 2007—2011 年利润数据表显示,ZHTB 2007 年的营业利润为-3 463.02 万元、2008 年为-26 535.8 万元、2009 年为-14 871.90 万元、2010 年为-12 372.50 万元、2011 年为 -18 290.60 万元,这五年的营业利润均为负值。由于 2008 年 ZHTB 归属于上市公司股东的净利润为负值,根据深圳证券交易所有关上市公司股票交易规则的规定,自 2009 年 4 月 22 日起,ZHTB 公司的股票被执行其他特别处理。这反映出了 ZHTB 公司在破产重整之前面临着严重的财务问题。

4.2.2　重整前的资产评估与债权审查

在 ZHTB 进行破产重整之前,需要对公司现有的资产进行全面的评估。由于 ZHTB 要进入破产重整的程序,因此对于它的资产评估与一般情况的资产评估不同,需要分别从假设清算条件下资产评估和假设持续经营条件下的资产评估两个方面去考虑。

在假设清算条件下,资产评估值一般采取重置成本法加上快速变现计算得出(表5-2)。而假设持续经营条件下的资产评估,一般采取收益法评估,即假设重整成功后债务人恢复持续经营能力,在持续经营条件下,按其现金流收益等指标评估出资产价值(表5-3)。

根据评估结果显示,ZHTB 公司在重整条件下资产评估值为 20 500 万元,ZHTB 公司在清算条件下资产评估值为 15 661.72 万元。在重整条件下资产评估值比清算条件下高出 5 000 万元左右。显然,在企业债权总额不变的情况下,重整条件下资产价值比清算条件下的资产价值高。

表5-2　清算条件下 ZHTB 资产评估表

项目	清算条件下	抵押资产	-工行抵押	-建行抵押	其他资产
金额(万元)	15 661.72	6 972.54	3 393.5	3 578.95	8 689.18

数据来源:东方财富网。

表5-3　重整条件下 ZHTB 资产评估表

项目	重整条件下	抵押资产	-工行抵押	-建行抵押	其他资产
金额(万元)	20 500.00	9 126.53	4 441.95	4 684.58	11 371.47

数据来源:东方财富网。

经过一系列的资产评估以后,法院裁定了对于 ZHTB 的重整,管理人开展了受理债权申报、登记等工作,成立债权人委员会,并对债权人申报的债权进行审查,编制了"ZHTB 公司债权表"(表5-4)。经过统计,共有 176 户债权人向管理人申报了 177 笔债权。

表5-4　ZHTB 公司债权金额汇总表

项目	有财产担保债权组	职工债权组	普通债权组	职工经济补偿金
金额(万元)	23 098.65	16.88	23 056.03	4 939.74

数据来源:东方财富网。

4.2.3　破产重整方案

股权调整方案。在对 ZHTB 的资产进行了整体评估后,专家一致认为 ZHTB 的资产是具有保留价值的。于是专家组想到引入具有一定实力的重组方,采用股权置换的方式,将重组方的优质资产注入 ZHTB,并将 ZHTB 原有的资产进行保留,并维持生产经营。

因为当时中国证监会规定破产重整中的资产重组价格可以协商定价,在经过一系列的协商以后,管理人决定由 ZHTB 的大股东中国信达将其所持有的 ZHTB 公司的股权以 3.3 元每股的转让价格转让给 JXTB 公司的股东以完成重整过程中股权的置换。另外,按照协商规定,JXTB 的大股东需要无偿向 ZHTB 公司提供 3 600 万元资金,财务投资人需要无偿向 ZHTB 公司无偿提供 3 462 万元资金,ZHTB 的第一大股东 ZGXD 需要将部分股权转让款借予 ZHTB 公司,以确保偿债过程中有充足的资金支持。

（1）债权调整方案。在破产重整的过程中,管理人将债权人分为四个不同的清偿组,为了使债权人利益达到平衡,管理人需要提升部分债权人组的清偿比例（表5-5）。

表5-5　债权调整后债权人清偿比率表

项目	有财产担保债权组	职工债权组	普通债权组	小额债权组
清偿率(%)	100%	100%	41.69%	70%
金额(万元)	23 098.66	16.88	23 056.03	7 088.87
清偿方式	现金	现金	现金	现金
清偿时间(月)	4	2	4	2

数据来源:东方财富网。

（2）企业经营方案。由于在重整之前 ZHTB 连续多年的亏损,公司无力更新生产设备,重整时 ZHTB 的生产设备已经十分陈旧,许多已经无法使用。在当时的状况下,即使继续开工生产,也很难保证生产的效率。经过多位专家的讨论,管理人制定出了 ZHTB 重整后的经营计划。

在重整后将 ZHTB 公司的生产工序压缩,由原来的全产品生产,将生产线缩短到只生产粗加工的半成品,然后再到 JXTB 公司去加工成产成品。这样,一方面将 ZHTB 公司过去的生产线压缩,省了很多工序,不仅在原材料的消耗上比以前要减少很多,还达到了降低生产成本、减少生产费用的作用。另一方面,JXTB 公司通过与 ZHTB 公司签订铁白粉产品的销售合同的方式,利用 ZHTB 现有的生产线生产钛白粉粗品,然后再将粗品委托给 JXTB 公司进行进一步加工,加工成产成品,这样的改造不仅整合了整条生产环节,充分发挥了 ZHTB 公司原品牌的无形资产价值,还节约了生产成本提高了企业效益。

4.3   ZHTB 破产重整的成果及财务问题

4.3.1   破产重整的成果

（1）债务清偿状况。在管理人就债权偿还方案与债权人进行沟通后，ZHTB 的两个最大的金融债权人对管理人提出的债务偿还方案表示认同，对债权的清偿率也表示可以接受。在重整后的第四个月，管理人完成了对于金融债权人的债务清偿工作。

在原本债务清偿的方案下，对金融债权人清偿率平均达 70%，而对供货商等中小债权人的清偿率只有 40% 多，这样的债务清偿方案牺牲了许多中小债权人的利益。为了解决债务清偿问题，于是管理人想到设立中小债权组。在规定金额以下的债权人都被认定为中小债权人，这些债权人进入到中小债权组，管理人可以在规定范围内提高中小债权组的偿付率。在实际清偿过程中，管理人将供货商债权人等纳入中小债权组当中，并提升中小债权组偿还率至 70%。这样，最终货商债权人与金融债权人的损失保持了平衡。

经过管理人与债权人的一系列协商，调整后的债务清偿方案得以顺利地执行，自此 ZHTB 完成了对中小额债权人和金融债权人的清偿。

（2）企业经营状况。分析表 5-6 中的数据可以得出，在破产重整完成后的前两年，ZHTB 公司的各项盈利能力指标都有所增加。2013 年，公司的主营业务利润率由 5.43% 增加到 22.49%，说明公司 2013 年主营业务的生产能力得到增强，公司在当年的盈利能力得到提升。2014 年，公司各项盈利能力指标较 2013 年均有上升。2015 年，公司各项盈利能力指标都有所回落。其中，总资产收益率和销售净利率变为负值，公司由盈利变成了亏损。公司主营业务利润率为 20.55%，说明公司的主营业务仍有利润空间。

表5-6　ZHTB盈利能力指标

	2012	2013	2014	2015
总资产收益率(%)	0.89	0.99	1.00	-2.91
主营业务利润率(%)	5.43	22.44	24.49	20.55
销售净利率(%)	1.11	1.10	1.99	-7.76

数据来源:新浪财经。

经过重整,JXTB以定向增发的方式为ZHTB注入了优质的资产,提高ZHTB的盈利能力,使得ZHTB能够维持正常的生产经营。ZHTB不同于一般的空壳公司,它的资产是具有一定价值的,基于当时的行业状况,其生产经营也是可以快速恢复的。重整以后,ZHTB的公司内部治理结构得到了优化,其经营状况也得到了逐步改善。ZHTB在重整后的第一年就实现了盈利,说明了ZHTB重整的效果是比较明显的。

4.3.2　存在的财务问题

(1)会计信息披露问题。据ZHTB发布的编号为201258号的公告显示,管理人基于部分职工严重违反单位的规定,工作中出现严重失误,给用人单位造成了重大的损失等理由,并未给该部分职工发放经济补偿金。经过多方面的调查,并未找到ZHTB的管理人在重整计划草案中对于该状况的说明,也未能发现针对该事件的披露信息。这种状况极有可能对重整计划产生负面影响,也会影响部分职工的利益。在重整以后,ZHTB公司的性质由国有企业转变为私有企业,依照相关的法律法规,由于职工从国有企业职工的身份变成私有企业职工,ZHTB公司有义务向职工发放经济补偿金,以弥补职工由于身份变化所产生的损失。

在重整的过程中,ZHTB的管理人需要根据ZHTB财务部门提供的数据,审查和确定ZHTB职工债权的金额。2012年2月3日,管理人对该部分的职工债权调查的结果予以公示,并确定了职工债权金额。2012年4月10日,ZHTB基于该部分债权金额计算过程中存在严重问题的理由请求管理人不予确认该部分债权。最终ZHTB管理人决定对涉及的216.43万元销售提成予以提存。但是在提出异议的这一系列过程中,ZHTB公司并未对管理人就该部分金额的计算过程进行详细说明。在梳理该问题的决策过程时可发现，管理人做出这个决定时并未有准确的事实作为依据。管理人的这个决定极有可能是管理人为了重整程序的顺利进行所做出的。

（2）资金紧张问题。在 ZHTB 破产重整的过程中面对的首要问题就是债务清偿资金的来源，因为在债务清偿过程中需要大量的资金。在 ZHTB 重整债权方案调整以后，由于提升了债务清偿的比率，在债务清偿过程中需要的资金也大大增加。据有关报告显示（表 5-7），ZHTB 曾经处置部分固定资产，以弥补生产过程中流动资金不足的状况。巨大的资金压力使得债务人恢复其清偿能力和生产经营能力变得困难，从而很难从根本上解决债务人所面临的经营困境。

表 5-7　ZHTB 2012—2013 年短期借款数据表

	第一季度	第二季度	第三季度	第四季度
2012 年(万元)	18 160.00	18 160.00	10 320.00	10 200.00
2013 年(万元)	66 579.10	109 742.00	80 614.90	96 600.00

数据来源：新浪财经。

破产重整工作虽然完成了，但是在完成重整后的 2013 年，ZHTB 就一直处于流动资金紧张的状态，据 ZHTB 年度财务报告显示，该公司的短期借款在短时间内大幅增加，短期借款的金额自 2012 年年报的 10 200 万元上升至 2013 年的 96 600 万元，短短一年时间就增加了 86 400 万元，公司面临着巨额借款即将到期的压力。资金上带来的巨大压力，使得 ZHTB 的生产经营陷入困难。破产重整工作的结束，对于 ZHTB 来说仅仅是一个开始，重整的资金紧张问题也是 ZHTB 公司需要迫切面对的。

（3）持续经营问题。据图 5-1 显示：ZHTB 各年第一季度 ZHTB 的营业利润均出现下降，2013—2015 年 ZHTB 第一季度的净利润均为负值。2013 年第一季度亏损 674 万元，2014 年第一季度亏损 1 324 万元，2015 年第一季度亏损 2 645 万元。ZHTB 公司这三年第一季度的利润总额出现持续性下降，这表明重整后的 ZHTB 仍然面临着企业经营状况较差的问题。

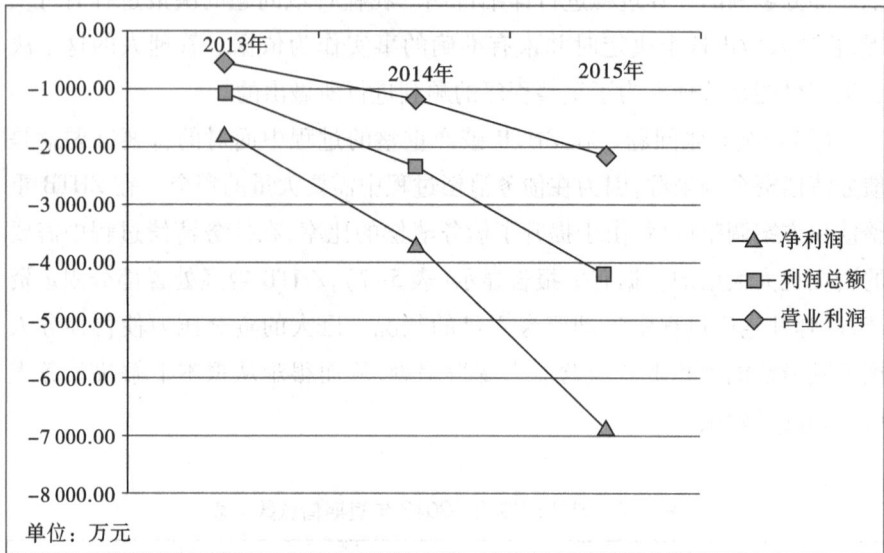

图 5-1　ZHTB 2013—2015 年第一季度利润数据折线图

　　据图 5-2 显示：ZHTB 公司在重整后的 2013 年和 2014 年利润总额有了小幅度的增长，但是到了 2015 年，公司全年的利润总额为 -11 514.90 万元，利润总额出现了大幅度的下滑。这表明公司在重整后的经营状况不稳定，盈利持续性不足。事实上，ZHTB 在重整后的近年经常出现亏损，库存积压严重，偿债压力大，营业周期长，营运能力明显下降等问题。这些问题的出现，都给 ZHTB 破产重整的效果带来了负面的影响。破产重整的成功使 ZHTB 摆脱了走向破产的命运，但是在破产重整后怎样保持经营的稳定性，实现持续性的盈利仍是企业面临的重要考验。

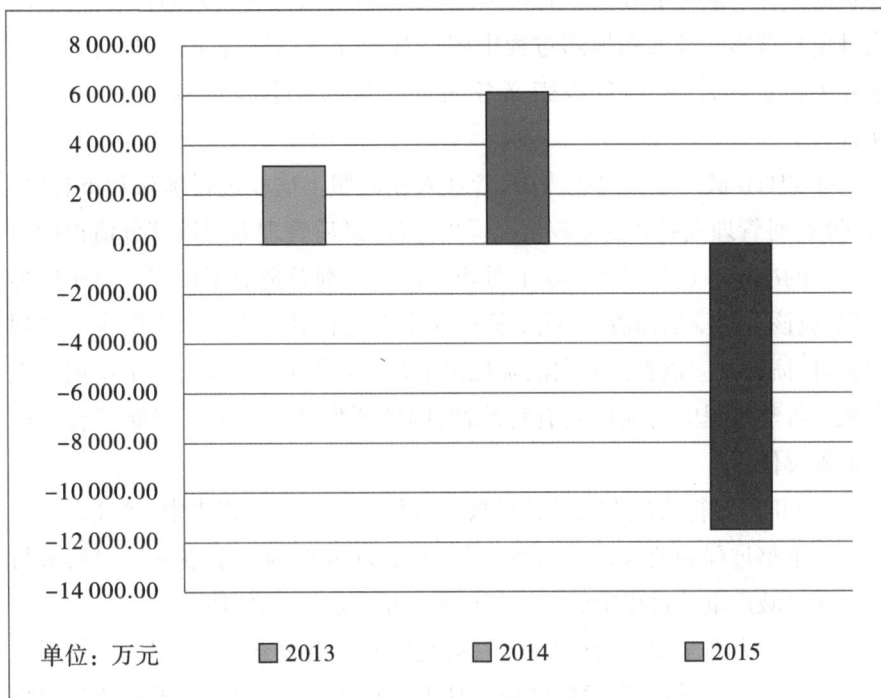

图 5-2　ZHTB 2013—2015 年利润总额柱形图

4.4　解决 ZHTB 破产重整财务问题的建议

4.4.1　充分履行会计信息披露职责

（1）正确履行债务人会计信息披露责任。债务人作为企业破产重整过程中的重要组成人员，对破产重整企业的生产经营状况、企业内部结构等一系列有关企业的事项最为了解，因此债务人对于重整过程当中的信息披露应当拥有一定的义务和责任。

重整企业的管理者和实际控制人作为法定的会计信息披露义务人，应当明确其会计信息披露的责任。在会计信息披露的过程中，会计信息披露义务人要确保所披露会计信息的完整，在实践中我们经常可以发现会计信息披露存在着缺失部分信息的状况,这可能影响相关利益人的权益。因此,会计信息披露义务人在披露过程中应当对会计信息进行完整的披露,不遗漏相关信息。另外,信息披露义务人也应当保证会计信息的正确性、真实性。

在 ZHTB 破产重整过程当中,管理人在对职工债权进行确认和审查时,ZHTB 曾对管理人确认的债权情况提出异议,最后管理人对该部分债权做出了提存的决定。这种行为事实上对职工债权人利益造成了侵害。对于这种问题,应该从制度层面着手,赋予债权人申诉的权利。当债权人的利益受到侵害时,债权人应该有权利向法院提出申诉,维护自己的利益。由于债务人在破产重整过程中的地位具有特殊性,因此要保证债务人正确履行会计信息披露责任。

(2)正确履行管理人会计信息披露责任。在重整过程当中,管理人起着对整个重整过程的监督以及管理的作用,管理人作为整个重整过程的参与者应该对破产重整过程中的会计信息披露承担着一定的责任。

从某种方面来说,重整程序的目的是维护社会公众的整体利益,但不可忽视的是,对于债权人利益的维护也是十分重要的,管理人在重整的过程中理应保护各方的利益。管理人信息披露对象不仅仅包括债权人,还应该包括法院和相关利益人。管理人在重整计划的执行阶段既是监督者又是债权人利益的代理者,管理人应当对债务人的资产状况以及生产经营情况等相关信息进行真实、公正的披露。由于管理人在整个重整过程中起着至关重要的作用,因此,对于管理人要明确其会计信息披露的责任,从制度层面对管理人进行规制以保证管理人正确履行会计信息披露责任。

(3)加强会计信息披露监管力度。人民法院作为破产重整案件的处理机构,在整个破产重整的过程中的作用是不可忽视的。会计信息披露问题的产生与监管者的监管力度不足是有一定关系的。从目前我国的情况来看,还存在着一些法律和制度落实不到位的问题。在这种状况下,法院对于实际操作中的监管显得十分重要。因此,增强监管者执行会计信息披露监管的力度是解决会计信息披露问题的一个重要的措施。

在整个会计信息披露的过程中,企业员工也应该积极参与进来,对会计信息披露义务人进行监督,以保证自身的利益。在管理人内部,也应当建立起有效的监督机制,各工作人员之间互相监督,这样有利于防止管理人内部问题的产生。监管要从多方面入手,以防止破产重整案件中会计信息披露问题的发生。

4.4.2　拓宽企业融资渠道

（1）进行企业内部融资。资金短缺涉及的不仅仅是企业，也关系到企业的股东、债权人以及企业员工。公司的大股东作为企业的管理层，与企业的关系十分密切。重整期间，大股东可以为企业提供一定的资金支持，来帮助企业完成重整，保持继续经营。此外，债权人在重整的过程中显得相对弱势，债权人的利益难以得到保护。部分债权人可以通过融资的方式来获得一定的重整参与权。这样不仅可以为企业提供一定的资金，也可以保护债权人的权益。企业能够继续经营发展，关系到企业员工的切身利益。对于破产重整的企业，可以采用发行内部股票来获取更多的职工的支持，让员工参与到企业的发展当中。

（2）加强破产重整企业融资机制建设。在破产重整的企业进行融资的过程中，政府对于企业的支持是十分重要的。破产重整后的企业，由于其资产具有一定的价值，并且通过重整的过程企业得到优质资产的注入，其经营有一定的可靠性，这为银行等金融机构提供资金支持降低了一定的风险。因此，银行以及非金融机构可以对这一类型的企业提供适当的资金支持。政府可以加强相关的企业融资机制的建设，出台相关优惠政策，以鼓励银行以及相关金融机构对破产重整企业提供资金。另外，政府可以成立专项的投资基金，来集中支持企业的破产重整。目前我国专注于重整企业的基金仍处于起步阶段，随着类似破产重整案件的增多，针对陷入财务困境企业的专项基金也会更多地出现。

4.4.3　制定合理的经营策略

想要从根本上解决 ZHTB 资金紧张的问题，还是要从企业经营方面着手。公司经营状况改善了，企业的资金问题也就迎刃而解了。解决企业经营问题，制定合理的经营策略是十分重要的。

（1）加大研发投入。ZHTB 的主营业务是钛白粉的生产与销售，公司的产品种类比较单一，并且长期没有产品的更新，这使得 ZHTB 的产品销售比较困难。在破产重整以前，ZHTB 曾经长期处于亏损状态，没有充分资金用

于产品的研发创新。因为对长期新产品的研发不够重视,公司在破产重整
完成后投入研发环节的人力和资金也是比较少的。

相对于同行业的其他企业,ZHTB 的研发支出一直是比较低的。2015
年,ZHTB 的科研人员为 86 人,仅仅占到公司总员工数的 3%,当年公司研发
投入 3 400 万元,研发支出仅占公司总营业收入的 2%。一个公司想要长久
的发展,必须加大产品研发的投入。想要做新产品的研发,一定要有足够的
人力支持。ZHTB 可以和当地高校以及科研机构建立合作关系,通过校企合
作实现高校与企业的共赢。另外,公司可以成立专业的产品研发中心,集中
力量开发新产品,紧跟当前行业的发展趋势。

(2)开拓海外市场。目前,我国的钛白粉行业的竞争十分激烈,市场已
经趋于饱和,ZHTB 想要谋求更好地发展,开拓海外市场显得十分重要。在
经历过破产重整以后,ZHTB 公司已经意识到海外市场开发的重要性,并在
香港成立了子公司。但是在市场的开发与产品的销售方面公司并没有根本
上的改善。

伴随着全球化的脚步,中国制造已经陆续走向国际市场,中国企业在海
外的基础设施建设也在大力开展,这正是 ZHTB 的产品走出国门的好时机。
一方面,ZHTB 可以紧跟国家宏观发展战略,跟随国家一带一路大陆桥的建
设,利用交通区位优势积极开拓海外市场。另一方面,公司可以在产品需求
量大的海外地区建立营销服务机构,抢占市场先机,扩大钛白粉的销售
范围。

4.5 案例总结与启示

4.5.1 ZHTB 破产重整的总结

ZHTB 公司通过破产重整的方式,由连续亏损、濒临破产的困境,到完成
资产重组后企业得到了优质资产的注入,得以继续经营,这对其他陷入经营
困境的公司提供了一个有效的借鉴。

ZHTB 之所以能够重整成功,主要基于以下两个方面:一方面,在出资人
权益调整部分,管理人针对不同的股权受让主体以及用途,出资人采取不同

的调整比例,平衡了各方的利益;另一方面,ZHTB 作为少数从事钛白粉行业的上市公司,其业务内容仍具有一定的挽救价值,在公司经营出现问题的时候,ZHTB 将自身产业托管给同行业的龙头,从而使公司仍保持着一定的经营能力。ZHTB 破产重整的成功,对于我国破产重整制度在实践中的应用起到了一个推动的作用。

ZHTB 虽然在破产重整后的短时间内公司的经营状况有改善,并实现了盈利,但是在重整后的第三年,ZHTB 又再一次陷入亏损的状态。由于公司的主营业务并未发生根本性变化,伴随着国内经济的放缓,以及同行业竞争压力,ZHTB 的企业盈利能力明显减弱。另外,在 ZHTB 破产重整过程中出现的财务问题,也给破产重整的可靠性蒙上了一层阴影。破产重整的结束并不意味着公司从根本上解决了生产经营中的困难。

4.5.2　ZHTB 破产重整的启示

ZHTB 破产重整的案例表明,破产重整只是上市公司避免退市的一种方式,并不能从根本上改变企业的经营状况。对于一家上市公司来说,其是否具有继续经营的价值,是否拥有足够的市场竞争力,这都是很难去判断的。因此在破产重整之前,要对重整的公司进行全面的评估考察。上市公司盲目地进行破产重整,既不利于公司的健康发展,也会给社会带来巨大的负担。

对 ZHTB 的债务情况进行分析后可以发现,ZHTB 在破产重整前已经出现了严重的亏损,银行对在其借款时 ZHTB 经营状况并不乐观。国有银行作为其主要借款人,基于 ZHTB 国有企业的身份,一些债权人放宽了 ZHTB 借贷条件。因此银行在对公司进行借贷时,应严格地执行有关规定,客观分析公司的财务状况,加强融资监管力度。

我国破产重整的法律制度才建立不久,还需要不断地改进。ZHTB 完成了破产重整并取得了成效,这说明了破产重整制度在我国是可行的。在当前市场经济的状况下,政府在发挥其积极作用的同时也需要加强对经济市场的监管力度。与此同时,政府也需要出台相关的法律法规,制定相关的有利政策以推进我国破产重整制度的改进。

5

企业破产中的税收债权

《破产法》作为市场经济法律体系的重要组成部分,越来越受到关注。随着"供给侧结构性改革"的深入推进,企业破产案件数量逐渐攀升。其中,税务问题成为破产研究中亟待解决的难题,甚至破产涉税问题已经成为影响破产程序顺利推进的重要因素之一。实践中在积极探索有效解决之道的同时,也面临诸多无法在现有制度框架内解决的难题。其成因主要体现为破产法与税法法域上公私法的泾渭分明,税法中对破产企业未能贯彻量能课税原则以及破产法上缺乏对破产的规则设置。在分析破产涉税问题根源的基础上,对企业破产程序中涉税问题进行探讨、加强规则认同,对于建构整体联动机制、强化有效沟通机制等立法建议,以及为企业破产程序中涉税问题的有效解决具有参考意义。

5.1 研究背景及研究现状

5.1.1 研究背景

对于破产审判中发生的涉税问题,各地法院与税务部门进行了积极的探索,其中温州、广州、柳州、遵义等地的法院与税务部门的探索都非常有代表性。但是破产企业涉税问题是破产审判工作推进过程中普遍存在的焦点问题依旧非常突出。

具体而言,一些资不抵债的企业依据《中华人民共和国企业破产法》的规定进行重整或清算,以便重新注入活力或彻底退出市场。但现行税法主要针对的是正常经营状态下企业的税收管理,对进入破产程序等非正常经营状态的企业涉税法律法规数量少,而且与《破产法》及最高院的司法解释没有适当对接,缺乏权威性和系统性,难以充分发挥税收对市场经济的积极推动作用。由于《企业破产法》与《税收征管法》分属公私两个法域,基于不同的立法理念和利益诉求,规则设置上互有冲突而又难以弥合,造成破产审判程序中法律适用的诸多障碍。

一方面,破产涉税问题具有普遍性。企业与税务相伴而生,不管是审理破产重整、和解还是清算案件,也不管企业类型如何,或多或少都会遇到各类涉税问题。对于企业破产而言,无论是破产受理前可能存在的欠缴税款,还是破产程序中的新生税款和纳税申报,又或是重整程序中的所得确认,以及最终破产清算终结后的税务注销登记,每一个环节都绕不开税务问题和税务机关。另一方面,现阶段对破产涉税问题的解决还具有局限性。税收法律规制严格遵循税收法定原则,税收相关政策是国家统一规定的,是中央事权范围,各地法院及税务部门难以突破现有政策规定,只能在现有税收政策框架内作适当的变通,因此局限性特点非常显著。

由于破产法与税法规则冲突不仅给破产审判程序造成了法律适用的难题,降低了企业破产的效率,其规则的不衔接也严重制约了破产法立法目的实现,阻碍了企业破产清算及重整的进程。所以,本部分以实践探索为出发点,从破产法与税法的双重视角分析破产实践中普遍面临的非正常户导致相关事务处理障碍问题、破产重整程序税收债务问题等进行对策研究,探讨问题解决的路径,以期能为破产涉税规则的顶层设计提供一些有益的参考。

5.1.2 国内外研究情况①

一直以来,税收以权力的形式出现在公众视野,纳税义务的产生基于行政机关的创设行为,税法在本质上应是一种行政特别法,纳税被看作一种天

然的义务。德国传统行政法学家奥托·迈耶是税收"权力关系说"的代表人物,其主张税收来源于国家机器的权力使然,税收法律关系为公民对国家的纳税义务的服从。随着市场经济的发展和对个人权利的重视,以德国法学家阿尔巴特·海扎尔为代表的"债权债务关系说"逐渐取代了"权力关系说",税收被看作是基于政府与公民契约下的债权债务关系,是公法之债。税收"债权债务关系说"赋予了税收债权请求权基础,同时提供了债的结构,为税务机关以债权人的身份进入破产程序奠定了理论基础。税收被看作是政府与公民之间订立的契约,公民以付出税款为代价换取国家提供的公共服务和权利保障,"税收债权"的概念随之出现,被看作是国家基于税法对纳税人享有的一种请求权,是一种公法上的债权债务关系。

由于破产债权是在破产裁定受理前对破产企业所成立的、唯有通过破产程序才能从破产财产中获得公平清偿的财产请求权。那么,破产清算程序中的税收债权,指的是企业进入破产程序之后,税收债权因满足破产法规定的形式,以破产财产寻求清偿的新型税收征纳关系。

诚如上述所言,税收债权作为公法上的债权债务关系,有着浓重的公法色彩,但破产程序主要为私权利领域,进入破产程序后,相当于税收债权以公权利形式进入私权利领域,作为破产债权的税收债权不仅为了现实的便利性,也符合其法理基础。破产涉税问题的难点就在于跨越了公私法域,跨越了《破产法》和《税法》两大法律,仅靠单一学科内部的研究已经无法找到解决问题的出路,只有促进法际融合,跨学科合作,以一种更加实用、有效、高效的方式进行破产涉税难题的破解,方才是解决之道。

刘剑文等财税法学家首先提出了"领域法学"的研究方法,其以问题为导向,不拘泥于传统的部门法的划分,整合各学科、综合各领域致力于问题的解决,对于破产涉税这种法域冲突问题在理论指导上起到了实质性的帮助。徐阳光教授在"课税禁区"的基础上扩大理论的适用范围,为解决破产涉税问题提出了"课税特区"理论。范志勇认为,破产法与税收征管法的规则调适应以量能课税、最优税收、优先保障债务人企业存续权、社会公共利益最大化为基本原则,在此基础上论证了税务机关参与破产程序的正当性及税收债权在破产程序中的清偿顺位,税收优先权应按照企业破产法进行限制,对企业的注销应遵照破产法的规定。熊伟认为,税收的发生缺乏公示性和确定性,税收优先权会损害市场交易安全,从长期来看仍会损害税收利益,同时,税收优先权的正当性来自于公益性和风险性,但对此利益的保障并不必然通过税收优先权制度。因此,应取消一般性的税收优先权制度,而以必要时候的税收特别优先权取而代之。王雄飞和李杰认为,破产程序中担保物权应始终优先于税收债权进行清偿。其主要从物权与债权关系、一般法与特别法关系、一般优先权与特别优先权关系等角度论证了破产程序下担保物权优先于税收债权的合理性。徐战成以课税特区理论为指导,以破产流程为脉络,详细剖析了破产程序启动前、破产裁定受理后、破产清算程序中、破产程序终结后、破产重整程序中、破产重整终结后各个环节中可能存在的涉税问题,着重于阐述《破产法》与《税法》的分歧并提出中肯的建议与意见。浙江省温州市中级人民法院联合课题组以审判实践为基础,立足于"温州经验",在分析破产涉税原因的基础上,主要探讨《破产法》与《税法》在实务中的衔接难题,如破产企业注销难题、非正常户障碍、滞纳金核销等实际问题。

专家学者以不同的角度阐述破产涉税难题的破解之道,对于《破产法》与《税法》的冲突,基本上侧重于学理层面的探讨,着重解决破产涉税的某一类问题,观点鲜明,对问题的研究指导了方向。

第一,税收债权债务关系学说的提出和建立为税法的研究提供了一个全新的视角。一方面,它有助于理顺征纳关系,在"国库主义"和纳税人权利之间寻求均衡保护。另一方面,它表明除税法另有规定外,可直接借用私法上的债的规范结构,为税法上的漏洞补充提供了一条便捷之路。税收债权,究其本质,是以财产给付为内容的请求权,虽为公法之债,却可以借用私法上的债的结构。

第二,《民法》等私法规则进入税法等公法领域早已在公法学界得到了承认,原因在于:"《民法典》本来是规范私人间的法律关系的。但是,其中也包括不仅限于规范私人间的关系,凡是法律关系便应当适用的法的一般原理。另一方面,也有特别适用于公权力的行使、进而适用于进行一般行政活动的一般性原理。"税收债权的一方尽管为国家,但为破产债权的税收债权仍符合法的一般性原理,进入破产程序后接受私法的规范也就无可指摘。

《破产法》的实施是促进企业平稳有序退出市场、挽救濒危企业的有力举措,破产程序中涉及的税务问题一直是阻碍破产顺利推进的难题,二者基于公私法的分野,立足于不同的立法理念和利益诉求,规则冲突在所难免。破产涉税难题的解决,从根本上来看,首先还有赖于立法机关进行制度的顶层设计,在立法层面开辟税务"特区",自上而下理顺破产程序中的税务问题。其次要在税务机关和法院之间打造联动机制,增强规则互认及程序衔接,减少破产涉税问题的阻碍。最后,需要各方的努力,破产涉税难题方能迎刃而解。

5.2　企业破产涉及主要税种

自 2007 年《企业破产法》实施起,税收作为破产债权首次在司法程序上得到认可。根据《民法总则》第五十九条和《企业破产法》第一百二十一条的规定,破产企业的民事权利能力和民事行为能力要待人民法院裁定终结破产程序,管理人持相关裁定向破产企业的原登记机关办理注销登记。在此之前,破产企业依然具有民事权利能力和民事行为能力。而《企业破产法》规定的法院裁定受理破产申请的法律后果中,并未涉及破产企业纳税申报义务的免除,因此,破产企业在办理注销登记前依然负有纳税申报的义务。

实践中,以企业申请破产的时间来分,税收债权可分为原生税收债权与新生税收债权。前者是指在企业进入破产程序之前就已成立的税收债权,如增值税;后者是指在企业已开始破产清算时而产生的税收债权,如处置厂房、机器设备而产生的税费。无论是原生税收债权还是新生税收债权,破产企业涉及的税种主要有企业所得税、增值税、增值税附加税、契税及土地增值税。

5.2.1　企业所得税

企业所得税是对我国境内的企业和其他取得收入的组织的生产经营所得和其他所得征收的一种所得税。企业所得税的纳税义务人是在我国境内企业和其他取得收入的组织,个人独资企业和合伙企业不适用企业所得税。

企业所得税的计税依据是应纳税所得额,并非直接意义上的会计利润。应纳税所得额是企业每一个纳税年度的收入总额,减除不征税收入、免税收入、各项减除,以及允许弥补的以前年度亏损后的余额。

(1)征税对象。企业所得税的征税对象从内容上看包括企业生产经营所得、其他所得和清算所得,从空间范围上包括来源于中国境内的所得和境外的所得。

1)居民企业应当就来源于中国境内、境外的所得缴纳企业所得税。

2)非居民企业在中国境内设立机构、场所的,应当就其所设机构、场所取得的来源于中国境内的所得,以及发生在中国境外但与其所设机构、场所有实际联系的所得,缴纳企业所得税。

3)所得来源的确定(表6-1)。

表6-1　所得来源确定表

所得类型	所得来源的确定
销售货物所得	按照交易活动发生地确认
提供劳务所得	按照劳务发生地确认
不动产转让所得	按照不动产所在地确认
动产转让所得	按照转让动产的企业或机构、场所所在地确认
权益性投资资产转让所得	按照被投资企业所在地确认
股息、红利等权益性投资所得	按照分配所得的企业所在地确认
利息所得、租金所得、特许权使用费所得	按照负担、支付所得的企业或者机构、场所所在地确认,或者按照负担、支付所得的个人的住所地确认
其他所得	由国务院财政、税务主管部门确定

(2)税率。居民企业中符合条件的小型微利企业减按20%税率征税;国家重点扶持的高新技术企业和经认定的技术先进型服务企业减按15%税率征税(见表6-2)。

表6-2　企业所得税税率

纳税人		税收管辖权		税率
居民企业		居民管辖区,就其世界范围的所得征税		
非居民企业	取得所得与设立的机构、场所有实际联系的	地域管辖权	就其来源于我国境内的所得和发生在中国境外但与其在我国境内所设机构、场所有实际联系的所得征税	基本税率25%
	取得所得与设立的机构、场所没有实际联系的		仅就来源于我国境内的所得征税	低税率20% 实际减按10%的税率征收
	未在我国境内设立机构、场所,却有来源于我国境内的所得			

5.2.2 增值税及附加

（1）增值税。增值税是以商品和劳务、应税行为在流转过程中产生的增值额作为征税对象而征收的一种流转税。增值税的征税范围包含了生产、流通、服务领域。2016年5月1日全面"营改增"之后，增值税的征税范围包括：①销售或者进口的货物；②销售劳务；③销售服务；④销售无形资产；⑤销售不动产。

2016年5月1日全面"营改增"之前，我国增值税应纳税额的计算采用的是间接计算法，即不直接根据增值额计算增值税，而首先计算应税货物、劳务和应税行为的整体税负，然后从整体税负中扣除法定的外购项目已纳税款。2016年全面"营改增"进程中相结合计算增值税的方式，且规定了扣额和扣税相结合计算增值税的方式。

增值税纳税人划分为一般纳税人和小规模纳税人。

1）小规模纳税人：小规模纳税人发生应税销售行为适用简易计税方法计税。法定增值税征收率为3%，特殊征收率为5%。

即，当期应纳增值税税额＝当期销售额（不含增值税）×征收率。

2）一般纳税人：当期应纳增值税税额＝当期销项税额－当期进项税额＝当期销售额（不含增值税）×适用税率－当期进项税额

一般纳税人适用增值税税率见表6-3。

表6-3　一般纳税人适用增值税税率

增值税税率	2016.5.1前	2016.5.1—2017.6.30	2017.7.1—2018.4.30	2018.5.1—2019.3.31	2019.4.1起
基本税率	17%			16%	13%
货物类低税率	13%				
"营改增"部分项目低税率	——	11%	11%	10%	9%
"营改增"部分项目低税率	——		6%		

（2）增值税附加税。

1）教育费附加和地方教育附加：教育费附加和地方教育附加是对缴纳增值税、消费税的单位和个人，就其实际缴纳的税额为计算依据征收的一种附加费。

教育费附加适用征收比率3%，地方教育附加适用征收比率2%。即，应纳教育费附加=实际缴纳的增值税、消费税税额×3%；应纳地方教育附加=实际缴纳的增值税、消费税税额×2%。

2）城市维护建设税：城市维护建设税是对从事工商经营，缴纳增值税、消费税的单位和个人征收的一种税。税款专款专用，用于保证城市公用事业和公共设施的维护和建设。

城市维护建设税采用地区差别比例税率，按照纳税人所在地的不同，城市维护建设税分设7%，5%，1%三档税率。①纳税人所在地为市区的，税率为7%；②纳税人所在地为县城、镇的，税率为5%；③纳税人所在地不在市区、县城或镇的，税率为1%；开采海洋石油资源的中外合作油（气）田所在地在海上，其城市维护建设税适用1%的税率。

5.2.3 契税

契税是以在中华人民共和国境内转移土地、房屋权属为征税对象，向产权承受人征收的一种财产税。契税的纳税义务人是指在我国境内转移土地、房屋权属，承受产权的单位和个人。契税的征税对象是在境内发生土地使用权、房屋所有权权属转移的土地和房屋。具体征税范围包括：国有土地使用权的出让、土地使用权转让及房屋的买卖、赠予、交换。征税对象、计税依据及税率见表6-4。

契税应纳税额=计税依据×税率

表6-4　征税对象、计税依据及税率

征税对象	计税依据（不含增值税）	税率
国有土地使用权出让	成交价格 提示：国有土地使用权出让，受让者应向国家缴纳出让金，以出让金为依据计算缴纳契税。不得因减免土地出让金而减免契税	3%～5%的幅度税率，各省、自治区、直辖市人民政府按本地区的实际情况在幅度内确定
土地使用权转让		
房屋买卖		
土地使用权赠予、房屋赠予	征收机关参照市场价核定	
土地使用权交换、房屋交换	等价交换免征契税；不等价交换，依交换价格差额征税	

5.2.4　土地增值税

土地增值税是对有偿转让国有土地使用权及地上建筑物和其他附着物产权,取得增值收入的单位和个人征收的一种税。土地增值税的纳税义务人是转让国有土地使用权、地上建筑物及其附着物并取得收入的单位和个人。包括内外资企业、行政事业单位、中外籍个人等。

土地增值税的基本征税范围包括：①转让国有土地使用权；②地上建筑物及其附着物连同国有土地使用权一并转让；③存量房地产买卖。

土地增值税采用四级超率累进税率,本税种的累进依据为增值额与扣除项目金额之间的比率,是我国唯一一个采用超率累进税率的税种。土地增值税的税率表见表6-5。

土地增值税应纳税额=（转让房地产收入-扣除项目金额）×税率-扣除项目金额×速算扣除系数

表6-5　土地增值税的税率表

级数	增值额与扣除项目金额的比率	税率	速算扣除系数（%）
1	不超过50%的部分	30%	0
2	超过50%～100%的部分	40%	5
3	超过100%～200%的部分	50%	15
4	超过200%的部分	60%	35

5.3 企业破产税收优惠

5.3.1 破产与企业所得税

(1)破产重整债务豁免与企业所得税。重整豁免债务具备了企业所得税的不征税收入的特定内涵,不具有可税性,重整豁免债务应被定性为所得税不征税收入。因此,我国税法应对企业破产重整豁免债务做出不征税收入的定性评价,此项法律性质从根本上决定了重整豁免债务应被列入所得税课税除外情形。

重整豁免债务适用企业所得税的主要文件有《财政部 税务总局关于企业重组业务企业所得税处理若干问题的通知》(财税〔2009〕59 号)、《财政部 税务总局关于促进企业重组有关企业所得税处理问题的通知》(财税〔2014〕109 号)、《财政部 税务总局关于非货币性资产投资企业所得税政策问题的通知》(财税〔2014〕116 号)、《关于企业重组业务企业所得税征收管理若干问题的公告》(国家税务总局公告 2015 年第 48 号)、《最高人民法院关于人民法院为企业兼并重组提供司法保障的指导意见》。

(2)破产清算与企业所得税。《中华人民共和国企业所得税法》第五十五条第二款规定,企业应当在办理注销登记前,就其清算所得向税务机关申报并依法缴纳企业所得税。其实施条例第十一条第一款规定,清算所得,是指企业的全部资产可变现价值或者交易价格减除资产净值、清算费用以及相关税费后的余额。

企业进入破产清算程序后,企业除贷款类债权外的应收、预付款项减除可收回金额后确认无法收回的应收、预付款项,可作为坏账损失在计算应纳税所得额时扣除。在企业破产清算中,企业投资者应根据《企业资产损失所得税税前扣除管理办法》的规定,向税务机关提供被投资的破产公告即可向税务机关进行该项投资资产损失的报批手续,确认资产损失在当年企业所得税汇算清缴时扣除。其中,资产损失确认证据和企业应收及预付款项坏账损失的确认证据在这个过程中体现为企业的破产清算公告或清偿文件。但企业发生的资产损失,应按规定的程序和要求向主管税务机关申报后方能在税前扣除,而未经申报的损失则不能在税前扣除。

(3)优惠政策。《财政部 国家税务总局关于企业清算业务企业所得税处理若干问题的通知》(财税〔2009〕60 号)对于不再持续经营的企业,发生结束自身业务、处置资产、偿还债务以及向所有者分配剩余财产等经济行为时,对清算所得、清算所得税、股息分配等事项的处理规定;《财政部 国家税务总局关于企业重组业务企业所得税处理若干问题的通知》(财税〔2009〕59 号)对于企业在日常经营活动以外发生的法律结构或经济结构重大改变的交易,包括企业法律形式改变、债务重组、股权收购、资产收购、合并、分立等涉及的企业所得税具体处理问题的规定;《国家税务总局企业重组业务企业所得税管理办法》(国家税务总局 2010 年第 4 号公告)对于企业法律形式改变、债务重组、股权收购、资产收购、合并、分立等各类重组所涉及的企业所得税的管理规定;《财政部 国家税务总局关于促进企业重组有关企业所得税处理问题的通知》(财税〔2014〕109 号)对于企业重组有关企业所得税处理问题进一步明确;《国家税务总局关于企业重组业务企业所得税征收管理若干问题的公告》(国家税务总局 2015 年第 48 号公告)对于债务重组、股权收购、资产收购、合并、分立所发生的企业所得税征收管理相关问题的处理办法。

5.3.2　破产与其他税种

(1)增值税。增值税的纳税申报通常按月进行,也有按照季度申报,对于不能按照固定期限纳税的,可以按次申报。对于破产企业来说,是按期还是按次,增值税的纳税申报没有明确规定。我们认为,在进入破产程序后,管理人原则上应当延续该企业原先的申报方式,以前按月的,还是按月;以前按季度的,还是按季度。即便是这个期间没有发生业务、没有产生税款,也要做零申报。

货物用于"偿债"属于"视同销售"。不管是拍卖还是直接抵债,在税法上都作为销售对待,都会产生纳税义务,而增值税税率通常为 13%、9%。对于破产企业过去未抵扣过增值税的旧机器设备、车辆、办公家具等财产,根据《中华人民共和国增值税暂行条例》第十条的规定,当企业进入破产程序后,处置财产涉及已使用过的固定资产按规定缴纳增值税,破产企业在销售自己使用过的属于该条规定的不得抵扣且未抵扣进项税额的固定资产,根据《财政部 国家税务总局关于部分货物适用增值税低税率和简易办法征收增值税政策的通知》(以下简称《简易办法》)第二条的规定,按照3% 征收率减按 2% 征收增值税。但企业可以选择放弃减税,根据《简易办法》按照3% 征收率缴纳增值税,并可以开具增值税专用发票。其中"已使用过的固定资产"是指纳税人根据财务会计制度已经计提折旧的固定资产。

企业在重整程序中,重整方一般以受让破产企业股权的形式承接破产企业,办理不动产权属、存货权属变更登记时,也将涉及增值税的缴纳。根据《关于纳税人资产重组有关增值税问题的公告》的规定,纳税人进行资产重组时,运用合并、分立等方法,将整体或者部分资产,以及债权、债务、劳动力等对外转让,不纳入增值税目标范围,不作增值税征收决定。公司货物在进行多次转让后,也不计入增值税征收范围。《财政部 国家税务总局关于全面推开营业税改征增值税试点的通知》明确不作出征收增值税决定的项目。如果投资人仅留意于破产企业某特定资产,对与之相应的债权、债务及劳动力不加考虑,则会出现缴纳巨额增值税的可能。

(2)土地增值税。虽然目前国家税务总局没有明确发文规定关于破产企业发生房地产权属变更免征土地增值税,但国家出于维护社会稳定,保护债权人利益的目的,应暂不征收土地增值税。此外,根据《中华人民共和国土地增值税暂行条例》的规定,转让旧房等不动产的,应以土地成本、房屋评估价格及转让相关的税费之和为扣除项目计算土地增值税的增值额,但由于破产企业在处置财产时的特殊情况,其增值额一般为负数,无需缴纳土地增值税。实务操作中,管理人为破产企业缴纳土地增值税的常见做法是,以破产企业账目混乱或者成本资料、费用凭证残缺不全,难以确定扣除项目金额。

《土地增值税清算管理规程》第三十四条规定,在土地增值税清算中符合以下条件之一的,可实行核定征收。①依照法律、行政法规的规定应当设置但未设置账簿的;②擅自销毁账簿或者拒不提供纳税资料的;③虽设置账簿,但账目混乱或者成本资料、收入凭证、费用凭证残缺不全,难以确定转让收入或扣除项目金额的;④符合土地增值税清算条件,企业未按照规定的期限办理清算手续,经税务机关责令限期清算,逾期仍不清算的;⑤申报的计税依据明显偏低,又无正当理由的。

《土地增值税清算管理规程》第三十五条规定符合上述核定征收条件的,由主管税务机关发出核定征收的税务事项告知书后,税务人员对房地产项目开展土地增值税核定征收核查,经主管税务机关审核合议,通知纳税人申报缴纳应补缴税款或办理退税。

管理人向税务机关申请对破产企业土地增值税采用核定征收,核定征收税率通常为5%,同样大幅降低破产企业的税负。

《国家税务总局关于房地产开发企业土地增值税清算管理有关问题的通知》(国税发〔2006〕187号)的规定,已竣工验收的房地产开发项目,已转让的房地产建筑面积占整个项目可售建筑面积的比例在85%以上的,主管税务机关可要求纳税人进行土地增值税清算。

5.4　税收债权在破产程序中的定位

税收债权所具有的"公益性"在破产程序中时常与私法之债产生冲突。由于《企业破产法》对税收债权仅停留在概念认可的阶段,致使在破产程序中税收债权与担保债权的孰先孰后,以及"新生税收债权"的定位等问题均未得到解决。当下亟须从根植于税收债权的"税收债务关系理论"以及破产程序的"公平清理债权债务"理念为立场,厘定税收债权于破产程序中性质及定位。

5.4.1　原生税收债权的定位

从税收债权与担保债权的角度,依据现行《企业破产法》第一百零九条与第一百一十三条规定,在破产程序中担保债权人对于债务人的特定财产可不受破产程序的约束,可对特定财产中主张优先受偿;破产人所欠税款位于破产财产清偿顺序的第三顺位;若破产企业的剩余资产不能足额清偿处于同一位序的债权时,则依其比例分配。

但现行《税收征收管理法》第四十五条明确税收债权对于担保债权的优先性进行区分对待,对于在税收债权之后设定的抵押、质押或留置债权,税收债权应当优先于抵押权、质权、留置权受偿;对于在税收债权发生之前设定的抵押、质押或留置,则有担保债权优先于税收债权受偿。因此,在破产财产分配时,税务机关通常会根据《税收征收管理法》向管理人主张优先清偿税收债权。此时,需要管理人解决破产财产分配时,税收债权和担保债权孰能够优先受偿。

根据《税收征收管理法》,当担保债权成立于税收债权发生之后时,可能会产生以下两种情况:①税收债权金额大于或者等于担保物变现金额时,担保债权人享有的"别除权"形同虚设,这会严重影响债权的可预期性;②担保债权人设定的担保债权使得税务部门成了最大受益者,直接损害担保制度的功能。故,担保物权优先于税收债权得到清偿。

此外,从法理角度分析亦可得出担保物权优先于税收债权得到清偿的结论。

(1)法理——物权优于债权说。在破产程序中,别除权基于担保物权而产生,本质上亦是一种物权。而税款根据"税收法律关系说"是一种债权。

根据《民法》之一般原理,物权优先于债权,主要基于维护交易安全和保护弱者的基本生存权益两个理念。税收债权是法定债权而非意定债权,不存在交易安全问题;而担保债权往往是交易产生的附带权利,是第二位权利。因此,当税收债权优于担保债权时会危害交易安全。此外,税收债权的主体是国家,具体行使主体是税务机关,有多项税收强制措施,税收债权人相对于担保债权属于强势一方。故,适用物权优先于债权之原则性规定,担保物权优先于税收债权得到清偿。

(2)法理——特别规定优于一般规定。根据《立法法》第九十二条之规定,特别规定与一般规定不一致的,适用特别规定,新的规定与旧的规定不一致的,适用新的规定。《税收征收管理法》和《企业破产法》均为全国人民代表大会常务委员会通过,属于同一机关制定的法律。如要适用该条规定,则需要区分何者为特别法,何者为一般法。

特别法可以根据主体、事项、地域及时效四个标准来进行辨别,并且此四个标准是"或者"关系,而不是"并且"关系,只需要符合其一即可认定为特别法。具体到《税收征收管理法》和《企业破产法》两者之间的关系上,《税收征收管理法》规定了税收债权的清偿顺位,《企业破产法》也规定了税收债权的清偿顺位,但是《企业破产法》多了两个额外的要素,一是在破产程序中,二是就破产主体而言。因此,《企业破产法》更适用特别法,即担保物权优先于税收债权得到清偿。

综上,破产财产分配时应适用《企业破产法》,即税收债权受偿顺序位于担保债权之后。

5.4.2　新生税收债权的定位

所谓新生税收,是指人民法院受理破产申请后至破产程序终结前而产生纳税义务。新生税收债权主要是破产清算过程中产生的,即该税收债权产生在破产申请受理之后。主要有以下几种来源:①破产申请受理之后,对破产财产进行拍卖、变卖从而产生的税收;②破产申请受理后,管理人履行双方未履行完毕的合同而产生的税收;③企业破产重整失败从而进入破产清算程序,该期间内发生的税收。

破产程序中"新生税收"问题,在理论和实务中均存在颇多争议,关于新生税收债权的定位主要有以下说法:

(1)作为法定普通清偿顺序的第三顺序清偿。根据《最高人民法院〈关于审理企业破产案件若干问题的规定〉》第三条的规定,破产宣告后,经人民法院许可债务人仍然可以继续进行生产经营的,这种生产经营活动就可能发生纳税。另外,进入破产程序后,由清算组负责破产财产的保管、清理、估价、处理和分配。因此,在清算过程中破产企业仍然发生应税行为。

2002年最高法院对河南省高院做出的《关于人民法院拍卖、变卖破产企业财产,破产企业应否纳税问题的答复》中提道:"对于破产企业财产变现所产生的税金能否免于征收,要根据国家有关政策和财政部门的意见确定。鉴于目前破产企业普遍存在债权清偿率低的情况,可由清算组与地方税务征管机关沟通协商,争取税务征管机关理解并同意对变现财产减免征收,税务机关不同意减免的,所纳税金应当在法定普通清偿顺序的第三顺序中予以清偿。"

(2)作为破产费用和共益债务清偿。根据《企业破产法》第四十一条和第四十二条规定,破产受理后发生的破产费用包括:破产案件的诉讼费用,管理、变价和分配债务人财产的费用;管理人执行职务的费用、报酬和聘用工作人员的费用。共益债务指的是破产受理后发生的因管理人或者债务人请求对方当事人履行双方均未履行完毕的合同所产生的债务;债务人财产受无因管理所产生的债务;因债务人不当得利所产生的债务;为债务人继续营业而应支付的劳动报酬和社会保险费用以及由此产生的其他债务;管理人或者相关人员执行职务致人损害所产生的债务;债务人财产致人损害所产生的债务。

　　新生税款是破产程序本身需要耗费的"成本",符合破产费用和共益债务的内涵。新生税收是"在破产程序中为全体债权人的共同利益而支付的各项费用或者承担的必要债务,主要目的旨在保障破产程序的顺利进行,在使用效果上可以增进所有债权人的利益,因而享有优先于其他债务的受偿权,在清偿顺序上处于最优先的地位,因此在清算程序中可以用债务人的财产随时清偿。"将新生税款作为破产费用和共益债务的"随时清偿",并不完全等同于"即时清偿"。

　　(3)新生税收应当不征或免征。破产清算程序中,处置破产财产并非破产企业盈利,而是为了使债权人能够获得更多的权益,使得偿还率大大提升,保障债权人的利益。税务机关应秉承"国家不与民争利"的原则,尊重和保障其他债权人的利益,维护私权利的公平受偿权。此外,《税收征收管理法》第八条规定,纳税人可以依法向税务机关申请减少税款或免缴税款。在正常经营过程中,纳税人尚可以申请减免税,在破产清算这一特殊情形下,纳税人更可以行使这一权利,在符合条件的情况下,向税务机关申请减免税。新生税收缺乏存在的合理性和正当性,将其作为破产费用和共益债务更是违背破产法的价值取向和现代税法制度的基本原则。对破产程序中的新生税收应当不征或免征。综上,新生税收债权定位目前仍无定论,实践中主要取决于管理人与地方税务征管机关沟通协商的结果。

5.4.3　税收滞纳金的定位

　　税收滞纳金是因为纳税主体滞纳税款而被税务机关附加征收的款项。

　　《税收征收管理法》第六十八条规定,在规定期限内不缴或少缴应纳或应解缴税款,除了加收滞纳金以外,还可以处以罚款。我国《行政处罚法》第二十四条规定,对当事人的同一个违法行为,不得给予两次以上罚款的行政处罚。因此,税收滞纳金不属于罚款。

　　根据最高人民法院于2002年公布的《关于审理企业破产案件若干问题的规定》第六十一条,行政机关对破产企业的罚款、罚金及其他有关费用不属于破产债权。人民法院受理破产案件后,债务人未支付的滞纳金也不属于破产债权;最高人民法院于2012年发布的《关于税务机关就破产企业欠缴税款产生的滞纳金提起的债权确认之诉应否受理问题的批复》(法释〔2012〕9号)指出,税务机关就破产企业欠缴税款产生的滞纳金提起的债权确认之诉,人民法院应依法受理。依照《企业破产法》《税收征收管理法》的有关规定,破产企业在破产案件受理前因欠缴税款产生的滞纳金属于普通破产债权。

2019年3月,最高人民法院发布《关于适用〈中华人民共和国企业破产法〉若干问题的规定(三)》第三条,破产申请受理后,债务人欠缴款项产生的滞纳金,包括债务人未履行生效法律文书应当加倍支付的迟延利息和劳动保险金的滞纳金,债权人作为破产债权申报的,人民法院不予确认。

综上,破产企业在破产案件受理前因欠缴税款产生的滞纳金属于普通破产债权;破产企业在破产案件受理后因欠缴税款产生的滞纳金不确认为债权。

6

企业破产清算涉税处理

企业破产清算中的税务处理是一项政策性很强的工作。注册会计师、律师及其事务所可以接受法院指定担任破产管理人,或者受管理人委托担任破产案件的清算顾问或法律顾问,会对破产清算中税收的依法处理起关键作用,或者对税收处理提供具有相当权威性的咨询意见。本部分以企业破产法和税法的一系列规范,阐述企业破产清算中税款的申报和确认等基本问题。

6.1 破产企业税收债权处理

6.1.1 税收债权的申报

债务人被宣告破产后,法院受理破产申请时对债务人享有的债权称为破产债权,其中国家税务机关对债务人应缴未缴的税款称为税收债权。需要注意的是,破产企业的税收债权申报在相关法律规定中不够明晰。《税收征收管理法》仅明确纳税人发生破产情形的,应当在办理注销登记前或有关机关批准或者宣告终止之日起 15 日内,向原税务登记机关申报办理注销税务登记。《企业破产法》没有明确破产企业的税收债权申报义务。《破产法》规定,人民法院受理破产申请后应当确定债权人申报债权的期限,申报期限为法院发布受理破产申请公告之日起30日至3个月。债权人应当在法院确定的债权申报期限内向管理人申报债权。同时,破产法对职工债权给予豁免申报,但是没有明确税收债权是否需要申报。

实务中,对于税收债权是否需要申报存在两种观点,一种观点认为:《破产法》没有明确规定税收债权不需申报,那么税收债权应与其他债权一样进行申报,并适用《企业破产法》有关债权申报的规定;另一种观点认为:《破产法》没有明确税收债权申报义务,那么税收债权可以不用申报。考虑到税收债权的特殊性,对其处理不能等同于一般的债权申报,作为破产管理人应主动对税收债权进行调查、审查。人民法院受理破产申请,确定债权申报期限后,管理人应当将申报期限主动告知主管税务机关,通知税收债权的债权人在申报期限内将税收债权情况通知管理人。税收债权的债权人在申报期内进行申报的,管理人应对其申报的税收债权在结合债务人财务资料或审计报告的基础上进行初步审查;税收债权的债权人在申报期内未申报的,管理人可初步确认没有税收债权。如税收债权的债权人在申报期外申报的,管理人可按照《破产法》有关补充申报的规定办理。

6.1.2　税收债权的清偿顺序

相关法律法规对于税收债权的清偿顺序规定不完全一致。破产法规定,破产财产优先清偿破产费用和共益债务,之后清偿破产人所欠职工的工资、基本养老保险、基本医疗保险、补偿金等职工债权,剩余财产再清偿破产人欠缴的除前项规定以外的社保费和税款。破产财产不足以清偿破产人欠缴的其他社保费和破产人所欠税款的,按照比例分配。

税收征管法规定,税收优先于无担保债权,法律另有规定的除外;欠税发生在纳税人以其财产设定抵押、质押或者财产被留置之前的,税收应当先于抵押权、质权、留置权执行。纳税人欠税,同时又被行政机关决定处以罚款、没收违法所得的,税收优先于罚款、没收违法所得。《国家税务总局关于税收优先权包括滞纳金问题的批复》明确,税收优先权执行时包括税款及其滞纳金。

《最高人民法院关于税务机关就破产企业欠缴税款产生的滞纳金提起的债权确认之诉应否受理问题的批复》(法释〔2012〕9号)规定:"破产企业在破产案件受理前因欠缴税款产生的滞纳金属于普通破产债权。"根据规定,破产企业欠缴的税款滞纳金作为普通破产债权,后于税款本金清偿,同时滞纳金的加收时间应截至法院受理此案的时间。

通过上述法规的比较,可以看出上述法规之间的具体规定不一致。需要明确的是,税务机关的职责决定了其必须积极维护国家税收利益和税收债权。为了顺利完成破产清算,破产管理人应积极与税务机关密切沟通,建立良好的沟通协调机制。对案件进展情况实时反馈,在税收债权确认发生争议时,做到理性客观,并提出可行性方案和建议。做到既维护国家税收利益,也充分考虑到破产企业的实际困难,做到了情与理、情与法的统一,积极争取税务机关的认同。

破产管理人应深入研究企业破产中的各类涉税问题和有关法律法规,在法律法规、行政规章等发生条文争议和冲突时,用专业知识和丰富经验为税务债权确认和清偿提供坚强保障。

6.1.3 主要税收债权处理

(1)企业所得税。企业破产清算所得税事项的处理适用《关于企业清算业务企业所得税处理若干问题的通知》(财税〔2009〕60号)。破产清算包括两个层面的清算:

股东层面,指破产企业的股东由于投资行为而取得的所得进行企业(个人)所得税清算。这主要是企业破产清算导致股东股权投资损失可以一次性税前扣除。申报扣除仅需填报当年度企业所得税年度纳税申报表《资产损失税前扣除及纳税调整明细表》,股权投资损失相关证据材料如被投资企业破产公告、破产清偿文件、被投资企业资产处置方案、成交及入账材料以及企业法定代表人、主要负责人和财务负责人签章证实有关投资(权益)性损失的书面申明、会计核算资料等其他相关证据材料等由公司留存备查。

企业层面,就是公司(破产企业)自身应进行企业所得税的清算。下面详述破产企业如何进行企业所得税的清算。

企业清算期所在的年度内,有两个所得税纳税年度。第一个纳税年度为1月1日到终止生产经营之日,第二个纳税年度为终止生产经营之日到注销税务登记之日。

第一个纳税年度。企业在年度中间终止生产经营,按照《企业破产法》的规定需要进行清算的,以其实际经营期即生产经营当年度1月1日至实际经营终止之日作为一个纳税年度。企业自实际经营终止之日起60日内,向税务机关办理当年度企业所得税汇算清缴,结清当年度应缴(应退)企业所得税税款。

第二个纳税年度。企业依法清算时,应当以清算期间作为一个纳税年度,依法计算清算所得及其应纳所得税。

进入清算期的企业应对清算事项,报主管税务机关备案。企业应当自终止生产经营活动开始清算之日起 15 日内向主管税务机关提交《企业清算所得税事项备案表》并附送以下备案资料:

纳税人终止正常生产经营活动并开始清算的证明文件或材料。

管理人或清算组联络人员名单及联系方式。

清算方案或计划书。

欠税报告表。

企业应当自清算结束之日起 15 日内,向主管税务机关报送《中华人民共和国企业清算所得税申报表》及其附表和下列资料,完成清算所得税申报,结清税款:

清算报告或清算方案或破产财产变价方案的执行情况说明;

清算期间资产负债表、利润表(依据相关法律法规要求须经中介机构审计的,还应同时附送具有法定资质的中介机构的审计报告);

资产盘点表;

清算所得计算过程的说明;

具备下列情形的,还需报送资产评估的说明和相关证明材料:

①资产处置交易双方存在关联关系的;②采取可变现价值确认资产处置所得或损失的;

企业清算结束如有尚未处置的财产,同时报送尚未处置的财产清单、清算组指定保管人的授权委托书、组织机构代码证或身份证复印件;

股东分配剩余财产明细表;

非营利组织还应同时附着清算结束后其剩余财产的处置情况说明。

需要指出的是,破产企业清算所得只有在所有债务人都清偿完毕后才能准确计算出来。通常,破产企业已无任何财产清偿清算所得税债权了。

纳税人在申请办理注销税务登记时,应向主管税务机关提交《中华人民共和国企业清算所得税申报表》及其附表的复印件,作为申请注销税务登记的附报资料之一。

(2)增值税。企业注销清算时,对期初存货中尚未抵扣的增值税已征税款,以及征税后出现的进项税额大于销项税额后不足抵扣部分的增值税,税务机关不再退税,也不得抵减清算过程中应按简易办法征收的增值税。

(3)继续履行合同涉税事项的处理。在企业申报破产后,企业可能还有尚未履行完的产品销售合同或房屋租赁合同等其他经济合同。根据《破产法》的规定,人民法院受理破产申请后,管理人对破产申请受理前成立而债务人和对方当事人均未履行完毕的合同有权决定解除或者继续履行,并通知对方当事人。如果管理人认为继续履行合同对破产企业有利,而选择继续履行的,则继续履行合同则会产生相应的流转税和企业所得税问题。比如房屋租赁合同的继续履行就会涉及增值税、城市维护建设税、印花税、房产税和企业所得税。

根据《破产法》的规定,因管理人或者债务人请求对方当事人履行双方均未履行完毕的合同所产生的债务为共益债务。破产费用和共益债务由债务人财产随时清偿。债务人财产不足以清偿所有破产费用和共益债务的,先行清偿破产费用。债务人财产不足以清偿所有破产费用或者共益债务的,按照比例清偿。因此,共益债务在破产清偿中是排在破产费用之后的。此时,管理人选择在人民法院受理破产申请后,选择继续履行合同所产生的税收债务包括因履行合同而产生的增值税、城建税和教育费附加等税款,都属于共益债务,不需要申报,在破产费用之后优先受偿。

6.2 破产财产处置涉税处理

税收债权的优先性,决定了资产处置过程中税负问题不可忽视,尤其是土地房产、机器设备等大宗资产的处置,涉及的税款金额十分巨大,管理人应当充分考虑到相关风险,做好风险计划和风险策略。

6.2.1 企业接管

企业进入破产清算程序后,管理人应当立即制订接管方案,对破产企业进行资产、账册资料、证照资料等的全面接管,这既是管理人开展破产清算工作的必要程序,也是对破产相关资产及资料的最大限度的保全。接管时,管理人应关注以下方面:

（1）税务申报是否正常。后续资产处置过程中,通常要开具发票。根据税法规定,税务申报异常的账户不能对外开具发票,非正常户要转为正常户,需要缴清欠缴的税款,缴纳一定的罚款,减少后期清偿债务数额。在资产处置过程中,应当有预见性的与潜在买受人、主管税务机关协调好资产开票、过户事宜。

（2）是否存在发票遗失。管理人要注重发票的管理,接管空白发票,及时缴销,了解发票的遗失情况,如果存在空白发票遗失的情况,需要及时发布遗失公告,并且根据遗失数量缴纳一定的税务罚款,一般纳税人开具发票需要去税务局领购发票,如果存在遗失发票的情况是不能领购发票的。

（3）报税工具(金税盘)是否正常使用。目前,企业进行税务申报需要用金税盘抄税,领购发票同样需要用到金税盘,特别是涉及不动产等开票金额较大的资产处置,需要申请提高开票额度,都需要通过金税盘进行操作,一旦接管不到,将会对后续工作造成很多困扰。

6.2.2　资产处置涉及的主要税费

（1）增值税。增值税一般纳税人处置一般货物(另有列举的除外)、机器设备等动产,增值税适用税率为13%。处置土地房产等不动产,增值税适用税率为9%。对处理企业生产的产品或外购货物取得的收入,仍按正常经营一样进行增值税处理:按处理产品或外购货物取得的收入计提销项税,根据销项税减进项税的余额缴纳增值税。对处置的为已使用过的且已经依法抵扣了进项税的固定资产以及处置使用过除固定资产以外的其他物品,应当按照适用税率计提销项税;处置使用过的属于不得抵扣且未抵扣进项税额的固定资产,按简易办法的征收率减半征收增值税。

管理人应当结合待抵扣进项税的留存情况,有效选择支持低税负的计税方法。管理人在资产接管过程中应当关注固定资产的入账时间、是否抵扣过进项税额等情形,争取税收优惠。管理人应当事先做好与税务主管部门的沟通,因为资产处置之后还要涉及买受人缴纳契税,办理过户的手续,如果因无法进行正常的纳税申报或者申报滞后,导致资产不能过户,将会产生不必要的争议。

（2）土地增值税。土地增值税的纳税人为转让国有土地使用权、地上的建筑及其附着物并取得收入的单位。土地增值税一般是应税收入减去扣除项目后,采取四级超率累进税率进行计算,税率水平在30%～60%之间,扣除项目一般包括取得土地使用权所支付的金额、房地产开发成本、房地产开发费用、与转让房地产有关的税金和其他扣除项目。在日常会计核算中一般缺乏对土地增值税涉及的扣除项目进行单独核算,因为账册不全、人员流失等原因部分成本发票难以查询,实践中通过自行纳税申报的方式或者聘请中介机构出具审核鉴证报告进行土地增值税的清算存在困难。管理人应该根据破产企业的会计核算水平,比较查账征收与核定征收所缴纳税额,做好与税务部门的协调工作,争取有利于债权人利益的清算方式。

(3)企业所得税。破产企业的财产在处置环节有增值收益,对应这些资产增值收益的企业所得税是不能作为破产费用、共益债务优先受偿的。因为,破产环节的企业所得税债权不是按单项资产增值收益分别计算的,其最终应作为清算所得产生的企业所得税债权一并计算。实务中,为加快破产清算进度,管理人应与税务机关及时沟通,在清算结束前的适当时间,由税务机关提前进场进行企业清算所得等的税务清缴确认工作。企业清算所得具体涉及以下内容:全部资产均应按可变现价值或交易价格,确认资产转让所得或损失;确认债权清理、债务清偿的所得或损失;改变持续经营核算原则,对预提或待摊性质的费用进行处理;依法弥补亏损,确定清算所得;计算并缴纳清算所得税;确定可向股东分配的剩余财产、应付股息等。

(4)其他税费。其他税费主要包括城市维护建设税,税率为7%、5%和1%三挡;教育费附加,征收率为3%;地方教育附加,征收率为2%。这些税费按照流转税额乘以上述比例计算得出,其通常根据流转税的优惠情况进行相应优惠。

6.2.3 资产处置的发票开具与产权转移手续

为方便后续向买受人开票,办理资产过户手续,管理人应当对企业税务账户进行定期申报,维护其账户的正常性。如果接管时就已经是非正常户,应当在资产处置之前,及时与税务部门沟通,补齐申报资料,争取将税务账户恢复为正常户。同时,在企业破产受理到资产处置的一段期间,还会产生城镇土地使用税、房产税等相关税费,这无疑加大了开具发票的难度,一旦根据与税务局沟通情况判断很难对买受人开具发票,管理人应当在资产拍卖时说明情况,提示无法开具发票,避免与买受人产生分歧。

7

企业清算式重整涉税处理

"清算式重整",实务中又称为"转让性重整""重整式清算"。本书所指的"清算式重整",旨在通过债权人会议议案的有效设置,在破产清算程序中实现与重整程序相同的经济及社会效果。利用"清算式重整"模式处置僵尸企业,具有以下几个特点:

(1)"清算式重整"落脚点系投资人获得核心实物资产及无形资产。重点是核心资产的处置及实现其价值的最大化。在核心实物资产转移的同时,投资人亦获得了僵尸企业原有的营业事务,使得投资人不仅拥有了核心资产,还进一步获得了僵尸企业的劳动力、销售渠道及区域性产品影响力。

(2)"清算式重整"还是清算。"清算式重整"归根结底还是破产清算,破产清算所带来的结果必然是资产的过户。但"清算式重整"可以使得破产财产"纯净化",通过法院司法平台的"洗涤",僵尸企业破产财产不再负有权利负担,不再被限制查封。投资人就破产财产的取得,多了人民法院法律文书的保障。通过"清算式重整"获得的资产可以快速装入上市公司,正是诸多投资人所希望与看中的。

(3)"清算式重整"模式下的僵尸企业,均处于营业或"冬眠状态"。之所以要维持僵尸企业处于"温热"状态,主要原因系为了资产不再轻易贬值,占有市场份额继续得以维持,原有无形资产不再流失。

(4)"清算式重整"资产处置灵活。在利用"清算式重整"处置资产时,方案往往较为灵活多变,核心资产大部分均独立分离,投资性资产亦分块独立组成单元资产包,目的系为分离僵尸企业主营业务,寻找到合适的投资人,促进僵尸企业核心产能继续发挥功效。

(5)"清算式重整"模式下,僵尸企业的债权人多为金融机构或资产公司。僵尸企业,目前在我国尚未有明确的定义。王欣新教授(2016)提出,"僵尸企业应当是指那些丧失市场自我生存能力,但因获得政府补贴或银行不当续贷等非市场化措施支持而免于倒闭的负债企业,即必须依赖非市场因素生存的企业"。故"清算式重整"模式下的僵尸企业的债权人构成,自然以金融机构为主。

7.1 清算式破产重整的路径选择

7.1.1 破产重整制度的价值意义

一般来讲,破产清算程序在保证债权公平清偿,规范市场主体退出方面有重要作用,但同时也往往存在着耗时长、费资多、成本高等问题。破产企业法人资格及其经营事业被清算消灭,企业各项有形、无形的构成因素被分解变卖,丧失作为完整运营体的社会价值,许多财产或权利完全丧失经济价值,或大幅贬值。在清算中很难以合理价格及时变现甚至无法变现,如一些依附于企业自身的经营资质、商誉、市场等,不仅使企业的股东、债权人受到严重损失,甚至血本无归,对社会财富与生产力来说也是一种破坏。企业的破产倒闭还会造成职工失业,乃至发生其上下游企业、连环担保企业等相关企业的连锁效应,对企业所在城市与社区的经济、税收、社会发展都可能产生消极影响,危及社会稳定与和谐。相较而言,破产重整程序在挽救困难企业,优化资源配置上有更加明显的作用,通过债务减免、延期清偿、债转股等方式解决破产企业债务负担,改善企业经营管理,企业转型或资产置换等措施,达到企业重建再生之目的,可以避免企业主体灭失,有效资源浪费以及社会矛盾加剧等。破产重整程序,受到了人们的广泛重视,司法领域中亦有诸多实践。

7.1.2　重整模式的实务探索

清算式破产重整需要不断进行重整模式的实务探索。从各国的立法与实务情况看,重整有三种模式:第一种是传统的企业存续型重整;第二种是事业即营业让与型重整;第三种是在部分国家与地区存在的清算型重整。

我国台湾地区学者对这三种类型的重整进行了界定,"其一是企业存续型,由债务人与债权人等协议减免或犹豫债务之额度或期限,以谋求企业之重建;其二是企业清算型,将债务人之财产个别变价,而以所得对价(清算价值)分配于诸债权人等;其三是营业让与型,将债务人营业之全部或主要部分让与他人,而以所得对价(继续企业价值)分配于诸债权人"。

清算式重整,即以清偿债务为目的,在重整程序中制定对债务人财产优于破产清算时的清算、变现、分配的清算计划,无害化调整债务,保留企业优质资源,保持原企业的法人资格存续,最大限度地减少重整人负担(尤其是在有新投资人情况下),最便捷地清偿债权人债权。简要而言,就是参照破产清算程序得出普通债权清偿率,并以此为基础,引进战略投资人,免除超额部分,实现企业的断尾重生。重整成功与否取决于重整人的投资意愿(有时候是债务人重组实力)和债权人接受程度,常见的重整模式需要重整人、债务人和债权人进行多次角力,多轮谈判,其过程较为费时,清算式重整集破产清算的效率价值以及重整程序的挽救功能的优势,重整计划制作更具有针对性,对债务人资产进行处置变现(变现方式并非出售一种),以变价所得一体清偿债权人债权,同时以重整程序保留了债务人企业法人资格,使得投资人可以无负担地进行生产经营,达到破产企业"破茧重生""脱胎换骨"的效果。此种清算式重整的法理基础在于,其在法律性质上是重整程序,仍然适用重整的法律规定,产生重整的法律效力与效果,仅仅是债权调整幅度较大,如债权人会议表决通过,可予以执行。在实务中,清算式重整是具有适用价值的。

重整模式多样,应当根据企业具体情形进行适用,清算式重整模式一般适合于具备以下特征的破产企业:①具备某种行业资质。获得该资质需要一定成本,如特许性,具有市场价值,且政策上不允许通过转让方式取得,如果简单进行破产清算可能造成资源浪费。②企业固定资产如房产、无形资产如土地使用权等与经营资质高度匹配,转作他用价值不高,例如宇丰企业,其房产为仓库,土地性质为仓储用地,如单纯出让房产、土地则受让人范围较狭窄,变现困难。③债权人对清算式重整模式认同程度较高,即对破产清算和重整程序有正确认识,充分理解不同程序作用,对债务人企业资产情况和债权清偿有较为客观的判断。

以上是容易采取清算式重整模式的企业客观条件,对法院而言,建立破产企业挽救价值和再生可能识别机制尤为重要,法院对企业价值和市场走向判断可能并非十分专业,但可以通过听证、咨询政府相关部门、第三方专业机构等方式,精准识别债务企业是否具备挽救价值和再生可能,是否符合产业发展方向,对于仍具有品牌、市场、资产价值,因资金链面临压力经营不善导致不能清偿债务的企业,积极引导适用破产重整程序。此外,模拟计算出债权人在重整计划草案被提请批准时依照破产清算程序所能获得的清偿比例以及重整计划草案中拟定的分配比例同样重要,因为如果重整条件下债权人清偿比例都不及破产清算程序比例,那么重整的价值基础也不复存在。

7.2 重整人的招募与选择

重整人的确定是决定重整成功与否的重要环节,企业即使挽救价值再高而没有合适的重整人参与,重整道路依然走不通。因此,确定重整人是关键一环。

7.2.1 重整人主体

在破产法上,并没有重整人的法律概念。破产法仅规定债务人、债权人、出资额占债务人注册资本十分之一以上的出资人,有权向人民法院申请重整,这里规定的是重整申请主体。而重整人是实务中的概念,有的也称为战略投资人等。重整人是一个重要主体,根据重整模式的不同,谁来做重整人也有不同。

(1)债务人。《破产法》规定,在重整期间,经债务人申请,人民法院批准,债务人可以在管理人的监督下自行管理财产和营业事务。这意味着,债务人自身可以通过吸引资金等方式走出困境,在企业存续型重整模式中,债务人自身往往即是重整人。

（2）债权人。在重整实务中，债转股是比较常见的债权清偿方式。债转股是指债权人企业与债务人企业通过协商将债权人的债权按其价值折合为股份，使债权转化为股权，从而使企业债务归于消灭的偿债方式。因此，一些较大的债权人会成为破产企业重整人。

（3）其他投资者。在债务人自身无力主导重整程序，亦未有债权人对企业存在重整兴趣的情况下，市场其他投资者就成为重整人首选。在清算式重整模式中，其他投资者作为重整人的情况更为常见，此种模式对重整人来说投资获益最大。

由于实践复杂，案情不一，重整人主体并不是单一的，也存在着以上三种重整人主体中两种并存的情况。例如经债权人同意债务人的出资人转让一部分股权给其他投资者等。

7.2.2 "互联网+审判"思维的重整人招募新平台

在破产企业无力自行重整的情况下，意向投资人的确定尤为重要，《中华人民共和国企业破产法》（简称《企业破产法》）第八十条规定对重整计划草案"谁管理谁制作"的原则，招募重整投资管理人与重整计划草案的制定主体是紧密联系的，谁管理债务人财产和营业事务，谁就应该是招募重整投资人的主体，谁就负有招募重整投资人工作的责任。同时依据《企业破产法》第七十条规定，债权人有权对债务人重整计划的草案提出意见，债权人也应当有权推荐重整投资人。这种认识，在目前的司法实践中也得到一定确认，如深圳市中级人民法院就规定："重整投资人可以由债务人或管理人通过协商和公开招募的方式引进，也可以由债权人推荐"。

管理人通常在全国企业破产重整案件信息网、本市有影响的媒体上发布招募重整投资人的公告，发布公告期不少于 15 日的招募公告。通过现代网络通信多渠道发布招募广告，除在平面媒体发布外，还可以借助微媒体、自媒体途径，比如通过微信公众平台向不特定人群进行广泛发布；也可以针对目标企业的实际状况，向特定人群进行重点发布。比如行业协会、各级商会、特定微信群等，以提高招募重整投资人的成功率。此外，在"互联网+审判"思维引导下，充分发挥司法网拍平台零佣金、透明、高效的优势，有效实现效益最大化和成本最小化，拓展拍卖平台业务项目，不但进行常见的资产拍卖,创新性地将重整意向人竞拍招募在淘宝网司法拍卖平台上进行,同时充分利用全国企业破产重整案件信息平台,将破产各重要环节和信息在平台中对债权人或社会公众公示。

上述招募方式具有以下优势:①最大限度的公开化。随着淘宝网司法拍卖平台的深入人心,该平台上蕴藏了很多商机,互联网无疑是能够将拍卖信息最大范围推广的最佳平台。②充分发挥竞争机制效能。网上筛选优质意向人,形成竞争态势,有利于维护债权人权益。③提高效率减少线下工作量。现实中如果出现了2名以上意向人,要分别与债权人沟通,现场竞争容易混乱,局面难以控制,而网上竞争投资人资格,筛选出一名其他同等条件下出价最高者意向人,在债权人会议上进行表决,可使得债权人会议方向更明确,更有针对性。

7.3 重整计划草案的制定与表决

如果说重整人的招募是确定了重整程序主体,那么重整计划草案则是主体行为的纲领,涉及债务人、债权人、重整人的切身利益,是整个重整程序的灵魂所在。

7.3.1 重整计划草案制定的原则

各国破产立法对重整计划草案的批准确立了一系列的原则与制度,其中最为重要的是三项原则,通称为最大利益原则、绝对优先原则与公平对待原则。反推而言,如果想重整计划草案顺利通过,那么在制定过程中就要遵循这些原则。清算式重整实质上亦是争取实现重整计划草案"低清偿率高通过率"的逆袭。

(1)最大利益原则,又称债权人利益最大化原则、清算价值保障原则等,是指任何一个反对重整计划的利害关系人(债权人或股东)依据重整计划都可以得到其在破产清算程序中原可得到的清偿或清算利益。这一原则设置的目的是保障反对重整计划的个体利害关系人的权益,尤其是在该利害关系人所在组别已经依法定多数通过重整计划草案的情况下。我国《企业破产法》规定:"按照重整计划草案,普通债权所获得的清偿比例,不低于其在重整计划草案被提请批准时依照破产清算程序所能获得的清偿比例",就是最大利益原则的体现之一。

（2）绝对优先原则，是指任何一个反对重整计划的利害关系人组别，在重整计划中所处的清偿顺序应与其在破产清算程序中的受偿顺序相同，而且在其获得全额清偿之前，清偿顺序在其后的利害关系人不能获得任何清偿。绝对优先原则适用于不同优先顺序的权利人之间，其设置的目的，是保障反对重整计划的利害关系人组别的利益，强调的是对不同性质的权利在重整程序中清偿顺序的尊重。我国《破产法》规定了对破产企业特定财产享有担保权的债权、职工债权、税款债权的优先清偿权利。

（3）公平对待原则，是指处于同一受偿顺序的利害关系人类别（有可能划分于不同表决组组别）在重整计划中应获得相同的清偿利益。我国《企业破产法》规定："重整计划草案公平对待同一表决组的成员"，并且不得违反《破产法》关于债权清偿的顺序，就是对公平对待原则的落实。

我国《破产法》规定，重整计划草案应当包括下列内容：①债务人的经营方案；②债权分类；③债权调整方案；④债权受偿方案；⑤重整计划的执行期限；⑥重整计划执行的监督期限；⑦有利于债务人重整的其他方案。其中第三、四项是重整计划草案的精华，在制定上要遵循上述原则，尤其要考虑草案普通批准和法院强制批准的条件。同时，还要避免草案重视债权调整和受偿方案而轻视经营方案的误区。

清算式重整的重整计划草案的制定中，要算好两笔账：第一笔是破产清算中各大债权人尤其是普通债权人清偿比例，第二笔是清算式重整中各组债权人清偿比例。在破产清算程序中，债权人分配的数额多少、比例高低，完全由破产财产的实际变现情况即经市场化清算的价值所决定。债权人会议包括法院通常是无法决定可分配财产有多少的，只能在可分配财产总量确定的情况下，依法决定在各债权人之间的利益分配。所以，尽管债权人可能对分配的数额多少不满意，但是对可分配财产的总量多少往往少有争议。由于对债权人的分配顺位与分配方法等有法律明文规定，即使发生争议也易于解决。而在重整程序中，由于不对企业财产进行实际清算变现，债权人清偿比例等依赖于模拟计算，因此要避免可能由于利益冲突、技术失误等因素影响而存在不够准确合理乃至恶意欺诈的问题，避免由此引发债权人的争议。两笔账需要论证充分，对比清晰，只有在第二笔账中债权人清偿优于第一笔账的情况下，债权人才有可能投赞成票，重整计划草案才有可能通过。

7.3.2 提高重整计划草案表决通过率

重整意味着债权或多或少的调整,重整计划关系债权人切身利益,通过与否尽量交由债权人决定,法院要审慎适用重整计划强制批准权。重整计划获批准通过,一方面依赖科学合理地重整计划制订,另一方面还要让债权人明白利弊,做出理性决策。提高重整计划表决通过率要做好公开和沟通工作。

以公开促公正,以公正换理解。破产程序中,不仅仅要求重整计划公开,其他重要事项,均要确保利益相关方的参与权、知情权、决策权,使利益相关方知悉自己的意见是否合法合理,能否得到管理人和法院的采纳,化解了债权人对管理人和法院解决措施和方案的误解,达到平衡各方利益。公开途径多样,口头告知、听证会、债权人会议、破产重整案件信息平台等等均是案件信息公开的有力渠道。重整计划草案在投诸债权人会议表决前,需要与债权人、债务人、投资人等利益主体进行反复沟通和多轮修改,以预估通过率、落实可行度等,特别是提前将草案内容告知银行债权人,便于其报送决策机构。债权人会议前,与每位债权人落实到会情况,不便到会的,通过电话方式征求表决意见,或提前填写表决票封存,现场拆封统计结果。

7.4 后重整阶段的司法保障

重整计划执行过程中,案件虽然可以审结,但仍有一些后续工作需要进行。例如重整计划执行的监督、企业交接、股权变更手续、破产企业原诉讼、执行案件衔接和"新"企业法律地位定位,等等。实务中主要有以下方面工作:

(1)监督重整计划执行。我国《破产法》规定,重整计划由债务人负责执行,人民法院裁定批准重整计划后,已接管财产和营业事务的管理人应当向债务人移交财产和营业事务,由管理人监督重整计划的执行,在监督期内,债务人应当向管理人报告重整计划执行情况和债务人财务状况。这一规定的目的在于敦促债务人规范经营,信守承诺,从而保障债权人利益,尤其是传统存续型重整模式中,如债务人采取延期清偿等方式偿债的,更要确保债务人经营正常,以防债务人有欺诈、恶意减少债务人财产或者其他显著不利于债权人的行为。清算式重整模式中,这种监督职责相应较轻,因为清算式重整中债权清偿时间较短,管理人主要监督重整人重整资金的给付。

(2)企业资产权利负担清除。破产企业进入破产程序前一般存在诉讼、执行案件,虽然《破产法》第十九条规定了人民法院受理破产申请后,有关债务人财产的保全措施应当解除,执行程序应当中止,但是实务中即便破产案件审理法院或管理人向查封单位发出了解除通知而仍然存在有单位怠于解除查封措施的情况,或者担保债权在受偿后未及时解除抵押手续等,这些资产上的负担清除需要审理法院的努力。

(3)重整企业信用修复。由于之前拖欠贷款、税款等,债务人在银行、税务等存在信用不良记录。清算式重整后,债务人"重获新生",亦存在融资需要,不良记录需要进行消除,法院可以向原企业诉讼、执行案件受理法院、金融机构、工商管理部门、税务部门发送函件,以大事记等方式消除不良记录,以便重整企业正常经营。

7.5　清算式重整涉及的税务问题及其应对

清算式重整的主要是将破产企业的核心资产,如完整生产线、相关无形资产、销售渠道、区域市场、技术骨干等整体出售给重整人,具有整体出售的特点。在破产企业重整和清算过程中,涉及以下税务问题,我们分别论述,并提出应对策略。

7.5.1　变卖资产涉及的流转税

变卖资产涉及的流转税,涉及破产企业和重整人。

国家税务总局2011年第13号公告《关于纳税人资产重组有关增值税问题的公告》(以下简称"13号公告")规定:纳税人在资产重组过程中,通过合并、分立、出售、置换等方式,将全部或者部分实物资产以及与其相关联的债权、负债和劳动力一并转让给其他单位和个人,不属于增值税的征税范围,其中涉及的货物转让,不征收增值税。

破产企业核心资产的交易,可以归入上述文件中"出售"的行为,如果将全部或者部分实物资产以及与其相关联的债权、负债和劳动力一并转让,可以判断为非增值税应税行为,不征收增值税。这种情况下,破产企业不需缴纳增值税,可以不开具发票,仅提供资产交接清单。税务上,不产生销项税额。如果破产企业的资产出售不包括相关联的债权、债务及劳动力,则不属于该文件规定的免税范围,应当缴纳增值税。具体转让时,应当区分存货、已使用过的设备、知识产权等无形资产,房屋建筑物、土地使用权等按照不同税率或征收率,按照交易的公允价值计算缴纳销项税及相应的城建税及教育费附加。如果交易的整体价值比较大,将会增加破产企业的税收负担。

对于重整人或收购人而言,如果符合整体资产负债转让模式,由于出售企业免税,收购企业无法获得购进资产的进项税,将会增加收购企业的增值税负担。而按照实物资产分项交易,破产企业需要向其开具增值税专用发票,可适当降低流转税税负。

在总付款额一定情况下,不征税模式和征税模式的税收价值相差3% ~ 13%,对双方都有重要影响。需要破产管理人、重整(收购)企业根据双方的纳税状况公平合理地解决。

7.5.2 资产整体出让涉及的所得税

资产整体出让涉及的所得税,涉及破产企业和重整人。

根据《财政部 国家税务总局关于企业重组业务企业所得税处理若干问题的通知》(财税〔2009〕59 号)及《关于促进企业重组有关企业所得税处理问题的通知》(财税〔2014〕109 号)的规定:对于整体资产收购,受让企业收购的资产不低于转让企业全部资产的50%,且受让企业在该资产收购发生时的股权支付金额不低于其交易支付总额的85%。

可以选择按以下规定处理(称为特别税务处理):

(1)转让企业取得受让企业股权的计税基础,以被转让资产的原有计税基础确定。

(2)受让企业取得转让企业资产的计税基础,以被转让资产的原有计税基础确定。

如果不符合以上条件,转让企业应当按照获得对价的公允价值确认转让收入,受让企业应当按照公允价值确定收购资产的入账价值和计税基础。

转让资产在转让企业的计税基础和该资产的公允价值可能差别很大,

计税基础可能高于或低于其公允价值。

假定计税基础高于其公允价值,在破产清算情况下,这可能是常见情况。特别税务处理对转让企业而言不产生转让收益(除非计税基础小于账面价值),而受让企业的计税基础大于其公允价值,则产生一定税收收益。而采用一般计税方法,转让企业产生一定的可抵扣损失(即税收收益),而受让企业没有税收上的收益和损失。

如果计税基础小于其公允价值,特别税务处理对转让企业而言同样不产生转让收益(除非计税基础小于账面价值),而受让企业的计税基础小于其公允价值,则产生一定税收损失。而采用一般计税方法,转让企业产生一定的应税所得(即税收损失),而受让企业没有税收上的收益和损失。

交易的公允价值一定情况下,特别计税模式要求受让方主要以股权方式支付对价,对于上市公司而言是一种可行的操作方式,非上市公司也可以借鉴。所产生的税收收益或损失受交易资产的原计税基础及公允价值的差额影响,需要破产管理人、重整(收购)企业根据双方的纳税状况在重组方案中选择。

7.5.3　清算式重整涉及的债务重组收益或损失

清算式重整涉及巨额的债务减让,对于破产企业而言,将产生一笔较大的债务重组收益;对于债权人而言这是一笔较大的债务重组损失。

债务人的债务重组收益应当计入清算所得缴纳企业所得税,符合条件的可以在5个纳税年度内均匀计入应纳税所得额。但考虑到破产企业累计亏损比较大,可能不增加现时的纳税义务。

如果涉及关联企业的话,这种债务重组收益和损失的确认方式,相当于一笔合法的纳税义务转移——从债权人转移给债务人。考虑到债务人可能连续亏损,存在大量未弥补的亏损,这种转移并不产生破产企业现实的纳税义务,总体看减少了大量纳税义务。

7.5.4　破产企业的税务事项及破产后的税收价值

对于正常纳税的破产清算企业,在破产清算完成后,即全部资产、债权、债务处置完毕后,可能有以下税务事项需要关注:

（1）所有欠税事项是否处理完毕。破产企业所欠税款属于破产债权的一部分，在清算方案中应当包括所欠税款。清算完毕应当意味着所欠税款已清算完毕。

（2）企业增值税纳税申报表上，以及账面上是否存在待抵扣进项税，如果存在，会是一项税收价值。

（3）企业所得税是否存在未弥补的亏损，如存在，会是一项税收价值。

（4）最近5年的企业所得税申报是否正确，是否存在未将亏损事项完全反映在纳税申报表的情况，如果存在，可以通过重新申报实现税收价值。

清算式重整的破产企业如果存在较大的税收价值，如果尚未注销，可通过合并等方式注入别的企业，实现其税收价值。

8

企业破产清算税务注销

税务非正常户是指已办理税务登记但未按规定申报纳税,经税务机关责令限期改正后,逾期未改正,查无下落且无法强制其履行纳税义务的纳税人。认定非正常户须符合两个要件,一是纳税人未按照规定的期限申报纳税,在税务机关责令其限期改正后,逾期不改正的;二是税务机关应当派员实地检查,查无下落并且无法强制其履行纳税义务的。

非正常户形成及表现形式有以下两种:一种是纳税人已经破产、解散,但诸多原因不办理税务注销手续,长期挂账,形成有户无申报的非正常现象;另一种是经营亏损户。纳税人因亏损或者营业场所迁移,停止经营,但不办理税务注销手续,"名存实亡"。破产企业大多数在进入破产程序前长期亏损,停止正常纳税,甚至停止经营。故破产企业大多被税务机关归为非正常户。

8.1 纳税人非正常户状态下税务注销

非正常户不但影响税收征管,而且破坏市场经济运行秩序,其危害主要表现在逃避纳税义务、不按规定验销发票、虚开代开增值税专用发票等方面。在国家大力整顿和规范市场经济秩序的背景下,税务机关尤其要加强清理非正常户的力度。

8.1.1 非正常户状态对纳税人的影响

根据《税务登记管理办法》(国家税务总局令第 7 号),被税务局认定为非正常户后有以下七种后果:

(1)暂停税务登记证、发票领购簿和发票的使用;法人或财务负责人曾任非正常户的法人或财务负责人的纳税人,主管税务机关可以严格控制其增值税专用发票(以下简称"专用发票")发放数量及最高开票限额。

(2)非正常户认定超过 3 个月的,税务机关可以宣布其税务登记证件失效。

(3)出口企业或其他单位被列为非正常户的,主管税务机关对企业暂不办理出口退税;主管税务机关在审核外贸企业《出口货物转内销证明申报表》时,发现提供的增值税专用发票是在供货企业税务登记被注销或被认定为非正常户之后开具的不得出具《出口货物转内销证明》。

(4)没有欠税且没有未收缴发票的纳税人,认定非正常户超过两年的,税务机关可以注销其税务登记证。

(5)纳税人申请解除非正常户,税务机关可以按规定对其处以罚款。

(6)有非正常户记录或者由非正常户直接责任人员注册登记或者负责经营的纳税人,本评价年度直接判为 D 级,并承担 D 级纳税人后果。

(7)财政部、国家税务总局规定的其他情形。

8.1.2 纳税人如何解除非正常户

当纳税人被税务机关列为非正常户时,需采取以下措施以解除非正常户状态,具体流程如图 8-1 所示。

纳税人提供情况说明和解除非正常状态的理由

告知纳税人补正资料或不予受理原因

办税服务厅接收　核对资料

资料齐全，符合法定形式

相关部门调查核实相关情况

纳税人补充申报、补缴税款、滞纳金、罚款

办税服务厅根据管理部门反馈情况，在纳税人补充申报、补缴税款、滞纳金、罚款后，解除纳税人非正常状态

对已宣布其税务登记证件失效的纳税人收缴原税务登记证件，并重新发放税务登记证件

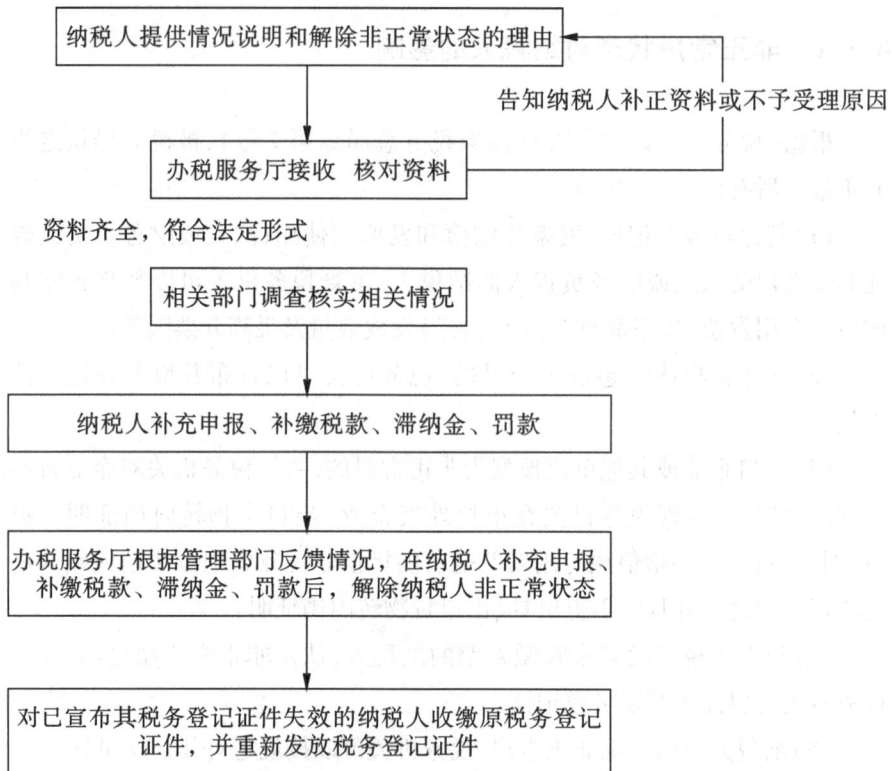

图 8-1　纳税人解除非正常户流程

8.1.3　非正常户税务注销情形

　　注销税务登记是指纳税人发生解散、破产、撤销以及其他情形，不能继续履行纳税义务时，向税务机关申请办理终止纳税义务的税务登记管理制度。办理注销税务登记后，该当事人不再接受原税务机关的管理。具体来讲，应办理注销税务登记的情况如下：

　　纳税人发生解散、破产、撤销以及其他情形，依法终止纳税义务的，应当在向工商行政管理机关办理注销登记前，向纳税人主管税务机关申报办理注销税务登记，税务机关受理申请后将进行税务清缴处理。按规定不需要在工商行政管理机关或者其他机关办理注册登记的，应当自有关机关批准或者宣告终止之日起 15 日内，持有关证件和资料向原税务登记机关申报办

理注销税务登记。纳税人可到主管税务机关领取《注销税务登记申请表》,并按规定填写。

纳税人被工商行政管理机关吊销营业执照或者被其他机关予以撤销登记的,应当自营业执照被吊销或者被撤销登记之日起 15 日内,向原税务登记机关申报办理注销税务登记。纳税人将填写好的《注销税务登记申请表》送交主管税务机关,并提供下列有关证件、证明、资料:①申请办理注销税务登记需提交的资料(所提供资料原件用于税务机关审核,复印件留存税务机关);②法定代表人(负责人)或业主的居民身份证、护照或其他证明身份的合法证件原件及其复印件;③税务登记证件正副本原件;④主管部门或董事会(职代会)的决议以及其他有关证件;⑤原主管税务机关核发的税务登记证件正副本、《发票购用印制簿》、剩余的空白发票和其他税收票证;⑥主管税务机关要求提供的其他有关证件、证明、资料。

8.1.4 非正常户税务注销流程

到办税大厅前台补交申报表,补缴税款,缴纳罚款。需保存完税证明和罚款单据。完税证明(图样源自国家税务总局河南省税务局网站)如图 8-2 所示。

(1)如地址异常,需到工商部门进行地址变更。虽然变更地址可以在网上全程操作,但因地址问题被列入经营异常名录的,需到现场处理,并要求出具"场地使用证明"。

自行出具"情况说明"。即解释成为非正常户原因,注明是否缴纳税款、滞纳金和罚金。

到电子税务局进行解除非正常户申请。首先,登录网上办税服务厅,点击首页【功能导航】——【登记/认定/优惠】——【非正常户解除】;其次,进入网上办税服务厅后,在"纳税人基本信息"处填写申请表,上传情况说明(加盖公章)和完税证明、罚款单据等;再次,提交申请,等待审核。申请提交后,可以在电子税务局文书结果查询进行查询。工作人员受理后,发放《税务受理通知书》;最后,如受理通过,下发《解除非正常户通知》。

中 华 人 民 共 和 国
税 收 完 税 证 明

（×××）×× 证明 00000000

税务机关　　　　　　　　　　填发日期

纳税人名称　　　　　　　　　　纳税人识别号

妥善保管

手写无效

金额合计（大写）

备注

税务机关
（盖章）

填票人

本凭证不作纳税人记账、抵扣凭证

图 8-2　完税证明示例

8.2 破产企业非正常户状态税务注销

按照《税收征管法》第十六条,纳税人的税务登记内容发生根本性变化后,在向工商行政管理机关申请办理注销登记之前,必须持有关证件向税务机关申报办理注销税务登记。实践中纳税人发生注销登记的情况比较复杂,涉及的法律问题较多,对于经营失败的破产企业更是如此。为了防止纳税人"假破产、真逃税",堵塞征管漏洞,防止税款流失,各国的法律通常对破产企业的税务登记注销进行更为严格的限制。大数据分析报告对超过100万条涉及企业破产的舆情信息进行抓取分析显示,"涉税问题处理难"在影响《企业破产法》实施问题中占26%。

根据《企业破产法》第一百二十条,管理人应当自破产程序终结之日起10日内,持人民法院终结破产程序的裁定,向破产人的原登记机关办理注销登记。根据《税收征管法实施细则》第十五条、第十六条,纳税人需要注销税务登记时,应当向主管税务机关提出注销申请,结清应纳税款、滞纳金、罚款,缴销发票、税务登记证件和其他有关税务证件,由税务机关对纳税人实施税收清算程序后,破产企业才能予以注销。

由此可见,关于破产企业的注销登记流程,在人民法院、工商机关和税务机关之间可能形成一个"互为前提"的循环:管理人持破产终结裁定书向工商机关办理注销登记,工商机关需要管理人提供清税证明;管理人向税务机关申请办理注销登记和获取清税证明,税务机关则需要破产企业先结清应纳税款、滞纳金和罚款。

8.2.1 破产企业税务登记注销困境原因

税务登记注销是企业丧失其市场主体经营资格的前置性程序,是税务机关避免税款流失的重要环节。但是由于纳税人发生注销登记的情况比较复杂、涉及的法律问题较多,同时受制于传统的行政管制思想,往往出现过于偏重保护国家税收债权、在退出环节重复"设卡"的现象。实践中破产企业税务登记注销主要面临以下问题:

(1)破产企业税务登记注销的标准和程序不统一。破产企业税务注销标准和程序不统一直接导致税务机关在法律适用和具体操作中无所适从。

在日常税务管理中,各级税务机关均没有详细制定税务登记注销事项的管理规定,现有《税收征收管理法》等相关规定缺乏可操作性,在注销过程中容易产生争议。

例如有税务机关规定,办理企业税务登记注销需进行专项税务审计。但破产企业由于在账册编制、债务清偿比例和顺序、税款滞纳金的处理等问题上与一般企业有很大区别,且破产企业的税务审计又没有统一可操作的规范,基本无法完成对破产企业的税务审计。其结果导致管理人无法获得税务机关出具的税务注销证明,从而影响办理税务注销的时间。

(2)"税款核销"与"防止税款流失"矛盾依旧存在。企业无法正常办理税务注销,原因在于清算涉及办理税务注销程序,但办理税务注销前也必须先解除其非正常户状态,同时还要按税务机关要求处理涉税问题(这里可能涉及大量补税),而该类企业已资不抵债,无法解决税务问题与补缴税款,注销陷入死胡同。"税款核销"和"保障税源"的矛盾在基层税务机关依然无法调和。

虽然发改财金规〔2021〕274号《关于推动和保障管理人在破产程序中依法履职进一步优化营商环境的意见》等文件规定了便利税务注销。"经人民法院裁定宣告破产的企业,管理人持人民法院终结破产清算程序裁定书申请税务注销的,税务部门即时出具清税文书,按照有关规定核销'死欠',不得违反规定要求额外提供证明文件,或以税款未获全部清偿为由拒绝办理。"但管理人在实务中仍面临着因破产企业处于"非正常户"状态而导致税务无法注销的困境。

(3)破产清算程序中税务机关大多消极不作为。税务机关在企业破产清算中往往消极不作为,从而导致税务注销比较烦琐、费时较长。根据《税收征管法实施细则》第五十条,纳税人有破产情形的,在清算前应当向其主管税务机关报告,未结清税款的,由其主管税务机关参加清算。

实践中,税务机关往往认为破产财产一般无法清偿《企业破产法》规定的第一清偿顺序的职工债权,作为第二顺序清偿的欠缴税款根本无法得到清偿,因此税务机关很少参与破产企业清算过程。同时,对于清算程序制定的破产财产分配方案,有的破产企业欠缴税款数额巨大,地方税务机关无权批准核销导致整个破产清算工作无法完成,企业多次申请仍无法办理税务注销。

此外,按照《企业破产法》的规定,税收债权不属于申报豁免的范围,应当依法进行债权申报。实践中,税务机关经常既不主动申报债权,也不参与债权人会议,导致税款数额难以确认,进而影响破产企业财产分配方案的拟定和清偿债权的进程,拖延了企业破产终结后相关注销手续的办理。

8.2.2 破产企业税务注销办理与操作

2016 年 12 月 26 日,国家工商总局发出"工商企注字〔2016〕253 号"文《关于全面推进企业简易注销登记改革的指导意见》,对部分企业在一定条件下,由其自主选择适用一般注销程序或简易注销程序。自 2017 年 3 月 1日起在全国范围内全面施行。

一般注销需要向工商机关提交的材料有八种:①公司清算组织负责人签署的注销登记申请书;②公司法定代表人签署的《公司注销登记申请书》;③法院破产裁定、行政机关责令关闭的文件或公司依照《公司法》做出的决议或者决定;④股东会或者有关机关确认的清算报告;⑤税务部门出具的完税证明;⑥银行出具的账户注销证明;⑦《企业法人营业执照》正、副本;⑧法律、行政法规规定应当提交的其他文件。

实践中,不少地方将"清税"作为破产企业注销税务登记的必要条件,依据是《税收征管法实施细则》第十六条规定,即纳税人在办理注销税务登记前,应当向税务机关结清应纳税款、滞纳金、罚款、缴销发票、税务登记证件和其他税务证件。但上述条款中的"结清"不等同于"缴清"税款,对于法律上有执行可能的企业,应要求其缴清应纳税款,但对于法律上已无执行可能的企业,"结清"就是要经过法定的破产清算程序。

根据《国家税务总局关于核销"死欠"有关问题的补充通知》(国税函〔2002〕803 号)规定,有欠税又无可执行财产的,其无法追缴的税款(含滞纳金、罚款及没收非法所得),应根据注销工商和税务登记的相关证明文件确认内部核销手续。

根据《关于推动和保障管理人在破产程序中依法履职进一步优化营商环境的意见》(发改财金规〔2021〕274 号)规定,经人民法院裁定宣告破产的企业,管理人持人民法院终结破产清算程序裁定书申请税务注销的,税务部门即时出具清税文书,按照有关规定核销"死欠",不得违反规定要求额外提供证明文件,或以税款未获全部清偿为由拒绝办理。

实务中,管理人遇到税务注销问题不一,目前基本还处于以个案批复、公告、通知、回复,以及地方的府院联动来解决破产程序中的税务注销问题,存在不确定性,权威性也不足。

9

房地产业破产涉税疑难及应对

近年来,全国主要城市房价持续上涨,房地产企业数量增多,后因宏观调控等因素的影响,部分房地产企业因资金链断裂而陷入经营困难,越来越多的房地产企业进入破产程序,由于房地产企业在破产中涉及购房户、建筑施工单位、企业职工、税务机关等多方利益主体,如果不能处理好破产企业与各利益主体的关系,将严重阻碍房地产企业破产程序的推进,本章结合《企业破产法》和现行税收政策,从房企涉税种类、房企破产涉税特殊问题以及破产程序中的税收政策等方面对房地产企业在破产程序中的涉税问题进行了简要梳理和分析并提出解决方案。

9.1 房地产业破产涉税面临问题

9.1.1 税收优先权

(1)支持税收优先权的理由。设立税收优先权,主要基于以下原因:①由于税收是财政收入的重要来源和基本支柱,国家依靠税收维系政府机构、国防军队等各类国家机器的运行,并为社会公众提供基础设施建设、社会福利、发展公共事业等公共产品和服务,这是全体社会成员的共同利益,为了有效维护公共利益,有必要设立税收优先权。②税收实际上是政府债权,但由于其公益性和国家财政支出的刚性,税收风险并非政府承担,而是由全社会所有成员来共同承担,如果不赋予税收优先权,就必然会导致政府最终通过提高税率、调增税额或扩大税基的方式,将因企业破产无法取得税款而遭受的资金损失,外化为第三方的损失,最终使其他纳税人不合理地负担了破产企业及其债权人的损失。③税收不是一般意义上的等价交换,纳税人缴纳税款并不存在直接的对待给付,往往也很难看到履行纳税义务带来的直接利益,导致纳税人缴纳税款的积极性不高。因此,从维护税收公平、保障财政收入,督促纳税人依法履行纳税义务的角度出发,有必要对税收债权予以特别保护。

(2)税收优先权的范围界定。从我国现行法律规定看,企业纳税义务的发生并没有公示制度,税收优先权的产生也不以公示为前提。同时,按照税法的有关规定,纳税义务可能会随时因企业的生产经营行为或取得收入而发生,其他债权人往往无法及时了解优先受偿的税收债权情况。为了最大限度地避免影响其他债权人的合法权益,降低公法债权对私法之债的冲击,应当严格限定税收优先权的范围。从实际情况看,企业的欠税构成较为复杂,一般既包括欠缴的税款本金,也包括企业因延迟缴纳税款而产生的滞纳金及罚款,从广义概念看,还包括企业欠缴的非税收入。毫无疑问,欠缴的税款本金应当享有优先权,可以在较为前列的顺序受偿,但其他类型的涉税债权是否都应享有优先权呢?

9.1.2　重整后依法豁免的滞纳金无法核销问题

企业重整后依法豁免的滞纳金在税务系统如何核销在实践中遇到难题。由于现行的税收法律法规未针对破产这一特殊程序的涉税处理做出特别规定。国家税务总局在相关的税收规范性文件中也没有确切的重整概念,只有重组的一些税收政策规定。

国家税务总局在《欠缴金核算管理暂行办法》中规定,对于破产、撤销企业经过法定清算后,已被国家主管机关依法注销或吊销其法人资格,纳税人已消亡的,其无法追缴的欠缴税金及滞纳金,根据法院的判决书或法定清算报告报省级税务机关确认核销;对于实施兼并、重组、出售等改组的企业,主管税务机关应依法清算并追缴其欠缴的税金及滞纳金。

可见,国家税务总局对破产重整和破产清算的法定后果还是做了较大区分,即破产清算后,纳税主体消亡,可依法核销无法追缴的滞纳金;重整程序后,企业仍然存续,纳税主体并未消亡,税款滞纳金应持续计算。

诚然,税务人员在相关法律法规缺位的情况下,为避免执法风险,依据《欠缴税金核算管理暂行办法》追缴重整企业税金和滞纳金的做法无可厚非,但这一做法给重整后企业带来巨大负担,其现实合理性还是有待商榷。

9.1.3 破产程序中解除非正常户状态存在困难

根据《企业破产法》的相关规定,在破产管理人接管破产企业之后,应当依法承认其履职身份,理论上可以将破产企业的非正常户状态恢复为正常户状态。但是,根据税务机关的规定,必须先对非正常户逾期申报的违法违章行为处理完毕后,才能将破产企业从非正常户状态恢复到正常户状态。

而且,上述事项在税务机关金税三期系统中属于强制监控阻断事项,当事人需要先处理违法违章行为、缴清罚款才能由非正常户状态转为正常户状态,否则将无法变更纳税人状态。但是,如前所述,《全国法院破产审判工作会议》(法〔2018〕53 号)第二十八条规定,民事惩罚性赔偿金、行政罚款、刑事罚金等惩罚性债权劣后受偿,换言之,破产企业在其他债权受偿前向税务机关缴纳罚款缺乏法律依据。税务机关与人民法院相关规定之间的冲突,导致非正常户的恢复存在困难。

9.1.4 破产重整程序税收债务减免问题

企业进入破产程序后,涉及缴纳的税费主要包括两个方面:一方面破产案件受理前发生的税收债权和滞纳金;另一方面破产程序中对资产进行处置时所发生的包括增值税、土地增值税、契税、城市维护建设税等在内的流转税和所得税。而针对重整企业,还很可能会产生资产保有环节发生的房产税、城镇土地使用税、耕地占用税等税负以及因重整程序中对债务进行豁免而产生的所得税。

根据《企业破产法》第一百一十三条之规定,除却担保债权、破产费用和共益债务之外,税收债权的清偿顺序仅次于破产人所欠职工的工资和医疗、伤残补助、抚恤费用,所欠的应当划入职工个人账户的基本养老保险、基本医疗保险费用,以及法律、行政法规规定应当支付给职工的补偿金,而优于普通破产债权。

而进入破产程序之前,绝大部分破产企业都已亏损多年,所欠税额在企业的负债中所占比例一般都比较高,繁多的税负,急遽地压缩了本就资不抵债破产企业的债权人的清偿率,对于破产企业而言,更是一个沉重的负担。而在重整程序中,战略投资人则可能要承受较之预期更多的负担。

9.2 房地产业破产涉税应对

9.2.1 税收优先权界定[①]

相较于一般企业破产而言,房地产企业破产引发的冲击无疑是更为复杂和重大的。因其除涉及一般企业破产相关的职工工资、社保税收、普通债权、破产管理人权利等,还涉及房地产行业特有的广大购房人、被拆迁人、建设工程承包人、建筑农民工、金融机构抵押权人等权利主体的债权及各债权间的冲突问题。

根据《中华人民共和国企业破产法》《最高人民法院关于适用〈中华人民共和国企业破产法〉若干问题的规定(二)》《最高人民法院关于建设工程价款优先受偿权问题的批复》等法律法规,房地产企业破产后,其债权的受偿顺序总体如下:

(1)破产费用及共益债务。

(2)被拆迁人基于拆迁安置对债务人享有的请求权。被拆迁人的优先受偿权。《最高人民法院关于审理商品房买卖合同纠纷案件适用法律若干问题的解释》(法释〔2003〕7号)第七条第一款规定:"拆迁人与被拆迁人按照所有权调换形式订立拆迁补偿安置协议,明确约定拆迁人以位置、用途特定的房屋对被拆迁人予以补偿安置,如果拆迁人将该补偿安置房屋另行出卖给第三人,被拆迁人请求优先取得补偿安置房屋的,应予支持。"但被拆迁人是否属于"商品房消费者"以及如若被拆迁人有别于"商品房消费者",则

---

① 该节较多引用刘畅,罗皓之.房地产企业破产 谁的债权更优先[J].施工企业管理,2022(3):86-89.

拆迁户和一般的"商品房消费者"所享有的优先受偿权二者之间谁更优先的问题,目前最高院的司法解释和司法实践尚无明确定论。

（3）消费购房人债权请求权、消费购房人支付的定金本金返还请求权。包括商品房消费者对已购房屋和对已支付购房款的债权。关于如何认定"商品房消费者",《最高人民法院关于印发〈全国法院民商事审判工作会议纪要〉的通知》（九民纪要）第一百二十五条规定:对商品房消费者进行判断应结合《最高人民法院关于人民法院办理执行异议和复议案件若干问题的规定》第二十九条认定,即"商品房消费者"应满足:一是在人民法院查封之前已签订合法有效的书面买卖合同;二是所购商品房系用于居住且买受人名下无其他用于居住的房屋;三是已支付的价款超过合同约定总价款的50%。

（4）建设工程价款请求权。指与房地产企业签订建设工程施工合同的承包人就该建设工程合同享有的请求支付工程款的债权。

（5）物保债权以及不动产预告登记所涉债权,按登记先后顺序就相应不动产变价所得优先受偿。在房地产企业破产中,担保债权一般为享有国有土地使用权抵押权、在建工程抵押权、房产抵押权的金融机构对房地产企业享有的债权。

（6）工人工资等职工债权。

（7）税收债权及部分职工债权。

1）非税收入不应具备优先权:非税收入,是指除税收外,由各级国家机关、事业单位、代行政府职能的社会团体及其他组织,依法利用国家权力、政府信誉、国有资源所有者权益等取得的各项收入。目前,税务机关除了征收税款外,还承担着部分非税收入的征收职责。2018年3月份,国税地税征管体制改革实施后,各类非税收入正在逐步划归税务机关征收,未来几年内,将实现所有非税收入统一由税务机关征收。对于非税收入是否视同税款具有优先权,我国相关法律目前均没有明确规定。在此前的破产审判实践中,有的法院将非税收入视同税款给予优先清偿,也有法院不认可优先权。

应当注意的是,非税收入与税收一样,也具有筹措财政收入的性质,二者的不同主要体现在以下方面:①税收的税率、税基均严格由法律规定,即税收法定;非税收入则由县以上地方财政部门按照管理权限审批设立,较为灵活。②根据我国《宪法》,税收征收具有无偿性,而非税收入则具有准公共产品配置或者财产使用收入的性质,相当于收取费用后向特定对象提供一定的公共服务或资源使用权。③税收由国家支配,通过不同入库级次进入各级国库,再通过预算支出用于经济社会发展,非税收入则根据其设立机关的不同,由各级地方财政支配,专款专用或用于弥补缺口。根据筹集财政收入的需要,特定条件下,税收和非税收入可能会存在转化关系。

由于上述区别,特别是考虑到非税收入征收依据设立的灵活性和使用的指向性,若是将非税收入赋予税收优先权,则很可能造成以下后果:设立灵活、门槛较低的非税收入将使地方财政相对简单、快捷的获取破产企业财产,将会十分不利于普通债权人的权利保障。因此,非税收入不宜列入税收优先权范围。并且,按照私法债权优先于公法债权的原则,由于非税收入属于法律没有明确规定清偿顺序的公法债权,非但不具有优先性,而且应当按照劣后于私法债权的顺序予以清偿。

2)税收罚款不应具备优先权:税收罚款是一种对纳税人不及时依法缴纳税款行为的惩罚措施,并不是行政体系运行的资金保障。对企业处以罚款,主要是惩戒其不履行纳税义务的行为。从这个角度看,罚款应当仅是对欠税纳税人的制裁,如果将其纳入税收优先权范围,实际上相当于将罚款制裁转移到并无过错的其他债权人身上。因此,税收罚款不应通过优先受偿得到特别保护,从而充分维护普通债权人权利。

从实践情况看,审判机关对罚款的性质界定也经历了较大的转变。最高人民法院《关于审理企业破产案件若干问题的规定》(法释〔2002〕23号)将包括税收罚款在内的各类罚款均作为除斥债权处理,排除在破产债权范围之外。但《全国法院破产审判工作会议纪要》(法〔2018〕53号),将罚款作为劣后债权处理。

(8)普通破产债权。

9.2.2 关于滞纳金如何进行核销的建议

作为破产债权申报的滞纳金只应计算到法院受理破产案件之前,破产案件受理后则不宜再计算税收滞纳金。相关法律依据如下:

《最高人民法院关于税务机关就破产企业欠缴税款产生的滞纳金提起的债权确认之诉应否受理问题的批复》(法释〔2012〕9号)规定,破产企业在破产案件受理前因欠缴税款产生的滞纳金属于普通破产债权。对于破产案件受理后因欠缴税款产生的滞纳金,人民法院应当依照《最高人民法院关于审理企业破产案件若干问题的规定》第六十一条规定处理。

最高人民法院《关于审理企业破产案件若干问题的规定》第六十一条的规定:行政、司法机关对破产企业的罚款、罚金以及其他有关费用和人民法院受理破产案件后债务人未支付应付款项的滞纳金不属于破产债权。

《国家税务总局关于税收优先权包括滞纳金问题的批复》(国税函〔2008〕1084 号)的规定:按照《中华人民共和国税收征收管理法》的立法精神,《税收征管法》第四十五条规定的税收优先权执行时包括税款及其滞纳金。

《中华人民共和国税收征收管理法》第三十二条规定,纳税人未按照规定期限缴纳税款的,扣缴义务人未按照规定期限解缴税款的,税务机关除责令限期缴纳外,从滞纳税款之日起,按日加收滞纳税款万分之五的滞纳金;第五十一条第一款规定,因税务机关的责任,致使纳税人、扣缴义务人未缴或者少缴税款的,税务机关在三年内可以要求纳税人、扣缴义务人补缴税款,但是不得加收滞纳金。因此,除了因税务机关的责任致使纳税人、扣缴义务人未缴或者少缴税款等特定情形以外,对于未按照规定期限缴纳或者未按照规定期限解缴的税款,依法需要加收滞纳金。

《欠缴税金核算管理暂行办法》第八条规定,只有在纳税人已消亡的情形下,税务机关依照法律法规规定,根据法院判决书或法定清算报告核销欠缴税款和滞纳金。由于破产重整企业并未依法注销,因此不符合对欠缴税款和滞纳金进行核销的条件。且税务机关的核销行为属于内部管理措施,并不产生免除企业补缴欠税及滞纳金的法律效果。

9.2.3 解决破产程序中非正常户难题的建议

从近期的角度来看,在相关法律法规尚未修订的情形下,建议法院指导破产管理人依法积极履责,税务机关给予大力支持,按照现有的规定依法处理非常户违法违章事项,解决破产企业开票、房产过户、税务登记变更等一系列问题。从长远的角度来看,在保障国家税收债权的前提下,建议针对破产程序对税收的特殊性需求,在现有税收征管框架之外,制定特殊的征管措施,以保障法院、税务机关和破产管理人之间的流畅衔接。例如针对属于非正常户的破产企业,可以允许其不用处理破产案件受理前的违法违章行为,或是不用缴纳违法违章行为需要缴纳的罚金,或是可以在不用办理非正常户转正常户的情况下允许其开具发票、办理变更税务登记等事项。

已经认定为非正常户的纳税人,自行申报继续履行纳税义务或是被税务机关追查到案继续履行纳税义务的,由税务机关对其进行补充申报,缴纳税款、滞纳金并实施处罚后,解除其非正常户认定,恢复正常管理。税务登记证件被公告失效的非正常纳税人,应为其补发证件并加盖"补发"戳记。主要政策依据如下:①《税务登记管理办法》(国家税务总局令第 36 号);②《国家税务总局关于进一步完善税务登记管理有关问题的公告》(国家税务总局公告 2011 年第 21 号)。

9.2.4　关于税收减免的建议

税收减免计划是税收债权人(即税务机关)在破产重整期间,依据税收法律、法规以及国家有关税收规定给予破产重整企业(即纳税人)减税和免税的税务处理方案。根据《企业破产法》第八十二、八十四条之规定,在破产重整期间,税务机关作为税收债权人的代表,参加讨论重整计划草案的债权人会议,对涉及税收减免计划的重整计划草案进行表决。参加会议的税收债权人可以通过表决的方式参与重整计划草案,使得破产重整企业直接享受税收优惠措施。《破产法》以公平偿债、稳定经济秩序为己任,因而设置债权人会议协商解决清偿事宜。但是,税收并非简单的债权,而是代表国家利益、社会整体利益的公法之债,非经法定程序不得肆意课征和减免。因此,税收减免计划的会议表决机制难免有违反税收法定原则、依法稽征原则之嫌,凸显了《破产法》与《税法》在税收优惠政策方面的价值差异。因此需要税务机关秉承平衡协调之理念,坚持税收正义原则,明确行政职权,依法裁定是否对破产重整企业给予税收优惠政策。也就是说,各级税务机关应按照规定的权限和程序进行减免税审批,禁止越权和违规审批减免税;有税收减免职权的行政单位应以职权范围为界限,通过行政决议的方式裁定是否通过税收减免计划,以此作为债权人会议表决时的依据。

当前的税收减免政策主要分为报批类减免税和备案类减免税。纳税人享受报批类减免税,应提交相应资料,提出申请,经具有审批权限的税务机关审批确认后执行;纳税人享受备案类减免税,应提请备案,经税务机关登记备案后,自登记备案之日起执行。前者属于裁量减免,后者属于法定减免,而破产重整中的税收优惠政策主要涉及报批类减免,备案类减免因符合条件即可享受而无须在债权人会议中进行表决。

首先,报批类税收减免计划的启动规则与现行税收征管体制相一致,即由债务人向有权税务机关申请批准,财政部和国家税务总局等中央财税机关享有此项职权。然而,税权的集中行使虽恪守了依法稽征原则,但降低了行政效率,容易贻误企业的重整时机,影响重整计划的制定与实施。相反,税务机关在确保不损害国家税收利益的同时,应当树立服务型政府的行政理念,变被动审批为主动核查,在其审批权限内主动依职权对破产重整企业予以税收减免。这就要求中央与地方、上级与下级之间可根据效能与便民、监督与责任的原则适当划分审批权限。"在集中税权、强化税收刚性的同时,赋予基层主管税务机关在企业破产重整中适当的税收减免权和滞纳金减免权,是完全可行的。"

其次,税务部门的税收优惠政策不应拘泥于税收减免,宜适当扩充税收优惠措施的种类,灵活运用退税、税式支出、投资抵免、税前还贷、加速折旧、亏损结转抵补和延期纳税等其他方法,在丰富税收征管规则的同时保证税款不致无端流失。比如,美国财政部 1919 年规定,新股票计税基础等于原股票的成本,原持有人的股份没有实现的利得转变成新股份待实现的利得,这样对资本利得就不是免税,应税所得就可以递延到未来实现。

再次,为防范滥用审批权限的风险,提高税收减免计划的审批效率,参与债权人会议或重整计划的税务人员应与审批部门的权限相分离,建立内部管理的防火墙机制。"不同的税收有不同的代表机构,分别代表政府申报税收和参加债权人会议。"参与者应为债务人企业与审批者之间传递信息的纽带,并代表税务机关参与重整计划进行税收监督。

最后,适当简化债权人会议涉税环节的表决规则,由税务机关派代表列席会议宣读税收减免计划的裁定及内容即可。

10

零售业破产涉税疑难及应对

商业流通企业经营模式经过数年调整后,逐步形成了以大型商业零售企业为主导,以专业型商贸企业为辅助,以小微企业和个体经营为补充的产业结构。其中大型商业零售企业已经形成了规模化、品牌化,会计核算也基本普及了电算化。如何在新形势下,加强对商业流通领域的税收征管,是摆在我们面前的一个十分紧要课题。把大型商业零售企业管好,把税源管住,应该引起我们的足够重视。

10.1 零售业破产涉税面临问题

10.1.1 发票管理不规范

入账发票存在假票、套票以及发票开具不规范。随着增值税链条的逐步完善,此类企业在接受增值税专用发票方面存在问题较少,但在广告宣传、房屋租赁、物业费管理等方面接收的服务类发票出现问题较多。比如,某大型连锁企业在列支其分店的物业管理费时,收取的服务业通用发票数百万元,经税务机关验证,均为假票。

大型商业零售企业存在发票开具不规范的行为,主要体现在四个方面:①销售购物卡时,开具发票内容一般为商品大类,如"百货""食品""劳保商品",作为管理费用、销售费用列支,而不是作招待费、职工福利费等方面列支;②小票换大票时审核不严,内容填写不规范,多张小票上的品名,在换开后的发票中没有明细;③发票换开时,品名随意变更,便于列支成本;④普通发票换开增值税专用发票时审核不严,易被犯罪分子利用进行虚开增值税专用发票。上述这些行为,严重侵蚀了增值税、所得税税基,给国家税收造成巨大损失。

10.1.2 零售业破产中所得税的税收风险

零售业企业在缴纳所得税时通常在收入、营业成本、财务费用和资本折旧四个方面存在税收风险。

(1)少计收入的税收风险。这里的账务处理同规避流转税时少计收入的方式大体上相同,唯有一点特殊的是,《企业所得税法》有关于企业进行非货币性资产交换,或者将所产商品用于偿债、投资、广告样品、集体福利等领域时,应当视同销售收入纳税。零售企业在进行上述活动时,会有动机进行虚报、隐瞒,或者按照财产的转移处理,少计收入,多计成本和费用,从而规避企业所得说。

(2)虚增营业成本的税收风险。零售业可以通过关联方定价,账外仓库多计库存商品和进货金额、利用系统故意调整毛利率和进销差价率、多记录不合理的销售折扣等方式虚增营业成本。

(3)资本折旧的风险。为延时纳税,零售企业会将费用化折旧金额故意向资本化折旧账户记录,或者故意抬高企业常用资产的购置价格,进而采用多提资本折旧、未经税务部门允许擅自改变折旧的残值率、折旧方法和折旧年限等方式,将应纳税额的应纳年份控制在对企业有利的范围内。

(4)虚增财务费用的税收风险。零售业虚增财务费用的手段主要有,通过关联方关系进行财务费用的转移,达到企业集团的税收负担最小化;账外处理超过同期银行业规定的贷款利率;将在建工程、大型设备的资本化利息予以费用化;为取悦投资者,将投资者应缴纳的资本利得税作为本企业的财务费用处理,等等,通过这些方式和手段的综合利用,零售业企业降低了应纳税额。

10.1.3 因涉税问题导致的企业注销困难

（1）破产实践中因涉税问题存在的企业注销困难。《公司登记管理条例》第四十三条规定，公司申请注销登记应当提交的文件包括法律、行政法规规定应当提交的其他文件。《税务登记管理办法》第二十八条规定，纳税人发生解散、破产、撤销以及其他情形，依法终止纳税义务的，应当在向工商行政管理机关或者其他机关办理注销登记前，持有关证件和资料向原税务登记机关申报办理注销税务登记。注销后，税务登记机关会出具清税证明，注明企业的所有税务事项均已结清。根据《工商总局税务总局关于做好"三证合一"有关工作衔接的通知》的要求，申请办理注销登记的，申请人应持税务机关出具的清税证明。可见办理注销登记须出具清税证明有明确的法律依据，在破产实务中存在不少困难。

（2）破产企业"三无"特点导致提交材料难。《中华人民共和国税收征收管理法实施细则》第十六条规定，纳税人在办理注销税务登记前，应当向税务机关结清应纳税款、滞纳金、罚款，缴销发票、税务登记证件和其他税务证件。在破产实务中，常见无财产、无账册、无人员的"三无"企业，既无法提交税务相关证件，更无法清偿税款。此时，要求管理人按前述实施细则的规定代为办理税务注销登记手续显然是脱离现实的。如果不予办理税务注销登记手续，按前述规定将导致管理人无法办理企业登记注销手续，而这与《企业破产法》关于"管理人应在破产程序终结后的十日内向破产人的原登记机关办理注销登记"的规定不符。

（3）相关法律法规冲突导致存在滞纳金计算期限问题。《税收征管法》第三十二条规定："纳税人未按照规定期限缴纳税款的，扣缴义务人未按照规定期限解缴税款的，税务机关除责令限期缴纳外，从滞纳税款之日起，按日加收滞纳税款万分之五的滞纳金。"即按照税法的相关规定，须依法对欠缴的税款加收滞纳金并计算到税款入库之日为止。但是根据《最高人民法院关于税务机关就破产企业欠缴税款产生的滞纳金提起债权确认之诉应否受理问题的批复》（法释〔2012〕9号）的相关规定，破产案件受理之后产生的滞纳金不属于破产债权。由于破产受理之后欠税产生的滞纳金不属于税收法律法规规定的依法不予加收的情形，导致该部分滞纳金难以处理。

10.2　零售业破产涉税应对

10.2.1　加强对零售企业的发票管理

零售企业销售时使用的小票基本都为税务机关监制的正规发票,除极个别情况,一般应不允许进行换开。主管机关应定期重点抽查此类发票换开的记录,对于不规范行为,按照发票管理办法进行处罚。对于增值税一般纳税人要求换开增值税专用发票的,应要求该企业提供税务登记证等手续,严格核实把关。

对零售企业汇算清缴时,不仅要就账查账,还应抽取相应原始票据进行核查,发现线索,及时限期改正。同时向企业做好宣传工作。部分企业财务对网上比对发票信息了解不够,易造成额外不必要的损失。目前税务机关建立了较为完备的网上发票比对查询系统,不仅是税务机关工作人员,所有人均可以在互联网上查询到相关发票的真伪信息,应加强对企业财务人员的培训,提高其防范意识。

10.2.2　强化零售业税源专业化管理

税源决定着一种税能够筹集的税收的多少,但是由于税收征管活动受到各种潜在的不确定因素的影响,税源不能完全转化成税收,零售业因为纷繁复杂的经营业态的同时存在,这一点表现的就更为明显。税源管理的好坏直接关系到税收风险的效率,可以说,税源管理是抓好零售业税收风险管理的重头戏。

(1)完善税源管理机构建设。税收机构的设置应该在考虑风险管理的基础上,合理分配省、市、县及其下属税务稽查局之间的任务,理顺不同机构间的风险应对责任的划分。每一个层级部门之间都应该设置专门的风险应对职能机构,部门内的职责划分也应该以税源监控为主。

(2)实行差别化税源管理的风险应对机制。在税源管理的过程中,要结合零售业特征,形成纵向协调分工,横向有序合作,部门内外有效联络的差别化税收风险应对机制。具体地,就是在税收部门内部,结合辖区内零售业企业的分布特点,纵向上决定好哪一级税务机关负责哪一个或者哪几个零售企业的税源监管,在纵向责任划分清楚后,同级别的税务部门之间也要互相合作,实行税源监管信息的互通有无;同时税务部门也要和金融、审计、工商等部门之间相互合作和配合,定期进行税收情报的交换,联合控制零售业的利润走向;同时,税务机关也要充分发挥税务中介的积极作用,充分发挥税务中介在涉税信息上独特的中立地位,形成企业、政府和中介结构共同参与的税源管理模式。

(3)建立税源情报库。零售业的税源比较分散,监管难度大,想要有效解决,必须在税收信息的收集上,采取新举措。税源情报就是一项弥补税收信息劣势的重要手段,建立税源情报的系统体系,要从原始的税源数据开始搜集,然后分析、整理、存储,最后将情报运用于税源管理的过程中,将税源情报的使用过程和风险的识别过程有效结合。

(4)实现税源管理控制体系的双向化。在实际税收征管工作中,制度的缺陷和不足不可避免地存在,因此,税源风险管理应兼顾预防和控制两个方面,内部控制为主,外部控制为辅,内外兼顾的控制体系。零售业的税源数量多、金额小的特点使得传统的税源管理方式已经不能满足税源管理的科学化、精细化的要求,因此,税务部门要采取新方式、运用新手段,将税源的控制由税务机关的单一训导式控制向纳税人自我控制为主、税务部门指导为辅的税源控制模式转化。在纳税人进行自我控制时,可以借鉴跨国企业税收管理的常用方法之一预约定价,具体地,就是税务机关与零售企业负责人签订风险控制协议,实现规定风险标准,这样,零售企业可以按照标准来判断自己每采取一项经营活动给企业涉税活动带来的风险,并自行采取措施控制明显较高的税源风险,与此同时,对于零售企业不能通过自控完全控制的风险,税务部门可以定期进行指导,若发现自控环节仍有隐匿或者违反标准的情况,税务部门及时进行调控。

(5)开展专业化的税收风险管理流程的建设。首先,是要建立税源风险库,充分识别税源风险,发现新情况时及时完善现有的数据平台;其次,针对实际检查过程中的风险,运用统计计量和数学建模分析的方法,为识别出的风险进行量化排序;再次,对量化后风险按照发生的可能性以及发生后带来的损失进行排序;最后,设计出完整的风险应对预案。

10.2.3　涉税导致破产企业注销难的建议

为解决因涉税问题导致破产企业注销困难,本书提出以下建议,或值得在未来的实务操作中进一步探讨。

针对破产企业设置专门的出具清税证明的规则。办理注销税务登记手续是出具清税证明的前提条件。管理人无法办理税务登记注销手续的原因在于需要提交大量资料并且还要缴清税款。一方面,从破产程序的角度来看,缴销税务登记证件和其他证件的要求可以参照市场监督管理部门的做法,采用登报公告的方式执行。对于税务部门关于清偿税款的要求,则明显与《企业破产法》规定的债权申报、核查、分配的程序冲突,其实质是税务部门试图利用职权改变法律规定的分配规则,这种做法和要求明显损害其他债权人利益,违反了《企业破产法》公平清偿的原则。另一方面,从合理性角度来看,国家规定要实施税务登记,是为了规范税务登记管理,加强税源监控。在破产程序中,只有进行了破产清算,明确要终结破产程序,需要办理注销企业登记时,才可能涉及注销税务登记,此时企业已经不可能再继续生产经营,也不可能成为税源。税务部门继续保持企业的税务登记数据,只会导致数据冗余,降低税务部门的工作效率。因此,建议税务部门可以参照市场监督管理部门的做法,对经过破产清算的企业注销税务登记,出具清税证明。当然,出具清税证明后并不当然意味着企业的股东可以免除纳税义务,如果企业股东或者其他清算义务人存在怠于履行职务的行为,税务机关依然可以依法追究其责任。

针对破产企业设置专门的税款本金与滞纳金的入库规则。根据《企业破产法》及相关司法解释的规定,在明确欠税滞纳金不享受税收优先权的前提下,欠税本金和滞纳金的清偿顺位有不同,必然会导致两者的受偿比例亦会有所不同。若因为税收相关法律法规的缺失,导致已经分配到的欠税本金无法入库,从而影响破产企业注销,显然违背了破产制度的初衷。与此同时,《税收征管法》对欠缴税款从滞纳之日起按日加收滞纳税款万分之五的滞纳金,立法本意是督促纳税义务人尽快缴清欠税。对于进入破产程序的企业来说,即使企业本身有缴清欠税的意愿,但是,按照《企业破产法》的规定企业相关责任义务已由破产管理人代为履行,且须按规定的法律程序进行债权的清算和偿还,无法主动清缴欠税。再者,由于破产案件从案件受理到案件终结存在一定期间,并且处理破产案件的期间往往较长,对上述期间的欠税加收滞纳金,既不符合《税收征管法》的立法意图,也会增加企业的债务负担,更会侵占其他债权人的权益。另外,从具体操作层面看,税务机关在进行债权申报时,需申报参与分配的税收滞纳金债权的具体数额。由于债权申报存在截止期限,若按照现行滞纳金的加收规定,在债权申报后最终所分配到的税收债权入库时间难以确定,导致税务机关在申报债权的环节难以确定滞纳金的数额,不利于税收债权的申报。

11

破产企业涉税案例

本部分收集、整理了八件代表性破产涉税案例,包括五件破产清算涉税案例和三件破产重整涉税案例。下面所列示的案例名称及顺序与本章各节顺序一致。

五件破产清算涉税案例包括:

案例一

税收债权应按照法定清偿顺序优先受偿——SDLZZI 集团总公司破产清算案。

案例二

税收债权应按照法定清偿顺序优先受偿,税收滞纳金应作为普通债权放到第三顺位清偿——某国有机械厂破产清算案。

案例三

税收债权具有一般优先权,滞纳金债权为劣后债权,于普通债权清偿顺序之后受偿——某金融租赁有限责任公司破产清算案。

案例四

税收债权应按照法定清偿顺序优先受偿,税收滞纳金应作为普通债权放到第三顺位清偿——SHX 集团有限公司破产清算案。

案例五

税收债权应按照法定清偿顺序优先受偿,税局罚没收入和其他罚款列为普通债权——某化工公司破产清算案。

三件破产重整涉税案例包括:

案例一

运用市场化、法制化手段解决困境企业难题,长期拖欠税款得以缴纳——某旅游公司破产重整案。

案例二

全力支持企业破产重整,坚持依法主张税收优先权——某纸业公司破产重整案。

案例三

税收债务成功"清障",缓冲破产重整,更多的余地化解退市风险——某高科技公司破产重整案。

11.1　破产清算案例

11.1.1　案例一

税收债权应按照法定清偿顺序优先受偿——SDLZZI 集团总公司破产清算案。

【基本案情】

SDLZZI 集团总公司下属 12 个法人企业包括 LZS 燃料总公司、金属材料公司、机电设备公司、化轻化工公司、物资建材公司、金属回收公司、生产资料公司、物资贸易中心、物资开发公司、木材公司、汽车修配厂、物资服务公司。

2003 年 5 月 23 日,管辖法院做出民事裁定书,裁定 SDLZZI 集团总公司(含所属 17 家公司)破产还债,并于 5 月 31 日成立破产清算组。

【税收债权处置】

税收债权申报情况。经审计,物资集团总公司欠缴税款 883 350.09 元,其中化轻公司 0.03 元,生产资料公司 -127 362.40 元,煤炭经销中心 118 400.37 元,木材公司 -21 643.60 元,物资经贸公司 -10 717.74 元,老旧汽车拆解场 10 520.84 元,金属回收公司 54 032.10 元,汽车销售公司 120 391.39 元,物资经营公司 12 805.86 元,燃料总公司 726 923.24 元。清算组对该数额予以确认。

资产处置情况。物资集团总公司可供分配资产共计 10 855 945.54 元。其中房地产处理所得 22 082 835 元,应扣除债权人中国工商银行 LZ 支行对抵押房地产的优先受偿款 1 100 万元、中国农业银行 LZ 支行的优先受偿款 82 万元,剩余 10 262 835 元用于破产分配;低值易耗品处理所得 31 265 元;设备收入 51 850 元;应收款回收 319 914.69 元;清算期间的租赁费收入 127 490元;现金交接款 60 925.02 元;其他收入 1 669.83 元。

破产财产分配。按照《中华人民共和国企业破产法》,清算组对应列入破产分配的资金 10 855 945.54 元,在优先拨付预计的破产费用 2 235 125.05元后,剩余 8 620 820.49 元。按照法定清偿顺序,所余资金不足以全部清偿第一顺位劳动债权 15 703 352.70 元,清偿比例为 55%;第二顺位税收债权 883 350.09 元,第三顺位破产债权 77 602 708.96 元,因无款可供清偿,清偿比数为 0。

【结论】

本案中税收债权为原生税收债权,申报税收债权 883 350.09 元,清算组确认金额 883 350.09 元。在破产财产分配阶段,按照《企业破产法》第一百一十三条规定的清偿顺序分配破产财产,税收债权作为第二顺位的破产债权最终因无款可供清偿,清偿比例为 0。

11.1.2 案例二

税收债权应按照法定清偿顺序优先受偿,税收滞纳金应作为普通债权放到第三顺位清偿——某国有机械厂破产清算案。

【基本案情】

某市属国有机械厂,因经营状况恶化、拖欠职工工资和保险等费用、拖欠该市某区地税局和国税局的税款和滞纳金等,进入破产清算程序。其管辖法院于 2007 年 12 月 22 日受理本案,同月 29 日经法院宣告其破产并成立了清算组负责对该厂的破产清算,包括该公司破产财产、有关债务、清算期间继续经营所得利润和相应破产费用等。

【税收债权处置】

经清算组于 2008 年 6 月 22 日召开的破产企业债权人会议向债权人会议提交了破产财产清偿方案。该方案中,破产费用、职工安置费用、职工债权、所欠某地税局税款均可获得 100% 清偿,而所欠某地税局及某国税局税收滞纳金均无剩余财产可供分配。该方案经债权人会议表决通过。

该市某区国税局对清算组的分配方案提出异议,主张税收滞纳金与税款本身应为一体,应一同享受优先受偿的权利。由于不能达成一致,清算组将该分配方案和异议一同提交法院审查。法院审查后认为,清算组提交的清算方案经债权人会议讨论并经占无财产担保债权总额的半数以上债权数额通过,该方案合法有效。另外,法院对于某区国税局提出的税款滞纳金应同税款本金一同加以优先清偿的异议予以综合考虑后,认定已通过方案中的分配顺序并无不当,由该厂清算组予以执行。

【结论】

本案就税收债权范围进行了界定,税收债权应按照《企业破产法》规定的清偿顺序优先受偿,但税收滞纳金应作为普通债权放到第三顺位清偿。

11.1.3 案例三

税收债权具有一般优先权,滞纳金债权为劣后债权,于普通债权清偿顺序之后受偿——某金融租赁有限责任公司破产清算案。

【基本案情】

2006 年 6 月 14 日,管辖法院受理某金融租赁有限公司提出的破产清算申请,认为申请人因经营管理不善,严重违规经营,不能清偿到期债务呈连续状态,符合法定破产条件。并于 2006 年 6 月 29 日裁定宣告某金融租赁有限公司破产。

【税收债权处置】

2006 年 7 月 20 日,北京市某区国税局申报破产债权,债权申报书记载的主要内容为:1998 年欠缴企业所得税 480 116.89 元,1999 年欠缴营业税 479 389.88 元,共计 959 506.77 元,滞纳金计算至 2006 年 7 月 20 日为 2 773 639.7元,上述欠缴税款、滞纳金合计 3 733 146.47 元。但某金融租赁有限公司清算组仅对某区国税局申报债权中的 959 506.77 元予以确认,该部分债权为申报的欠税款的金额。

关于"应予确认的税款滞纳金数额"以及"债权的清偿顺序"的税收债权确认异议,管辖法院给予认定如下:

某金融租赁有限公司因严重违规经营、不能支付到期债务而被中国人民银行撤销的时点,是某金融租赁有限公司清算组依法对公司进行清算的

期间起点,亦应是滞纳金作为破产债权计算的截止日。本案中,截至 2000 年
8 月 3 日的滞纳金总额为 1 340 616.34 元。

滞纳金系因逾期不缴纳税款所形成,具有督促纳税人缴纳税款的作用。
在企业正常存续的情况下,税款应与滞纳金一并征缴;但是对于已经进入破
产清算程序的企业而言,民事债权难以全额受偿,法律规定将税款列为第二
顺序,体现了税款债权具有一般优先权的属性,而将滞纳金列于普通债权清
偿顺序之后,则更体现了法律对民事债权和交易安全的保护。综上所述,上
述确认数额的滞纳金债权为劣后债权,于普通债权清偿顺序之后受偿。

【结论】

税收债权具有一般优先权;滞纳金债权为劣后债权,于普通债权清偿顺
序之后受偿。

11.1.4 案例四

税收债权应按照法定清偿顺序优先受偿,税收滞纳金应作为普通债权
放到第三顺位清偿——SHX 集团有限公司破产清算案。

【基本案情】

SHX 集团有限公司品牌在全国享有一定知名度,在当地更是有很大的
名气。2011 年 9 月 24 日,某仓库发生火灾,损失巨大,公司陷入经营困境,
职工纷纷离职。2012 年 10 月 26 日,法院受理 SHX 集团有限公司破产申请
并指定管理人。

【税收债权处置】

2007 年 6 月 7 日至 2007 年 12 月 20 日,WZS 国家税务局对 SHX 集团
2005 年 1 月 1 日至 2006 年 12 月 31 日期间的涉税情况进行检查,发现被告
采取在账簿上少列收入的手段,分别隐瞒 2005 年度应缴纳增值税销售收入
6 983 892.79 元、2006 年度应缴纳增值税销售收入 14 115 926.54 元。此外,
SHX 集团在 2005 年、2006 年分别未申报不含增值税应税收入 8 490 349.13
元、10 257 393.59 元。按 17% 税率计算,被告共应被追缴增值税 6 774 085.54
元。WZS 国税局据此做出了税务处理决定书及税务行政处罚决定书,SHX
集团未对该两份决定书申请复议或者提起行政诉讼,并于 2007—2009 年间
补缴了 6 774 085.54 元的税款,但 SHX 集团未如实向 RAS 地方税务局申报
所漏税款和补缴税费。

2013 年,RAS 地方税务局获悉国税部门稽查信息,遂于 2013 年 8 月首次向管理人申报债权,后因征收方式变更,于 2014 年向管理人重新申报债权,并提交了相关依据。管理人以 RAS 地方税务局申报资料不齐及税率不当为由,不予确认。

RAS 地方税务局向管辖法院提起诉讼。管辖法院于 2014 年 9 月 20 日做出民事判决:RAS 地方税务局对被告 SHX 集团有限公司享有破产债权 6 097 537.8 元,其中税款 3 217 985.94 元(第二顺位破产债权)、滞纳金 2 879 551.86 元(普通破产债权)。

【结论】

本案中,浙江省瑞安市人民法院判决税收债权本金按照法定清偿顺序优先清偿,但是税收滞纳金按照普通债权清偿。

11.1.5　案例五

税收债权应按照法定清偿顺序优先受偿,税局罚没收入和其他罚款列为普通债权——某化工公司破产清算案。

【基本案情】

某化工公司成立于 1950 年 10 月。公司产品曾远销印度、尼泊尔、新加坡、日本、意大利、美国等 17 个国家和地区。20 世纪末,该企业改制撤厂。经当地经济管理部门批准确认,公司于 2013 年 6 月 19 日被管辖法院裁定进入破产程序并指定管理人。

【税收债权处置】

某化工公司可参与分配财产为 33 399 825.83 元,主要包括:处置变现收入 32 800 157.00 元;经某化工公司清算组清欠回陈欠房租 448 200.00 元;银行利息 26 326.33 元;其他收入 246.80 元;某化工公司流动资产 124 895.70 元。

按照《企业破产法》规定,优先清偿破产清算费用 2 083 745.47 元、支付职工债权 10 233 475.60 元以及税收债权 3 511 043.03 元后仍剩余17 571 561.73 元,但普通债权 49 205 083.01 元,破产财产缺口 31 633 521.28 元,因剩余资产不以已清偿普通债权,根据《企业破产法》第一百一十三条规定按比例分配。其中,普通债权包含管辖区国家税务局罚没收入 10 612 元和管辖区国家税务局其他罚款 10 847.87 元。

【结论】

本案把管辖区国家税务局罚没收入和其他罚款列为一般债权。在对优先受偿的债权全部偿还后,企业仍不能对普通债权全部清偿的情况下,法院仍然对税务机关决定的罚没收入以及其他罚款给予了清偿。

11.2　破产重整案例

11.2.1　案例一

运用市场化、法制化手段解决困境企业难题,长期拖欠税款得以缴纳——某旅游公司破产重整案。

【基本案情】

某旅游公司成立于 2009 年,因房地产开发项目失利,经营管理不善,资金链断裂,债务缠身。由于房地产开发项目无法继续建设,资产也无法变现清偿债务,导致拖欠员工工资、社保、税款及滞纳金,并被多家法院查封。2016 年 9 月 18 日,辖区人民法院正式受理并裁定某旅游公司进入破产重整程序并指定管理人。

【税收债权处置】

该公司拖欠员工工资、社保等达到 1 800 万余元,拖欠税款及滞纳金 3 100万余元、城市基础设施配套费 1 217 万余元、各施工单位工程款 1.5 亿余元,此外还面临着已售房屋无法向购房者交付等诸多问题,现负债总额达 61.6 亿元。

该公司破产重整过程中,辖区地税局领导高度重视,迅速派专人参加重整工作协调会,积极主动与受理法院及破产重整管理人联系,阐明"税收优先受偿"原则,提出税款追缴请求,并将该破产企业全部欠税、滞纳金的清单及相关证据材料提交给破产重整管理人,同时向破产重整管理人讲解破产资产拍卖过程中的税收政策,加强对破产重整的全程跟踪服务,确保破产企业税收债权应清尽清。

在此过程中,市地税局一方面积极配合有关部门和团体,做好企业的重整安置工作维护社会稳定;另一方面依法履行职责,依托与辖区人民法院建立的破产重整工作机制,跟踪做好税收债权的申报,积极维护国家税收权益。

2017 年 7 月 5 日,辖区法院召开了该破产重整案件职工债权清偿款发放及税款缴纳发布会。当日现场向省地方税务局第二稽查局缴纳税款 1 909 万余元,向市地税局缴纳税款 950 万余元。

【结论】

企业长期拖欠税款得以缴纳,也标志着辖区法院运用市场化、法制化手段解决困境企业难题,服务供给侧改革取得阶段性成果。

11.2.2 案例二

全力支持企业破产重整,坚持依法主张税收优先权——某纸业公司破产重整案。

【基本案情】

某纸业公司专业从事高级卷烟纸业生产,主要经营范围为生产、加工高速卷烟纸及卷烟工业配纸,销售自产产品并提供销售服务。2007 年后随着企业不断扩张,管理落后,关联公司矛盾显现,销售收入明显下降,收益无法承担资金利息,更无法偿还到期债务,企业陷入严重债务危机。2012 年 11 月 8 日,人民法院依法裁定受理某纸业公司破产重整申请,同时指派破产重整管理人。

【税收债权处置】

根据《企业破产法》相关规定,管理人开展了债权申报受理和登记、债权审查等工作,并编制了债权表提交债权人会议核查。截至 2012 年 11 月 8 日,共有 145 户债权人向管理人申报了债权,申请债权总额达 17.78 亿余元,其中包括欠缴地方税收债权 1 177.28 万元,滞纳金 514.42 万元。

2013 年 10 月 8 日,辖区地税局收到一封来自法院《关于建议对某纸业公司破产重整工作予以表决支持的函》。公函称:现某纸业公司重整投资人愿意出资 2.5 亿元清偿债权并对某纸业公司进行破产重整。根据管理人测算,该 2.5 亿元的清偿资金仅能基本满足破产费用、抵押担保和职工债权,税收债权清偿时已无资产可供清偿,与该案如转入破产清算程序的情形相同,即税款债权实际清偿率为零,希望辖区地税局能够核销债权,不再追偿。但地税局坚持主张税收优先权,追偿欠税。

法院多次建议,温江区地税局对税收债权做出让步。面对压力,该局一方面阐明全力支持企业破产重整的态度,另一方面坚持依法主张税收优先权的立场,几经博弈争取,最终投资人同意追加投资,达成税收债权作为第二顺序债权优先全额清偿、滞纳金作为普通债权清偿的方案,保证了税款入库,坚决维护了税法权威。

【结论】

在处理此案例过程中,辖区地税局主要围绕四个环节主张税收债权。一是在债权申报环节着重做好税收清算工作,为申报债权奠定基础;二是在各方利益博弈中注重把握好政策关,坚持依法依规主张权利;三是加强与法院、管理人工作联系,形成有效联动,坚持税收债权优先于普通债权清偿;四是做好后续追缴工作,防止税收债权流失。

11.2.3 案例三

税收债务成功"清障",缓冲破产重整,更多的余地化解退市风险——某高科技公司破产重整案。

【基本案情】

某高科技公司成立于 1984 年,隶属于中国科学院,是深圳证券交易所的一家高科技上市公司。因公司不能清偿到期债务,并且资产不足以清偿全部债务,符合重整条件,在 2011 年 10 月 17 日,人民法院做出某高科技公司破产重整裁定,并指定管理人。

【税收债权处置】

法院受理某高科技公司破产重整案后,辖区海关以"税款滞纳金与税款具有同等法律地位"为由,针对该公司欠缴的税款滞纳金 5 312 806.79 元申报了债权,但该公司拒绝确认该债权,理由是税款滞纳金不属于破产债权。

最高人民法院于 2012 年 6 月 4 日发给青海省高级人民法院的《关于税务机关就破产企业欠缴税款产生的滞纳金提起的债权确认之诉应否受理问题的批复》规定:"依照《企业破产法》、税收征收管理办法的有关规定,破产企业在破产案件受理前因欠缴税款产生的滞纳金属于普通破产债权"。法院认为,关税滞纳金应属破产债权中的普通破产债权,故该公司的抗辩理由不能成立。但是,根据《企业破产法》关于清偿顺序的相关规定,普通破产债权的分配顺序应当位列于劳动债权和税款债权之后,笋岗海关认为关税滞纳金与关税税款享有同等法律地位的理由不成立。

最终,法院判决确认辖区海关申报的税款滞纳金为普通破产债权,驳回了其"税款滞纳金享有优先受偿权"的诉讼请求。

【结论】

确认辖区海关申报的税款滞纳金为普通债权。

12

结语

在激烈的市场经济竞争环境下,企业破产不可避免。《企业破产法》是市场经济的一项基础性法律制度。市场经济下,企业退出是正常现象,破产制度"破"是形式,"立"是实质,通过破产主要是为了实现企业重生、优化资源要素配置。党的十九大以来,落实党中央关于建立和完善市场主体救治和退出机制的要求,持续优化营商环境,破产案件数量显著上升。大量企业通过司法程序实现破产退出,债务风险得到有效化解。

《企业破产法》主要立足于社会利益,以公平清理债权债务,保护债权人和债务人的合法权益为目的;税法侧重于国家税收利益的保护,以规范税收征缴行为和保障国家财政收入、保护纳税人合法权益为目标。两者在规则的设置上互有冲突又难以弥合,造成在破产程序中存在公、私债权认定,程序冲突,法律适用等诸多争议。

当企业通过破产程序使自身回归正常经营状态或彻底退出市场时,都将面临一系列破产涉税问题:税务机关如何进入破产程序? 税收债权应该如何救济? 税务机关与企业的纳税争议如何解决? 税务机关与法院对于法律冲突如何看待?《税法》与《破产法》的冲突如何平衡?

基于上述问题,为帮助读者快速、全面、系统地理清思想脉络、掌握问题核心、把握政策前沿,本书在理论分析和案例研究的基础上,对企业破产程序中涉及的税收领域重点问题进行分析,并提出相应的对策和建议,以尽量弥合公、私债权在破产程序中的争议,实现国家税收利益和私债权利益的协调保护。

　　本书首先介绍了《企业破产法》的实施概况。本书以《企业破产法》的立法和修订时间及重要事件为维度,描述了企业破产法律制度的发展状况,人民法院贯彻实施《企业破产法》的举措,列举了近两年来的最新行业数据和最高人民法院在2021年公开发布的十大企业破产典型案例,以便于读者快速抓到目前破产案件办理所呈现的有益的参考要点,了解破产案件审判趋势。

　　其次,本书介绍了与企业破产涉税密切相关的企业破产会计及其信息披露。因为,计算纳税是会计核算的重要内容之一,是税收的实现条件,企业破产涉税项目需要依赖企业破产会计信息的准确核算与充分披露。本书梳理了国内外企业破产会计的特点和经验借鉴,结合现行制度规定和实务操作存在的问题,提出了促进我国企业破产会计发展和完善企业会计信息披露的建议。

　　再次,本书结合《企业破产法》和《税法》,以及现行的政策文件,对企业破产中的税收债权、企业破产清算的涉税处理、企业清算式重整的涉税处理,以及企业破产清算税务注销等这些常见的企业破产涉税环节进行了描述和解释。为降低理论研究的抽象性和枯燥乏味感,增强企业破产涉税问题的现实性和情境感,本书搜集、整理了目前企业破产涉税较为集中的对房地产业、零售业,以及其他相关的8个代表性破产企业涉税案例的案情介绍和税收债权分析。

　　最后,本书呈现了本书所涉及的主要的企业破产涉税政策法规。这是创作团队多年工作经验和成果的积累。从实务操作角度看,企业破产涉税问题的应对质量,一方面取决于办案人员的水平高低和专业化程度,另一方面,在较大程度上依赖于对企业破产涉税政策法规的全面占有、准确理解和深度掌握情况。这部分内容与前文遥相呼应,使得政策依据更加清晰,全文逻辑更加严谨,理论和实务更加易懂。同时,这省去了读者自行检索的麻烦,便于读者前后对照,深入理解和把握现行政策依据,提高了读者的阅读效率。

　　虽然本书的内容兼具理论和实操分析,但是,最终的定位是侧重实务指导,理论服务于实践。因为,《企业破产法》的贯彻、推进和立法改革,以及企业破产会计和破产涉税问题,归根结底是国家政策法规的贯彻落实和解决企业具体问题的社会实践,所以,必须学以致用,知行合一。宋代诗人陆游在《冬夜读书示子聿》这首教子诗中写道:"纸上得来终觉浅,绝知此事要躬行。"大意是从书本上得来的知识是不完善的,想要深入理解其中的道理,必须亲自实践才行。明代思想家王阳明在《传习传》中提出,"知中有行,行中有知""知是行的主意,行是知的功夫",讲的就是知行合一是"致良知"重要途径。习近平总书记在论述知行问题时,反复强调要把学到的本领运用到实际工作中去,"学到的东西,不能停留在书本上,不能只装在脑袋里,而应该落实到行动上。""'知'是基础、是前提,'行'是重点、是关键,必须以'知'促'行'、以'行'促'知',做到知行合一。"因此,创作团队在规范性文件引用方面,特别注意文件的权威性、时效性与全面性。本书的目的不是要做专门的理论分析,但作者在具体问题的解答中,引用了权威的学术观点来解释企业破产涉税的基本原理与范畴,以便读者能够更为准确地理解企业破产制度,同时也为读者展开延伸阅读提供了参考线索。

破产涉税难题的解决,道阻且长。破产涉税政策法规的修改,任重而道远。一方面,需要通过不断地收集、总结、梳理实践中的好案例和真问题,探讨落实税收法定原则和路径;另一方面,需要继续推动破产法与税法的学科交流和实务融合,争取达成更多的共识,推动立法的完善,让贯彻落实税收法定原则的税收立法和执法能够更好地回应破产法的实践需要。这是一条渐进曲折的道路,衷心希望本书在这方面的探索和努力,能够促进破产制度配套政策的完善,更好地发挥破产制度作用,为解决企业退出难问题、为优化要素配置、为破产法治建设与落实税收法定原则做出一定的贡献。

附录

企业破产涉税政策法规

附录一　破产清算税收相关政策

企业清算业务企业所得税处理若干问题

财政部、国家税务总局关于企业清算业务企业所得税处理若干问题的通知
（财税〔2009〕60号）

各省、自治区、直辖市、计划单列市财政厅（局）、国家税务局、地方税务局，新疆生产建设兵团财务局：

根据《中华人民共和国企业所得税法》第五十三条、第五十五条和《中华人民共和国企业所得税法实施条例》（国务院令第512号）第十一条规定，现就企业清算有关所得税处理问题通知如下：

一、企业清算的所得税处理，是指企业在不再持续经营，发生结束自身业务、处置资产、偿还债务以及向所有者分配剩余财产等经济行为时，对清算所得、清算所得税、股息分配等事项的处理。

二、下列企业应进行清算的所得税处理：

（一）按《公司法》《企业破产法》等规定需要进行清算的企业；

（二）企业重组中需要按清算处理的企业。

三、企业清算的所得税处理包括以下内容：

（一）全部资产均应按可变现价值或交易价格，确认资产转让所得或损失；

（二）确认债权清理、债务清偿的所得或损失；

（三）改变持续经营核算原则，对预提或待摊性质的费用进行处理；

（四）依法弥补亏损，确定清算所得；

（五）计算并缴纳清算所得税；

（六）确定可向股东分配的剩余财产、应付股息等。

四、企业的全部资产可变现价值或交易价格，减除资产的计税基础、清算费用、相关税费，加上债务清偿损益等后的余额，为清算所得。

企业应将整个清算期作为一个独立的纳税年度计算清算所得。

五、企业全部资产的可变现价值或交易价格减除清算费用，职工的工资、社会保险费用和法定补偿金，结清清算所得税、以前年度欠税等税款，清偿企业债务，按规定计算可以向所有者分配的剩余资产。

被清算企业的股东分得的剩余资产的金额，其中相当于被清算企业累计未分配利润和累计盈余公积中按该股东所占股份比例计算的部分，应确认为股息所得；剩余资产减除股息所得后的余额，超过或低于股东投资成本的部分，应确认为股东的投资转让所得或损失。

被清算企业的股东从被清算企业分得的资产应按可变现价值或实际交易价格确定计税基础。

六、本通知自 2008 年 1 月 1 日起执行。

财政部 国家税务总局
二〇〇九年四月三十日

附录二　破产重整税收优惠相关政策

企业改制重组有关土地增值税政策

财政部 税务总局关于继续实施企业改制重组有关土地增值税政策的公告
（财政部 税务总局公告 2021 年第 21 号）

为支持企业改制重组，优化市场环境，现就继续执行有关土地增值税政策公告如下：

一、企业按照《中华人民共和国公司法》有关规定整体改制，包括非公司制企业改制为有限责任公司或股份有限公司，有限责任公司变更为股份有限公司，股份有限公司变更为有限责任公司，对改制前的企业将国有土地使用权、地上的建筑物及其附着物（以下称房地产）转移、变更到改制后的企业，暂不征土地增值税。

本公告所称整体改制是指不改变原企业的投资主体，并承继原企业权利、义务的行为。

二、按照法律规定或者合同约定，两个或两个以上企业合并为一个企业，且原企业投资主体存续的，对原企业将房地产转移、变更到合并后的企业，暂不征土地增值税。

三、按照法律规定或者合同约定，企业分设为两个或两个以上与原企业投资主体相同的企业，对原企业将房地产转移、变更到分立后的企业，暂不征土地增值税。

四、单位、个人在改制重组时以房地产作价入股进行投资，对其将房地产转移、变更到被投资的企业，暂不征土地增值税。

五、上述改制重组有关土地增值税政策不适用于房地产转移任意一方为房地产开发企业的情形。

六、改制重组后再转让房地产并申报缴纳土地增值税时，对"取得土地使用权所支付的金额"，按照改制重组前取得该宗国有土地使用权所支付的地价款和按国家统一规定缴纳的有关费用确定；经批准以国有土地使用权作价出资入股的,为作价入股时县级及以上自然资源部门批准的评估价格。按购房发票确定扣除项目金额的,按照改制重组前购房发票所载金额并从购买年度起至本次转让年度止每年加计5%计算扣除项目金额,购买年度是指购房发票所载日期的当年。

七、纳税人享受上述税收政策,应按税务机关规定办理。

八、本公告所称不改变原企业投资主体、投资主体相同,是指企业改制重组前后出资人不发生变动,出资人的出资比例可以发生变动;投资主体存续,是指原企业出资人必须存在于改制重组后的企业,出资人的出资比例可以发生变动。

九、本公告执行期限为2021年1月1日至2023年12月31日。企业改制重组过程中涉及的土地增值税尚未处理的,符合本公告规定可按本公告执行。

财政部 税务总局

2021年5月31日

纳税信用评价与修复有关事项

国家税务总局关于纳税信用评价与修复有关事项的公告
(国家税务总局公告2021年第31号)

为贯彻落实中办、国办印发的《关于进一步深化税收征管改革的意见》,深入开展2021年"我为纳税人缴费人办实事暨便民办税春风行动",推进税务领域"放管服"改革,优化税收营商环境,引导纳税人及时纠正违规失信行为、消除不良影响,根据《国务院办公厅关于进一步完善失信约束制度? 构建诚信建设长效机制的指导意见》(国办发〔2020〕49号)等文件要求,现就纳税信用评价与修复有关事项公告如下:

一、符合下列条件之一的纳税人,可向主管税务机关申请纳税信用修复:

(一)破产企业或其管理人在重整或和解程序中,已依法缴纳税款、滞纳金、罚款,并纠正相关纳税信用失信行为的。

（二）因确定为重大税收违法失信主体，纳税信用直接判为 D 级的纳税人，失信主体信息已按照国家税务总局相关规定不予公布或停止公布，申请前连续 12 个月没有新增纳税信用失信行为记录的。

（三）由纳税信用 D 级纳税人的直接责任人员注册登记或者负责经营，纳税信用关联评价为 D 级的纳税人，申请前连续 6 个月没有新增纳税信用失信行为记录的。

（四）因其他失信行为纳税信用直接判为 D 级的纳税人，已纠正纳税信用失信行为、履行税收法律责任，申请前连续 12 个月没有新增纳税信用失信行为记录的。

（五）因上一年度纳税信用直接判为 D 级，本年度纳税信用保留为 D 级的纳税人，已纠正纳税信用失信行为、履行税收法律责任或失信主体信息已按照国家税务总局相关规定不予公布或停止公布，申请前连续 12 个月没有新增纳税信用失信行为记录的。

二、符合《国家税务总局关于纳税信用修复有关事项的公告》（2019 年第 37 号）所列条件的纳税人，其纳税信用级别及失信行为的修复仍从其规定。

三、符合本公告所列条件的纳税人，可填写《纳税信用修复申请表》（附件 1），对当前的纳税信用评价结果向主管税务机关申请纳税信用修复。税务机关核实纳税人纳税信用状况，按照《纳税信用修复范围及标准》（附件 2）调整相应纳税信用评价指标状态，根据纳税信用评价相关规定，重新评价纳税人的纳税信用级别。申请破产重整企业纳税信用修复的，应同步提供人民法院批准的重整计划或认可的和解协议，其破产重整前发生的相关失信行为，可按照《纳税信用修复范围及标准》中破产重整企业适用的修复标准开展修复。

四、自 2021 年度纳税信用评价起，税务机关按照"首违不罚"相关规定对纳税人不予行政处罚的，相关记录不纳入纳税信用评价。

五、本公告自 2022 年 1 月 1 日起施行。《国家税务总局关于明确纳税信用管理若干业务口径的公告》（2015 年第 85 号，2018 年第 31 号修改）第六条第（十）项、《国家税务总局关于纳税信用修复有关事项的公告》（2019 年第 37 号）所附《纳税信用修复申请表》《纳税信用修复范围及标准》同时废止。

特此公告。

附件:1.纳税信用修复申请表
　　2.纳税信用修复范围及标准

国家税务总局
2021 年 11 月 15 日

保障管理人在破产程序中依法履职

关于推动和保障管理人在破产程序中依法履职进一步优化营商环境的意见
（发改财金规〔2021〕274 号）

各省、自治区、直辖市人民政府,新疆生产建设兵团,国务院各部委、各直属机构:

　　管理人是在破产程序中依法接管破产企业财产、管理破产事务的专门机构。为推动和保障管理人依法履职,提高破产效率,充分发挥破产制度作用,解决企业退出难问题,优化要素配置,加快打造市场化、法治化、国际化营商环境,经国务院同意,现提出如下意见。

　　一、总体要求

　　以习近平新时代中国特色社会主义思想为指导,全面贯彻党的十九大和十九届二中、三中、四中、五中全会精神,坚持稳中求进工作总基调,立足新发展阶段,贯彻新发展理念,构建新发展格局,以推动高质量发展为主题,以深化供给侧结构性改革为主线,坚持市场化、法治化改革方向,完善破产制度配套政策,更好发挥政府在企业破产程序中的作用,推动和保障管理人依法履职,降低破产制度运行成本,加快"僵尸企业"出清。

　　二、基本原则

　　坚持依法保障。相关部门、金融机构应当按照法律规定积极支持和配合管理人依法履行接管、调查、管理、处分破产企业财产等职责。管理人履职涉及相关部门权限的,依法接受相关部门管理和监督。

　　坚持有效监督。管理人应当勤勉尽责,忠实履职,切实维护职工、债权人、投资者、破产企业及相关利益主体合法权益,切实维护社会公共利益,依法依规向人民法院报告工作,接受债权人会议和债权人委员会等相关方面的监督。

坚持公开透明。管理人应当依法保障债权人、投资者及相关利益主体的知情权，提高破产事务处理的透明度。加大各方信息共享力度，为管理人处理破产事务的信息化、公开化提供便利。

三、优化破产企业注销和状态变更登记制度

（一）建立企业破产和退出状态公示制度。破产申请受理后，通过全国企业破产重整案件信息网向国家企业信用信息公示系统推送有关企业破产程序启动、程序种类、程序切换、程序终止、管理人联系方式等信息，实现企业破产状态及时公示。在破产清算程序终结以及重整或和解程序终止前，非经破产案件审理法院同意或管理人申请，市场监管等部门不得办理企业登记事项变更手续。（最高人民法院、市场监管总局等按职责分工负责）

（二）进一步落实破产企业简易注销制度。管理人可以凭企业注销登记申请书、人民法院终结破产程序裁定书申请办理破产企业注销，市场监管部门不额外设置简易注销条件。申请简易注销的破产企业营业执照遗失的，通过国家企业信用信息公示系统免费发布营业执照作废声明或在报纸刊登遗失公告后，破产企业或管理人可不再补领营业执照。（市场监管总局负责）

（三）建立破产企业相关人员任职限制登记制度。企业董事、监事或高级管理人员违反忠实勤勉义务，未履职尽责，致使所在企业破产，被人民法院判令承担相应责任的，管理人可以凭生效法律文书，通过全国企业破产重整案件信息网向市场监管、金融管理等部门申请对相关人员的任职资格限制进行登记。（最高人民法院、人民银行、市场监管总局、银保监会、证监会等按职责分工负责）

四、加强金融机构对破产程序的参与和支持

（四）强化金融服务支持。金融机构应当支持管理人依法履行接管破产企业财产等法定职责，建立和完善与破产程序相衔接的金融服务工作机制，加强对企业重整、和解的支持。对于商业银行、证券公司、保险公司等金融机构或在本地有重大影响的企业破产案件，清算组作为管理人的，人民法院可以依法指定金融资产管理公司作为清算组成员参与破产案件。（最高人民法院、人民银行、银保监会、证监会等按职责分工负责）

（五）便利管理人账户开立和展期。管理人可以凭人民法院破产申请受理裁定书、指定管理人决定书及管理人负责人身份证明材料，向银行申请开立管理人账户。银行应当针对管理人账户的开立确定统一规程，在充分履行客户身份识别义务、确保风险可控的前提下,缩短账户开立周期,提升管理人账户权限,便利管理人操作使用。鼓励适当减免管理人账户开立使用的相关费用,优化账户展期手续办理流程,并在账户有效期届满前及时通知管理人。管理人应当在终止执行职务后,及时办理管理人账户注销手续。(人民银行、银保监会等按职责分工负责)

(六)支持管理人依法接管破产企业账户。管理人可以凭人民法院破产申请受理裁定书、指定管理人决定书接管破产企业账户,依法办理破产企业账户资金划转,非正常户激活或注销,司法冻结状态等账户信息、交易明细、征信信息查询等业务,金融机构应当予以配合并及时办理。(最高人民法院、人民银行、银保监会、证监会等按职责分工负责)

(七)协助配合推进破产程序。充分发挥金融机构债权人委员会、债券持有人会议等集体协商机制在企业破产中的协调、协商作用。鼓励金融机构进一步完善、明确内部管理流程,合理下放表决权行使权限,促进金融机构在破产程序中尤其是重整程序中积极高效行使表决权。金融机构破产的,管理人应当与金融管理部门加强协调沟通,维护金融稳定。(人民银行、银保监会、证监会等按职责分工负责)

(八)加强重整企业融资支持。银行业金融机构应当按照市场化、法治化原则,对有重整价值和可能性、符合国家产业政策方向的重整企业提供信贷支持。鼓励符合条件的金融机构依法设立不良资产处置基金,参与企业重整。支持私募股权投资基金、产业投资基金、不良资产处置基金等各类基金在破产程序中按照市场化、法治化原则向符合国家产业政策方向的重整企业提供融资支持。(发展改革委、人民银行、银保监会、证监会等按职责分工负责)

(九)支持重整企业金融信用修复。人民法院裁定批准重整计划或重整计划执行完毕后,重整企业或管理人可以凭人民法院出具的相应裁定书,申请在金融信用信息基础数据库中添加相关信息,及时反映企业重整情况。鼓励金融机构对重整后企业的合理融资需求参照正常企业依法依规予以审批,进一步做好重整企业的信用修复。(人民银行、银保监会、证监会等按职责分工负责)

(十)切实保护职工和债权人投资者合法权益。发挥管理人在防范"逃废债"等违法行为中的积极作用。管理人要加强对破产企业财产的追查和管理,有效保护职工劳动报酬、社会保险合法权益,及时向金融机构债权人委员会、债权人会议通报有关情况,破产企业的有关人员可能涉嫌犯罪的,管理人应当及时将犯罪线索报送司法或监察机关。金融机构依法积极支持管理人追查破产企业财产,鼓励将发现的恶意转移破产企业财产的情况通报管理人,有效保护债权人投资者合法权益。(最高人民法院、人力资源社会保障部、人民银行、国资委、银保监会、证监会等按职责分工负责)

五、便利破产企业涉税事务处理

(十一)保障破产企业必要发票供应。破产程序中的企业应当接受税务机关的税务管理,管理人负责管理企业财产和营业事务的,由管理人代表破产企业履行法律规定的相关纳税义务。破产企业因履行合同、处置财产或继续营业等原因在破产程序中确需使用发票的,管理人可以以纳税人名义到税务部门申领、开具发票。税务部门在督促纳税人就新产生的纳税义务足额纳税的同时,按照有关规定满足其合理发票领用需要,不得以破产企业存在欠税情形为由拒绝。(税务总局负责)

(十二)依法核销破产企业欠缴税款。税务、海关等部门在破产清算程序中依法受偿破产企业欠缴的税款本金、滞纳金、罚款后,应当按照人民法院裁定认可的财产分配方案中确定的受偿比例,办理欠缴税款本金、滞纳金、罚款的入库,并依法核销未受偿的税款本金、滞纳金、罚款。(海关总署、税务总局等按职责分工负责)

(十三)便利税务注销。经人民法院裁定宣告破产的企业,管理人持人民法院终结破产清算程序裁定书申请税务注销的,税务部门即时出具清税文书,按照有关规定核销"死欠",不得违反规定要求额外提供证明文件,或以税款未获全部清偿为由拒绝办理。(税务总局负责)

(十四)支持企业纳税信用修复。重整或和解程序中,税务机关依法受偿后,管理人或破产企业可以向税务机关提出纳税信用修复申请,税务机关根据人民法院出具的批准重整计划或认可和解协议的裁定书评价其纳税信用级别。已被公布重大税收违法失信案件信息的上述破产企业,经税务机关确认后,停止公布并从公告栏中撤出,并将相关情况及时通知实施联合惩戒和管理的部门。有关部门应当依据各自法定职责,按照法律法规和有关规定解除惩戒,保障企业正常经营和后续发展。(税务总局及相关部门按职责分工负责)

(十五)落实重整与和解中的所得税税前扣除政策。对于破产企业根据资产处置结果,人民法院裁定批准或认可的重整计划、和解协议确定或形成的资产损失,依照税法规定进行资产损失扣除。税务机关对破产企业提交的与此有关的申请材料应快捷审查,便利办理。(财政部、税务总局等按职责分工负责)

六、完善资产处置配套机制

(十六)有效盘活土地资产。允许对破产企业具备独立分宗条件的土地、房产分割转让,市级或县级自然资源等相关主管部门审批时,对于符合条件的应及时批准。对因相关规划调整等因素确需为不动产处置设置附加条件的,应当及时向管理人告知具体明晰的标准及其依据。破产企业以划拨方式取得土地使用权的,转让房地产时,应当依法报有批准权的人民政府审批。(自然资源部、住房和城乡建设部等按职责分工负责)

(十七)妥善认定资产权属。依法积极推动存在未办理验收等瑕疵的不动产完善有关手续,明确权属,为破产企业不动产及时办理权属登记手续,支持管理人加快破产企业财产处置。有效利用各类资产的多元化专业交易流转平台,充分发挥交易市场的价格发现、价值实现功能,提升管理人的资产处置效率。(最高人民法院、自然资源部、住房和城乡建设部等按职责分工负责)

(十八)依法解除破产企业财产保全措施。人民法院裁定受理企业破产案件后,管理人持受理破产申请裁定书和指定管理人决定书,依法向有关部门、金融机构申请解除对破产企业财产的查封、扣押、冻结等保全措施的,相关部门和单位应当根据《企业破产法》规定予以支持配合。保全措施解除后,管理人应当及时通知原采取保全措施的相关部门和单位。管理人申请接管、处置海关监管货物的,应当先行办结海关手续,海关应当对管理人办理相关手续提供便利并予以指导。(最高人民法院、自然资源部、人民银行、海关总署、税务总局、银保监会、证监会等按职责分工负责)

七、加强组织和信息保障

(十九)建立常态化协调机制。各地区、各部门要积极支持人民法院破产审判工作,推动和保障管理人依法履职,更好发挥政府在企业破产程序中的作用,避免对破产司法和管理人工作的不当干预。鼓励地方人民政府与人民法院建立常态化协调机制,并吸纳涉及社会稳定、职工权益、经费保障、信用修复、企业注销、企业税收等相关主管部门参加。人民法院、有关部门要严厉打击企业破产涉及的各类违法违规行为,管理人要依法公正履职,积极配合。管理人未勤勉尽责、忠实履职的,要依法追究相应责任。(最高人民法院、各地方人民政府、各相关部门负责)

（二十）强化信息共享和沟通。加强全国企业破产重整案件信息网、全国信用信息共享平台、国家企业信用信息公示系统和金融信用信息基础数据库等信息共享，加强相关部门、金融机构与人民法院、管理人的信息沟通，推动破产程序中的数据共享、业务协同，提高各相关利益主体信息知晓便利度，便利管理人依法履职。（最高人民法院、发展改革委、人民银行、国资委、市场监管总局、银保监会、证监会等按职责分工负责）

本意见自印发之日起施行。

国家发展改革委

最高人民法院

财政部

人力资源社会保障部

自然资源部

住房和城乡建设部

人民银行

国资委

海关总署

税务总局

市场监管总局

银保监会

证监会

2021 年 2 月 25 日

企业改制重组有关土地增值税政策

财政部 税务总局关于继续实施企业改制重组有关土地增值税政策的通知
（财税〔2018〕57 号）

各省、自治区、直辖市、计划单列市财政厅（局）、地方税务局，西藏、宁夏自治区国家税务局，新疆生产建设兵团财政局：

为支持企业改制重组，优化市场环境，现将继续执行企业在改制重组过程中涉及的土地增值税政策通知如下：

一、按照《中华人民共和国公司法》的规定，非公司制企业整体改制为有限责任公司或者股份有限公司，有限责任公司（股份有限公司）整体改制为股份有限公司（有限责任公司），对改制前的企业将国有土地使用权、地上的建筑物及其附着物（以下称房地产）转移、变更到改制后的企业，暂不征土地增值税。

本通知所称整体改制是指不改变原企业的投资主体，并承继原企业权利、义务的行为。

二、按照法律规定或者合同约定，两个或两个以上企业合并为一个企业，且原企业投资主体存续的，对原企业将房地产转移、变更到合并后的企业，暂不征土地增值税。

三、按照法律规定或者合同约定，企业分设为两个或两个以上与原企业投资主体相同的企业，对原企业将房地产转移、变更到分立后的企业，暂不征土地增值税。

四、单位、个人在改制重组时以房地产作价入股进行投资，对其将房地产转移、变更到被投资的企业，暂不征土地增值税。

五、上述改制重组有关土地增值税政策不适用于房地产转移任意一方为房地产开发企业的情形。

六、企业改制重组后再转让国有土地使用权并申报缴纳土地增值税时，应以改制前取得该宗国有土地使用权所支付的地价款和按国家统一规定缴纳的有关费用，作为该企业"取得土地使用权所支付的金额"扣除。企业在改制重组过程中经省级以上（含省级）国土管理部门批准，国家以国有土地使用权作价出资入股的，再转让该宗国有土地使用权并申报缴纳土地增值税时，应以该宗土地作价入股时省级以上（含省级）国土管理部门批准的评估价格，作为该企业"取得土地使用权所支付的金额"扣除。办理纳税申报时，企业应提供该宗土地作价入股时省级以上（含省级）国土管理部门的批准文件和批准的评估价格，不能提供批准文件和批准的评估价格的，不得扣除。

七、企业在申请享受上述土地增值税优惠政策时，应向主管税务机关提交房地产转移双方营业执照、改制重组协议或等效文件、相关房地产权属和价值证明、转让方改制重组前取得土地使用权所支付地价款的凭据（复印件）等书面材料。

八、本通知所称不改变原企业投资主体、投资主体相同,是指企业改制重组前后出资人不发生变动,出资人的出资比例可以发生变动;投资主体存续,是指原企业出资人必须存在于改制重组后的企业,出资人的出资比例可以发生变动。

九、本通知执行期限为 2018 年 1 月 1 日至 2020 年 12 月 31 日。

> 财政部　税务总局
> 2018 年 5 月 16 日

支持企业事业单位改制重组有关契税政策

财政部税务总局关于继续支持企业事业单位改制重组有关契税政策的通知
(财税〔2018〕17 号)

各省、自治区、直辖市、计划单列市财政厅(局)、地方税务局,西藏、宁夏、青海省(自治区)国家税务局,新疆生产建设兵团财政局:

为贯彻落实《国务院关于进一步优化企业兼并重组市场环境的意见》(国发〔2014〕14 号),继续支持企业、事业单位改制重组,现就企业、事业单位改制重组涉及的契税政策通知如下:

一、企业改制

企业按照《中华人民共和国公司法》有关规定整体改制,包括非公司制企业改制为有限责任公司或股份有限公司,有限责任公司变更为股份有限公司,股份有限公司变更为有限责任公司,原企业投资主体存续并在改制(变更)后的公司中所持股权(股份)比例超过75%,且改制(变更)后公司承继原企业权利、义务的,对改制(变更)后公司承受原企业土地、房屋权属,免征契税。

二、事业单位改制

事业单位按照国家有关规定改制为企业,原投资主体存续并在改制后企业中出资(股权、股份)比例超过50%的,对改制后企业承受原事业单位土地、房屋权属,免征契税。

三、公司合并

两个或两个以上的公司,依照法律规定、合同约定,合并为一个公司,且原投资主体存续的,对合并后公司承受原合并各方土地、房屋权属,免征契税。

四、公司分立

公司依照法律规定、合同约定分立为两个或两个以上与原公司投资主体相同的公司,对分立后公司承受原公司土地、房屋权属,免征契税。

五、企业破产

企业依照有关法律法规规定实施破产,债权人(包括破产企业职工)承受破产企业抵偿债务的土地、房屋权属,免征契税;对非债权人承受破产企业土地、房屋权属,凡按照《中华人民共和国劳动法》等国家有关法律法规政策妥善安置原企业全部职工规定,与原企业全部职工签订服务年限不少于三年的劳动用工合同的,对其承受所购企业土地、房屋权属,免征契税;与原企业超过30%的职工签订服务年限不少于三年的劳动用工合同的,减半征收契税。

六、资产划转

对承受县级以上人民政府或国有资产管理部门按规定进行行政性调整、划转国有土地、房屋权属的单位,免征契税。

同一投资主体内部所属企业之间土地、房屋权属的划转,包括母公司与其全资子公司之间,同一公司所属全资子公司之间,同一自然人与其设立的个人独资企业、一人有限公司之间土地、房屋权属的划转,免征契税。

母公司以土地、房屋权属向其全资子公司增资,视同划转,免征契税。

七、债权转股权

经国务院批准实施债权转股权的企业,对债权转股权后新设立的公司承受原企业的土地。

八、划拨用地出让或作价出资

以出让方式或国家作价出资(入股)方式承受原改制重组企业、事业单位划拨用地的,不属上述规定的免税范围,对承受方应按规定征收契税。

九、公司股权(股份)转让

在股权(股份)转让中,单位、个人承受公司股权(股份),公司土地、房屋权属不发生转移,不征收契税。

十、有关用语含义

本通知所称企业、公司,是指依照我国有关法律法规设立并在中国境内注册的企业、公司。

本通知所称投资主体存续,是指原企业、事业单位的出资人必须存在于改制重组后的企业,出资人的出资比例可以发生变动;投资主体相同,是指公司分立前后出资人不发生变动,出资人的出资比例可以发生变动。

本通知自 2018 年 1 月 1 日起至 2020 年 12 月 31 日执行。本通知发布前,企业、事业单位改制重组过程中涉及的契税尚未处理的,符合本通知规定的可按本通知执行。

财政部 税务总局
2018 年 3 月 2 日

企业重组业务企业所得税征收管理若干问题

国家税务总局关于企业重组业务企业所得税征收管理若干问题的公告
(国家税务总局公告 2015 年第 48 号)

根据《中华人民共和国企业所得税法》及其实施条例、《中华人民共和国税收征收管理法》及其实施细则、《国务院关于取消非行政许可审批事项的决定》(国发〔2015〕27 号)、《财政部国家税务总局关于企业重组业务企业所得税处理若干问题的通知》(财税〔2009〕59 号)和《财政部 国家税务总局关于促进企业重组有关企业所得税处理问题的通知》(财税〔2014〕109 号)等有关规定,现对企业重组业务企业所得税征收管理若干问题公告如下:

一、按照重组类型,企业重组的当事各方是指:

(一)债务重组中当事各方,指债务人、债权人。

(二)股权收购中当事各方,指收购方、转让方及被收购企业。

(三)资产收购中当事各方,指收购方、转让方。

(四)合并中当事各方,指合并企业、被合并企业及被合并企业股东。

(五)分立中当事各方,指分立企业、被分立企业及被分立企业股东。

上述重组交易中,股权收购中转让方、合并中被合并企业股东和分立中被分立企业股东,可以是自然人。

当事各方中的自然人应按个人所得税的相关规定进行税务处理。

二、重组当事各方企业适用特殊性税务处理的(指重组业务符合财税〔2009〕59 号文件和财税〔2014〕109 号文件第一条、第二条规定条件并选择

特殊性税务处理的,下同),应按如下规定确定重组主导方:

(一)债务重组,主导方为债务人。

(二)股权收购,主导方为股权转让方,涉及两个或两个以上股权转让方,由转让被收购企业股权比例最大的一方作为主导方(转让股权比例相同的可协商确定主导方)。

(三)资产收购,主导方为资产转让方。

(四)合并,主导方为被合并企业,涉及同一控制下多家被合并企业的,以净资产最大的一方为主导方。

(五)分立,主导方为被分立企业。

三、财税〔2009〕59号文件第十一条所称重组业务完成当年,是指重组日所属的企业所得税纳税年度。

企业重组日的确定,按以下规定处理:

(一)债务重组,以债务重组合同(协议)或法院裁定书生效日为重组日。

(二)股权收购,以转让合同(协议)生效且完成股权变更手续日为重组日。关联企业之间发生股权收购,转让合同(协议)生效后12个月内尚未完成股权变更手续的,应以转让合同(协议)生效日为重组日。

(三)资产收购,以转让合同(协议)生效且当事各方已进行会计处理的日期为重组日。

(四)合并,以合并合同(协议)生效、当事各方已进行会计处理且完成工商新设登记或变更登记日为重组日。按规定不需要办理工商新设或变更登记的合并,以合并合同(协议)生效且当事各方已进行会计处理的日期为重组日。

(五)分立,以分立合同(协议)生效、当事各方已进行会计处理且完成工商新设登记或变更登记日为重组日。

四、企业重组业务适用特殊性税务处理的,除财税〔2009〕59号文件第四条第(一)项所称企业发生其他法律形式简单改变情形外,重组各方应在该重组业务完成当年,办理企业所得税年度申报时,分别向各自主管税务机关报送《企业重组所得税特殊性税务处理报告表及附表》(详见附件1)和申报资料(详见附件2)。合并、分立中重组一方涉及注销的,应在尚未办理注销税务登记手续前进行申报。

重组主导方申报后,其他当事方向其主管税务机关办理纳税申报。申报时还应附送重组主导方经主管税务机关受理的《企业重组所得税特殊性税务处理报告表及附表》(复印件)。

五、企业重组业务适用特殊性税务处理的,申报时,应从以下方面逐条说明企业重组具有合理的商业目的:

(一)重组交易的方式;

(二)重组交易的实质结果;

(三)重组各方涉及的税务状况变化;

(四)重组各方涉及的财务状况变化;

(五)非居民企业参与重组活动的情况。

六、企业重组业务适用特殊性税务处理的,申报时,当事各方还应向主管税务机关提交重组前连续 12 个月内有无与该重组相关的其他股权、资产交易情况的说明,并说明这些交易与该重组是否构成分步交易,是否作为一项企业重组业务进行处理。

七、根据财税〔2009〕59 号文件第十条规定,若同一项重组业务涉及在连续 12 个月内分步交易,且跨两个纳税年度,当事各方在首个纳税年度交易完成时预计整个交易符合特殊性税务处理条件,经协商一致选择特殊性税务处理的,可以暂时适用特殊性税务处理,并在当年企业所得税年度申报时提交书面申报资料。

在下一纳税年度全部交易完成后,企业应判断是否适用特殊性税务处理。如适用特殊性税务处理的,当事各方应按本公告要求申报相关资料;如适用一般性税务处理的,应调整相应纳税年度的企业所得税年度申报表,计算缴纳企业所得税。

八、企业发生财税〔2009〕59 号文件第六条第(一)项规定的债务重组,应准确记录应予确认的债务重组所得,并在相应年度的企业所得税汇算清缴时对当年确认额及分年结转额的情况做出说明。

主管税务机关应建立台账,对企业每年申报的债务重组所得与台账进行比对分析,加强后续管理。

九、企业发生财税〔2009〕59 号文件第七条第(三)项规定的重组,居民企业应准确记录应予确认的资产或股权转让收益总额,并在相应年度的企业所得税汇算清缴时对当年确认额及分年结转额的情况做出说明。

主管税务机关应建立台账,对居民企业取得股权的计税基础和每年确认的资产或股权转让收益进行比对分析,加强后续管理。

十、适用特殊性税务处理的企业,在以后年度转让或处置重组资产(股权)时,应在年度纳税申报时对资产(股权)转让所得或损失情况进行专项说明,包括特殊性税务处理时确定的重组资产(股权)计税基础与转让或处置时的计税基础的比对情况,以及递延所得税负债的处理情况等。

适用特殊性税务处理的企业,在以后年度转让或处置重组资产(股权)时,主管税务机关应加强评估和检查,将企业特殊性税务处理时确定的重组资产(股权)计税基础与转让或处置时的计税基础及相关的年度纳税申报表比对,发现问题的,应依法进行调整。

十一、税务机关应对适用特殊性税务处理的企业重组做好统计和相关资料的归档工作。各省、自治区、直辖市和计划单列市国家税务局、地方税务局应于每年8月底前将《企业重组所得税特殊性税务处理统计表》(详见附件3)上报税务总局(所得税司)。

十二、本公告适用于2015年度及以后年度企业所得税汇算清缴。《国家税务总局关于发布〈企业重组业务企业所得税管理办法〉的公告》(国家税务总局公告2010年第4号)第三条、第七条、第八条、第十六条、第十七条、第十八条、第二十二条、第二十三条、第二十四条、第二十五条、第二十七条、第三十二条同时废止。

本公告施行时企业已经签订重组协议,但尚未完成重组的,按本公告执行。

特此公告。附件:1. 企业重组所得税特殊性税务处理报告表及附表

2. 企业重组所得税特殊性税务处理申报资料一览表

3. 企业重组所得税特殊性税务处理统计表

国家税务总局

2015年6月24日

进一步支持企业事业单位改制重组有关契税政策

财政部 国家税务总局关于进一步支持企业事业单位改制重组有关契税政策的通知

(财税〔2015〕37号)

各省、自治区、直辖市、计划单列市财政厅(局)、地方税务局,西藏、宁夏、青海省(自治区)国家税务局,新疆生产建设兵团财务局:

为贯彻落实《国务院关于进一步优化企业兼并重组市场环境的意见》(国发〔2014〕14号),继续支持企业、事业单位改制重组,现就企业、事业单

位改制重组涉及的契税政策通知如下：

一、企业改制

企业按照《中华人民共和国公司法》有关规定整体改制，包括非公司制企业改制为有限责任公司或股份有限公司，有限责任公司变更为股份有限公司，股份有限公司变更为有限责任公司，原企业投资主体存续并在改制（变更）后的公司中所持股权（股份）比例超过75%，且改制（变更）后公司承继原企业权利、义务的，对改制（变更）后公司承受原企业土地、房屋权属，免征契税。

二、事业单位改制

事业单位按照国家有关规定改制为企业，原投资主体存续并在改制后企业中出资（股权、股份）比例超过50%的，对改制后企业承受原事业单位土地、房屋权属，免征契税。

三、公司合并

两个或两个以上的公司，依照法律规定、合同约定，合并为一个公司，且原投资主体存续的，对合并后公司承受原合并各方土地、房屋权属，免征契税。

四、公司分立

公司依照法律规定、合同约定分立为两个或两个以上与原公司投资主体相同的公司，对分立后公司承受原公司土地、房屋权属，免征契税。

五、企业破产

企业依照有关法律法规规定实施破产，债权人（包括破产企业职工）承受破产企业抵偿债务的土地、房屋权属，免征契税；对非债权人承受破产企业土地、房屋权属，凡按照《中华人民共和国劳动法》等国家有关法律法规政策妥善安置原企业全部职工，与原企业全部职工签订服务年限不少于三年的劳动用工合同的，对其承受所购企业土地、房屋权属，免征契税；与原企业超过30%的职工签订服务年限不少于三年的劳动用工合同的，减半征收契税。

六、资产划转

对承受县级以上人民政府或国有资产管理部门按规定进行行政性调整、划转国有土地、房屋权属的单位，免征契税。

同一投资主体内部所属企业之间土地、房屋权属的划转，包括母公司与其全资子公司之间，同一公司所属全资子公司之间，同一自然人与其设立的个人独资企业、一人有限公司之间土地、房屋权属的划转，免征契税。

七、债权转股权

经国务院批准实施债权转股权的企业，对债权转股权后新设立的公司承受原企业的土地、房屋权属,免征契税。

八、划拨用地出让或作价出资

以出让方式或国家作价出资(入股)方式承受原改制重组企业、事业单位划拨用地的,不属上述规定的免税范围,对承受方应按规定征收契税。

九、公司股权(股份)转让

在股权(股份)转让中,单位、个人承受公司股权(股份),公司土地、房屋权属不发生转移,不征收契税。

十、有关用语含义

本通知所称企业、公司,是指依照我国有关法律法规设立并在中国境内注册的企业、公司。

本通知所称投资主体存续,是指原企业、事业单位的出资人必须存在于改制重组后的企业,出资人的出资比例可以发生变动;投资主体相同,是指公司分立前后出资人不发生变动,出资人的出资比例可以发生变动。

本通知自 2015 年 1 月 1 日起至 2017 年 12 月 31 日执行。本通知发布前,企业、事业单位改制重组过程中涉及的契税尚未处理的,符合本通知规定的可按本通知执行。

财政部 国家税务总局
2015 年 3 月 31 日

促进企业重组有关企业所得税处理问题

财政部 国家税务总局关于促进企业重组有关企业所得税处理问题的通知
(财税〔2014〕109 号)

各省、自治区、直辖市、计划单列市财政厅(局)、国家税务局、地方税务局,新疆生产建设兵团财务局:

为贯彻落实《国务院关于进一步优化企业兼并重组市场环境的意见》(国发〔2014〕14 号),根据《中华人民共和国企业所得税法》及其实施条例有关规定,现就企业重组有关企业所得税处理问题明确如下:

一、关于股权收购

将《财政部 国家税务总局关于企业重组业务企业所得税处理若干问题

的通知》(财税〔2009〕59 号)第六条第(二)项中有关"股权收购,收购企业购买的股权不低于被收购企业全部股权的 75%"规定调整为"股权收购,收购企业购买的股权不低于被收购企业全部股权的 50%"。

二、关于资产收购

将财税〔2009〕59 号文件第六条第(三)项中有关"资产收购,受让企业收购的资产不低于转让企业全部资产的 75%"规定调整为"资产收购,受让企业收购的资产不低于转让企业全部资产的 50%"。

三、关于股权、资产划转

对 100% 直接控制的居民企业之间,以及受同一或相同多家居民企业 100% 直接控制的居民企业之间按账面净值划转股权或资产,凡具有合理商业目的、不以减少、免除或者推迟缴纳税款为主要目的,股权或资产划转后连续 12 个月内不改变被划转股权或资产原来实质性经营活动,且划出方企业和划入方企业均未在会计上确认损益的,可以选择按以下规定进行特殊性税务处理:

1. 划出方企业和划入方企业均不确认所得。

2. 划入方企业取得被划转股权或资产的计税基础,以被划转股权或资产的原账面净值确定。

3. 划入方企业取得的被划转资产,应按其原账面净值计算折旧扣除。

四、本通知自 2014 年 1 月 1 日起执行。本通知发布前尚未处理的企业重组,符合本通知规定的可按本通知执行。

财政部 国家税务总局

2014 年 12 月 25 日

纳税人资产重组有关增值税问题

国家税务总局关于纳税人资产重组有关增值税问题的公告

(国家税务总局公告 2013 年第 66 号)

现将纳税人资产重组有关增值税问题公告如下:

纳税人在资产重组过程中,通过合并、分立、出售、置换等方式,将全部或者部分实物资产以及与其相关联的债权、负债经多次转让后,最终的受让方与劳动力接收方为同一单位和个人的,仍适用《国家税务总局关于纳税人资产重组有关增值税问题的公告》(国家税务总局公告 2011 年第 13 号)的相关规定,其中货物的多次转让行为均不征收增值税。资产的出让方需将资产重组方案等文件资料报其主管税务机关。

本公告自 2013 年 12 月 1 日起施行。纳税人此前已发生并处理的事项,不再做调整;未处理的,按本公告规定执行。

特此公告

国家税务总局

2013 年 11 月 19 日

企业重组业务企业所得税处理若干问题

财政部 国家税务总局关于企业重组业务企业所得税处理若干问题的通知

(财税〔2009〕59 号)

【注:部分条款更改】

各省、自治区、直辖市、计划单列市财政厅(局)、国家税务局、地方税务局,新疆生产建设兵团财务局:

根据《中华人民共和国企业所得税法》第二十条和《中华人民共和国企业所得税法实施条例》(国务院令第 512 号)第七十五条规定,现就企业重组所涉及的企业所得税具体处理问题通知如下:

一、本通知所称企业重组,是指企业在日常经营活动以外发生的法律结构或经济结构重大改变的交易,包括企业法律形式改变、债务重组、股权收购、资产收购、合并、分立等。

(一)企业法律形式改变,是指企业注册名称、住所以及企业组织形式等的简单改变,但符合本通知规定其他重组的类型除外。

(二)债务重组,是指在债务人发生财务困难的情况下,债权人按照其与债务人达成的书面协议或者法院裁定书,就其债务人的债务做出让步的事项。

(三)股权收购,是指一家企业(以下称为收购企业)购买另一家企业(以下称为被收购企业)的股权,以实现对被收购企业控制的交易。收购企业支付对价的形式包括股权支付、非股权支付或两者的组合。

（四）资产收购，是指一家企业（以下称为受让企业）购买另一家企业（以下称为转让企业）实质经营性资产的交易。受让企业支付对价的形式包括股权支付、非股权支付或两者的组合。

（五）合并，是指一家或多家企业（以下称为被合并企业）将其全部资产和负债转让给另一家现存或新设企业（以下称为合并企业），被合并企业股东换取合并企业的股权或非股权支付，实现两个或两个以上企业的依法合并。

（六）分立，是指一家企业（以下称为被分立企业）将部分或全部资产分离转让给现存或新设的企业（以下称为分立企业），被分立企业股东换取分立企业的股权或非股权支付，实现企业的依法分立。

二、本通知所称股权支付，是指企业重组中购买、换取资产的一方支付的对价中，以本企业或其控股企业的股权、股份作为支付的形式；所称非股权支付，是指以本企业的现金、银行存款、应收款项、本企业或其控股企业股权和股份以外的有价证券、存货、固定资产、其他资产以及承担债务等作为支付的形式。

三、企业重组的税务处理区分不同条件分别适用一般性税务处理规定和特殊性税务处理规定。

四、企业重组，除符合本通知规定适用特殊性税务处理规定的外，按以下规定进行税务处理：

（一）企业由法人转变为个人独资企业、合伙企业等非法人组织，或将登记注册地转移至中华人民共和国境外（包括港澳台地区），应视同企业进行清算、分配，股东重新投资成立新企业。企业的全部资产以及股东投资的计税基础均应以公允价值为基础确定。

企业发生其他法律形式简单改变的，可直接变更税务登记，除另有规定外，有关企业所得税纳税事项（包括亏损结转、税收优惠等权益和义务）由变更后企业承继，但因住所发生变化而不符合税收优惠条件的除外。

（二）企业债务重组，相关交易应按以下规定处理：

1. 以非货币资产清偿债务，应当分解为转让相关非货币性资产、按非货币性资产公允价值清偿债务两项业务，确认相关资产的所得或损失。

2. 发生债权转股权的，应当分解为债务清偿和股权投资两项业务，确认有关债务清偿所得或损失。

3. 债务人应当按照支付的债务清偿额低于债务计税基础的差额，确认债务重组所得；债权人应当按照收到的债务清偿额低于债权计税基础的差额,确认债务重组损失。

4.债务人的相关所得税纳税事项原则上保持不变。

(三)企业股权收购、资产收购重组交易,相关交易应按以下规定处理:

1.被收购方应确认股权、资产转让所得或损失。

2.收购方取得股权或资产的计税基础应以公允价值为基础确定。

3.被收购企业的相关所得税事项原则上保持不变。

(四)企业合并,当事各方应按下列规定处理:

1.合并企业应按公允价值确定接受被合并企业各项资产和负债的计税基础。

2.被合并企业及其股东都应按清算进行所得税处理。

3.被合并企业的亏损不得在合并企业结转弥补。

(五)企业分立,当事各方应按下列规定处理:

1.被分立企业对分立出去资产应按公允价值确认资产转让所得或损失。

2.分立企业应按公允价值确认接受资产的计税基础。

3.被分立企业继续存在时,其股东取得的对价应视同被分立企业分配进行处理。

4.被分立企业不再继续存在时,被分立企业及其股东都应按清算进行所得税处理。

5.企业分立相关企业的亏损不得相互结转弥补。

五、企业重组同时符合下列条件的,适用特殊性税务处理规定:

(一)具有合理的商业目的,且不以减少、免除或者推迟缴纳税款为主要目的。

(二)被收购、合并或分立部分的资产或股权比例符合本通知规定的比例。

(三)企业重组后的连续 12 个月内不改变重组资产原来的实质性经营活动。

(四)重组交易对价中涉及股权支付金额符合本通知规定比例。

(五)企业重组中取得股权支付的原主要股东,在重组后连续 12 个月内,不得转让所取得的股权。

六、企业重组符合本通知第五条规定条件的,交易各方对其交易中的股权支付部分,可以按以下规定进行特殊性税务处理:

(一)企业债务重组确认的应纳税所得额占该企业当年应纳税所得额50%以上,可以在 5 个纳税年度的期间内,均匀计入各年度的应纳税所得额。

企业发生债权转股权业务,对债务清偿和股权投资两项业务暂不确认有关债务清偿所得或损失,股权投资的计税基础以原债权的计税基础确定。企业的其他相关所得税事项保持不变。

(二)股权收购,收购企业购买的股权不低于被收购企业全部股权的75%,且收购企业在该股权收购发生时的股权支付金额不低于其交易支付总额的85%,可以选择按以下规定处理:

1.被收购企业的股东取得收购企业股权的计税基础,以被收购股权的原有计税基础确定。

2.收购企业取得被收购企业股权的计税基础,以被收购股权的原有计税基础确定。

3.收购企业、被收购企业的原有各项资产和负债的计税基础和其他相关所得税事项保持不变。

(三)资产收购,受让企业收购的资产不低于转让企业全部资产的75%,且受让企业在该资产收购发生时的股权支付金额不低于其交易支付总额的85%,可以选择按以下规定处理:

1.转让企业取得受让企业股权的计税基础,以被转让资产的原有计税基础确定。

2.受让企业取得转让企业资产的计税基础,以被转让资产的原有计税基础确定。

(四)企业合并,企业股东在该企业合并发生时取得的股权支付金额不低于其交易支付总额的85%,以及同一控制下且不需要支付对价的企业合并,可以选择按以下规定处理:

1.合并企业接受被合并企业资产和负债的计税基础,以被合并企业的原有计税基础确定。

2.被合并企业合并前的相关所得税事项由合并企业承继。

3.可由合并企业弥补的被合并企业亏损的限额=被合并企业净资产公允价值×截至合并业务发生当年年末国家发行的最长期限的国债利率。

4.被合并企业股东取得合并企业股权的计税基础,以其原持有的被合并企业股权的计税基础确定。

(五)企业分立,被分立企业所有股东按原持股比例取得分立企业的股权,分立企业和被分立企业均不改变原来的实质经营活动,且被分立企业股东在该企业分立发生时取得的股权支付金额不低于其交易支付总额的

85%,可以选择按以下规定处理:

1.分立企业接受被分立企业资产和负债的计税基础,以被分立企业的原有计税基础确定。

2.被分立企业已分立出去资产相应的所得税事项由分立企业承继。

3.被分立企业未超过法定弥补期限的亏损额可按分立资产占全部资产的比例进行分配,由分立企业继续弥补。

4.被分立企业的股东取得分立企业的股权(以下简称"新股"),如需部分或全部放弃原持有的被分立企业的股权(以下简称"旧股"),"新股"的计税基础应以放弃"旧股"的计税基础确定。如不需放弃"旧股",则其取得"新股"的计税基础可从以下两种方法中选择确定:直接将"新股"的计税基础确定为零;或者以被分立企业分立出去的净资产占被分立企业全部净资产的比例先调减原持有的"旧股"的计税基础,再将调减的计税基础平均分配到"新股"上。

(六)重组交易各方按本条(一)至(五)项规定对交易中股权支付暂不确认有关资产的转让所得或损失的,其非股权支付仍应在交易当期确认相应的资产转让所得或损失,并调整相应资产的计税基础。

非股权支付对应的资产转让所得或损失=(被转让资产的公允价值-被转让资产的计税基础)×(非股权支付金额÷被转让资产的公允价值)

七、企业发生涉及中国境内与境外之间(包括港澳台地区)的股权和资产收购交易,除应符合本通知第五条规定的条件外,还应同时符合下列条件,才可选择适用特殊性税务处理规定:

(一)非居民企业向其100%直接控股的另一非居民企业转让其拥有的居民企业股权,没有因此造成以后该项股权转让所得预提税负担变化,且转让方非居民企业向主管税务机关书面承诺在3年(含3年)内不转让其拥有受让方非居民企业的股权;

(二)非居民企业向与其具有100%直接控股关系的居民企业转让其拥有的另一居民企业股权;

(三)居民企业以其拥有的资产或股权向其100%直接控股的非居民企业进行投资;

(四)财政部、国家税务总局核准的其他情形。

八、本通知第七条第(三)项所指的居民企业以其拥有的资产或股权向其100%直接控股关系的非居民企业进行投资,其资产或股权转让收益如选择特殊性税务处理,可以在 10 个纳税年度内均匀计入各年度应纳税所得额。

九、在企业吸收合并中,合并后的存续企业性质及适用税收优惠的条件未发生改变的,可以继续享受合并前该企业剩余期限的税收优惠,其优惠金额按存续企业合并前一年的应纳税所得额(亏损计为零)计算。

在企业存续分立中,分立后的存续企业性质及适用税收优惠的条件未发生改变的,可以继续享受分立前该企业剩余期限的税收优惠,其优惠金额按该企业分立前一年的应纳税所得额(亏损计为零)乘以分立后存续企业资产占分立前该企业全部资产的比例计算。

十、企业在重组发生前后连续 12 个月内分步对其资产、股权进行交易,应根据实质重于形式原则将上述交易作为一项企业重组交易进行处理。

十一、企业发生符合本通知规定的特殊性重组条件并选择特殊性税务处理的,当事各方应在该重组业务完成当年企业所得税年度申报时,向主管税务机关提交书面备案资料,证明其符合各类特殊性重组规定的条件。企业未按规定书面备案的,一律不得按特殊重组业务进行税务处理。

十二、对企业在重组过程中涉及的需要特别处理的企业所得税事项,由国务院财政、税务主管部门另行规定。

十三、本通知自 2008 年 1 月 1 日起执行。

财政部 国家税务总局

二〇〇九年四月三十日

附录三　破产涉税实务政策指引

税务注销办理程序

国家税务总局关于深化"放管服"改革更大力度推进优化
税务注销办理程序工作的通知

（税总发〔2019〕64号）

国家税务总局各省、自治区、直辖市和计划单列市税务局，国家税务总局驻各地特派员办事处，局内各单位：

为进一步优化税务执法方式，改善税收营商环境，根据《全国税务系统深化"放管服"改革五年工作方案（2018年—2022年）》（税总发〔2018〕199号），在落实《国家税务总局关于进一步优化办理企业税务注销程序的通知》（税总发〔2018〕149号，以下简称《通知》）要求的基础上，现就更大力度推进优化税务注销办理程序有关事项通知如下：

一、进一步扩大即办范围

（一）符合《通知》第一条第一项规定情形，即未办理过涉税事宜的纳税人，主动到税务机关办理清税的，税务机关可根据纳税人提供的营业执照即时出具清税文书。

（二）符合《通知》第一条第二项规定情形，即办理过涉税事宜但未领用发票、无欠税（滞纳金）及罚款的纳税人，主动到税务机关办理清税，资料齐全的，税务机关即时出具清税文书；资料不齐的，可采取"承诺制"容缺办理，在其作出承诺后，即时出具清税文书。

（三）经人民法院裁定宣告破产的纳税人，持人民法院终结破产程序裁定书向税务机关申请税务注销的，税务机关即时出具清税文书，按照有关规定核销"死欠"。

二、进一步简化税务注销前业务办理流程

（一）处于非正常状态纳税人在办理税务注销前，需先解除非正常状态，补办纳税申报手续。符合以下情形的，税务机关可打印相应税种和相关附

加的《批量零申报确认表》(见附件),经纳税人确认后,进行批量处理:

1.非正常状态期间增值税、消费税和相关附加需补办的申报均为零申报的;

2.非正常状态期间企业所得税月(季)度预缴需补办的申报均为零申报,且不存在弥补前期亏损情况的。

(二)纳税人办理税务注销前,无需向税务机关提出终止"委托扣款协议书"申请。税务机关办结税务注销后,委托扣款协议自动终止。

三、进一步减少证件、资料报送

对已实行实名办税的纳税人,免予提供以下证件、资料:

(一)《税务登记证》正(副)本、《临时税务登记证》正(副)本和《发票领用簿》;

(二)市场监督管理部门吊销营业执照决定原件(复印件);

(三)上级主管部门批复文件或董事会决议原件(复印件);

(四)项目完工证明、验收证明等相关文件原件(复印件)。

更大力度推进优化税务注销办理程序,是进一步贯彻落实党中央、国务院关于深化"放管服"改革、优化营商环境要求的重要举措。各地税务机关要高度重视,抓好落实,并严格按照法律、行政法规规定的程序和本通知要求办理相关事项。

本通知自 2019 年 7 月 1 日起执行。

附件:批量零申报确认表

国家税务总局

2019 年 5 月 9 日

企业破产程序涉税问题处理

河南省高级人民法院 国家税务总局河南省税务局
关于企业破产程序涉税问题处理的实施意见
(豫高法〔2021〕368 号)

为优化我省营商环境,服务经济高质量发展,提高破产案件办理效率,为困境企业重整创造条件,降低市场主体退出成本,确保税收债权依法清收,根据《中华人民共和国企业破产法》《中华人民共和国税收征收管理法》及相关法律法规,现结合我省企业破产处置工作实际,制定本实施意见。

一、破产程序中的税收债权申报

(一)申报通知。破产企业的管理人应当自债权申报公告发布之日起十五日内书面通知已知的主管税务机关申报税收债权,并向主管税务机关提交人民法院受理破产申请裁定书、指定管理人决定书,查询纳税人存续状态。无法确定主管税务机关的,管理人应当书面通知省辖市税务局,省辖市税务局应当协助管理人确定主管税务机关并告知管理人后,管理人书面通知主管税务机关。

(二)申报主体及申报内容。债务人(纳税人)的主管税务机关是破产程序中税收债权的申报主体。

主管税务机关应当就企业所欠税款(含附加费)及滞纳金、罚款以及因特别纳税调整产生的利息等税收债权进行申报。

企业所欠税款、滞纳金、罚款,以及因特别纳税调整产生的利息,以人民法院裁定受理破产申请之日为截止日计算确定。

(三)申报期限及逾期申报后果。主管税务机关接到债权申报通知后,应当在确定的债权申报期限内申报债权。

未在债权申报期限内申报的,可以在破产财产最后分配前补充申报。但此前已进行的分配,不再对其补充分配。

(四)债权登记及审查确认。管理人应当对主管税务机关提交的债权申报材料进行登记造册,详尽记载申报债权额、申报债权的证据、优先权情况、申报时间等事项,对申报的税收债权进行审查,编制债权表,供利害关系人查阅。

因企业破产程序中欠缴税款、滞纳金和罚款的债权性质和清偿顺序不同,税务机关依法受偿欠缴税款、滞纳金和罚款办理入库时,按人民法院裁判文书执行。

(五)异议处理。管理人对主管税务机关申报的债权不予认可的,应当及时向主管税务机关说明理由和法律依据。主管税务机关应当及时进行复核。经复核对管理人意见仍有异议的,应当及时向管理人提出异议并提供相应的债权计算方式和征收依据等。

管理人对主管税务机关的异议经审查后仍不予调整的,主管税务机关应当自收到管理人书面通知之日起十五日内向审理破产案件的人民法院提起债权确认之诉。

（六）积极行使表决权。主管税务机关作为债权人，应当积极参加债权人会议，依法行使表决权。

重整案件中，欠缴税款和滞纳金的债权分别编入税款债权组和普通债权组，主管税务机关应当分别行使表决权。

二、破产程序中的纳税申报

（七）及时申报。人民法院指定管理人之日起，管理人应当按照《中华人民共和国企业破产法》第二十五条的规定，代表债务人办理全部涉税事宜。

管理人经人民法院许可，为债权人利益继续营业，或者在使用、处置债务人财产过程中产生的应当由债务人缴纳的税（费），属于《中华人民共和国企业破产法》第四十一条破产费用中的"管理、变价和分配债务人财产的费用"，由管理人按期进行纳税申报，并依法由债务人的财产随时清偿。

（八）非正常户解除。债务人在人民法院裁定受理破产申请之日前被主管税务机关认定为非正常户，无法进行纳税申报、影响企业破产处置的，管理人应当及时向主管税务机关申请解除债务人非正常户状态，并提交人民法院受理破产申请裁定书、指定管理人决定书。

主管税务机关在收到管理人提交的解除债务人非正常户状态的申请书以及相关材料后，存在税收违法行为的，应当依法及时予以处理。已全面接管债务人印章和账簿、文书的，管理人应当代表债务人就破产申请受理前的非正常户期间的纳税义务向税务机关说明。未全面接管债务人印章和账簿、文书的在破产程序中管理人发现债务人在破产申请受理前的非正常户期间有纳税义务的，应当及时向税务机关报告。破产申请受理前的非正常户期间产生的罚款及应补缴的税款，由主管税务机关向管理人申报债权。申报完成后，主管税务机关应当依法解除其非正常户认定，税务机关不得要求管理人缴纳罚款。

（九）发票领用。在企业破产程序中因履行合同、处置债务人资产或者继续营业确需使用发票的，管理人可以以企业的名义按规定向主管税务机关申领开具发票或者代开发票。主管税务机关在督促管理人就新产生的纳税义务足额纳税的同时，按照有关规定满足其合理发票领用需要，不得以破产企业存在欠税情形为由拒绝。

管理人发现企业的税控设备、发票等在接管前有丢失情形的，及时向主管税务机关报备,并以企业名义按照规定办理挂失、补办等手续。

管理人应当妥善管理发票,不得发生丢失、违规开具等情形,违反《中华人民共和国发票管理办法》等法律法规的,税务机关应当按相关规定进行处理。

(十)不动产处置纳税。不动产拍卖环节的税费应在办理过户手续前依法缴纳,管理人应在拍卖款中扣除破产企业应承担的税费并纳入税务机关指定账户,买受人应向税务机关申报缴纳其应承受的税费。

三、债务人财产强制措施的处理

(十一)解除保全、中止执行。税务机关在人民法院受理破产申请前已对债务人财产采取税收保全、强制执行措施的,在人民法院裁定受理破产申请后应当依照《中华人民共和国企业破产法》第十九条之规定及时解除该保全措施,中止执行,并将债务人财产移交给管理人。

(十二)恢复保全措施。审理破产案件的人民法院在宣告破产前裁定驳回破产申请,或者依据《中华人民共和国企业破产法》第一百〇八条的规定裁定终结破产程序的,应当及时通知原已采取保全措施并已依法解除保全措施的税务机关按照原保全顺位恢复相关保全措施。在已依法解除保全的税务机关恢复保全措施或者表示不再恢复之前,审理破产案件的人民法院不得解除对债务人财产的保全措施。

四、重整企业信用修复

(十三)税务登记信息变更。实行"多证合一"后,企业在重整过程中因引进战略投资人等原因确需办理税务登记信息变更的,税务机关应当依据市场监管部门工商信息及时办理信息变更,无需至市场监督管理部门变更信息的,税务机关应当根据债务人的申请变更相关信息。

(十四)纳税信用评价。人民法院裁定批准重整计划后,企业提出信用修复申请的,税务部门应当按规定受理,根据重整计划履行纳税义务情况对企业进行纳税信用等级修复,并充分运用银行与税务机关之间的信用应用机制,将修复结果经债务人授权向相关银行开放查询。

自人民法院裁定受理破产重整申请之日起,重整企业可按规定不再参加本期信用评价;重整计划执行完毕,人民法院做出重整程序终结的裁定后,应重整企业申请,税务机关可按规定对企业重新进行纳税信用评价。按照重整计划依法受偿后仍然欠缴的滞纳金和罚款,自重整计划执行完毕时起,不再纳入《关于对重大税收违法案件当事人实施联合惩戒措施的合作备忘录(2016 版)》(发改财金〔2016〕2798 号)规定的违法行为评价指标。

(十五)未获清偿滞纳金和罚款的后续处理。按照重整计划依法受偿后仍然欠缴的滞纳金和罚款,自重整计划执行完毕时起,税务部门根据法院作出的终结重整程序裁定依法及时解除重整企业及相关当事人的有关惩戒措施,保障重整企业正常经营和后续发展。

五、破产企业税务注销

(十六)简化税务注销流程。管理人在向市场监督管理部门申请企业注销登记前应当持人民法院终结破产程序裁定书向税务机关办结税务注销手续。对于税务机关依法参与破产程序,税收债权未获完全清偿但已被人民法院宣告破产并依法终结破产程序的债务人,管理人持人民法院终结破产程序裁定书申请税务注销的,税务机关应当及时出具清税文书,按照有关规定核销欠税。

六、落实税收优惠政策

(十七)所得税税前扣除政策。对于破产企业根据资产处置结果,人民法院裁定批准或认可的重整计划、和解协议确定或形成的资产损失,依照税法规定进行资产损失扣除。主管税务机关对破产企业提交的与此有关的申请材料应快捷审查,便利办理。

(十八)破产清算程序的税收减免。依法进入破产程序的企业资产不足清偿全部或者到期债务,其房产土地闲置不用的,可以在人民法院裁定受理破产申请后,按现行规定向主管税务机关申请房产税和城镇土地使用税困难减免。

(十九)破产重整及和解税收优惠政策。破产重整涉及土地等资产变更,符合税收优惠条件的,按相关税收政策规定处理。破产企业重整过程中发生的债务重组所得,符合规定条件的,可以适用企业所得税特殊性税务处理。

七、其他事项

(二十)管理人履职保障。税务机关应当保障管理人依法履行职务。因企业公章遗失、未能接管等原因,无法在向税务机关提交的相关文书材料中加盖企业公章的,由管理人对该情况做出书面说明,加盖管理人印章办理。

(二十一)税收政策咨询。管理人为推进破产程序的需要,向主管税务机关提出税收政策咨询的,主管税务机关应当及时提供税收政策咨询服务。

管理人或债务人制定重整计划草案时,可以申请主管税务机关对重整计划草案相关内容提供税收政策咨询,主管税务机关依法予以支持。

(二十二)管理人配合义务。破产企业如有稽查、风险应对未结案或者发票相关协查、核查未完成的,破产管理人应配合税务机关完成相关调查。

八、附则

本意见在实施过程中的未尽事宜,由协商确定。

本意见自公布之日起施行。

2021 年 12 月 10 日印发

优化企业破产程序中涉税事项办理

上海市高级人民法院　国家税务总局上海市税务局
关于优化企业破产程序中涉税事项办理的实施意见
(2020 年 4 月 24 日印发实施)

为持续优化营商环境,服务经济高质量发展,提高破产案件办理效率,为困境企业重整创造条件,降低市场主体退出成本,确保税收债权依法清收,根据《中华人民共和国企业破产法》《中华人民共和国税收征收管理法》及相关法律法规,现结合本市企业破产处置工作实际,制定本实施意见。

一、优化税收征管流程

(一)办理权限

人民法院裁定受理破产申请的,其指定的管理人可持人民法院出具的受理破产申请裁定书、指定管理人决定书,以破产企业名义至主管税务机关办理相关涉税事宜。

(二)税务查询

管理人可申请查询破产企业纳税申报、税款缴纳和接受处罚等涉税信息。现场办理查询业务的,管理人可在主管税务机关办税服务厅注销清税业务专窗(专区)申请查询,主管税务机关即时予以办结,特殊情况需要延后回复的,原则上不得超过 3 个工作日。网上办理查询业务的,管理人可登录上海市电子税务局申请查询。

（三）政策咨询

税务机关为管理人提供办理破产相关税收政策的咨询服务，管理人可通过 12366 纳税服务热线、办税服务厅现场咨询室、相关税务人员等渠道对有关税收政策进行咨询。

（四）撤销非正常户认定

企业在人民法院裁定受理破产申请前被税务机关认定为非正常户的，管理人就企业逾期未申报行为补办申报，主管税务机关按规定即时办理撤销非正常户认定相关手续。

主管税务机关在税款债权申报时，如发现企业的税务登记状态为非正常户的，一并通知管理人在债权申报截至日前办理相关涉税处理事项。

（五）纳税申报

管理人据实补办人民法院裁定受理破产申请前企业未办理的纳税申报，未发现企业有应税行为的，可暂按零申报补办纳税申报。人民法院裁定受理破产申请前，企业发生税收违法行为应当给予行政处理、处罚的，主管税务机关依法做出行政处理、处罚决定，并将企业应补缴税（费）及罚款按照法律规定进行债权申报，依法受偿。

人民法院裁定受理破产申请后，经人民法院许可或债权人会议决议，企业因继续营业或者因破产财产的使用、拍卖、变现所产生的应当由企业缴纳的税（费），管理人以企业名义按规定申报纳税。相关税（费）依法按照共益债务或者破产费用，由破产财产随时清偿，主管税务机关无需另行申报债权，由管理人代为申报缴纳。

（六）发票领用

人民法院裁定受理破产申请后，企业在破产程序中因履行合同、处置债务人财产或者继续营业确需使用发票，管理人可以企业名义按规定申领、开具发票，或向主管税务机关申请代开发票，并按规定缴纳税款。

管理人发现企业的税控设备、发票等在接管前有丢失情形的，及时向主管税务机关报备，并以企业名义按照规定办理挂失、补办等手续。

（七）清算期间企业所得税处理

人民法院裁定受理破产申请后，企业终止经营活动的，应进行企业清算所得税处理。管理人可通过上海市电子税务局向主管税务机关进行清算备案，无需提交附列资料。

企业清算备案后，对于经营期内未预缴的企业所得税按规定预缴申报，并自实际经营终止之日起 60 日内,向税务机关办理当期企业所得税汇算清缴;同时,以整个清算期作为一个独立的纳税年度计算清算所得,期间不需要再进行企业所得税预缴申报,自清算结束之日起 15 日内完成清算申报。

（八）税款入库

在破产企业财产分配时,管理人持人民法院关于财产分配的裁定书到主管税务机关办理税款入库手续。

（九）税务注销

企业经人民法院裁定宣告破产的,管理人可持人民法院终结破产程序裁定书向税务机关申请企业税务注销,税务机关按照相关规定,即时出具清税文书,核销"死欠"。

主管税务机关办税服务厅设置注销清税业务专窗（专区）,受理企业破产清算注销业务,实现专人负责,一窗通办。

二、支持企业破产重整

（一）税务信息变更

企业在重整过程中因引进战略投资人等原因确需办理税务登记信息变更的,向市场监督管理部门申报办理变更登记,税务机关接收市场监督管理部门变更信息,经企业确认后即时更新相关信息。对于非市场监督管理部门登记事项,企业可直接向主管税务机关申报办理变更登记。

企业因原法定代表人犯罪等列入重大风险防控企业名单,导致企业重整时无法办理税务信息变更的,可由管理人以企业名义办理税务信息变更。

（二）纳税信用修复

人民法院裁定批准重整计划或重整计划执行完毕后,重整企业可向主管税务机关提出纳税信用修复申请。主管税务机关按规定受理,符合条件的,在 1 个工作日内完成审核,并向重整企业反馈信用修复结果。

税务机关可充分运用与银行间的纳税信用应用机制,将评价结果经重整企业授权后向相关银行开放查询。

三、落实税收优惠政策

（一）破产清算事项

依法进入破产程序的企业资产不足清偿全部或者到期债务,其房产土地闲置不用的,可以在人民法院裁定受理破产申请后,按现行规定向主管税务机关申请房产税和城镇土地使用税困难减免。

（二）破产重整及和解事项

企业在破产过程中，实施资产重组，通过合并、分立、出售、置换等方式，将全部或者部分实物资产以及与其相关联的债权、负债和劳动力一并转让给其他单位和个人，其中涉及的货物、不动产、土地使用权转让符合规定条件的，不征收增值税。

企业在破产过程中，发生重组业务，符合规定条件的，可适用企业所得税特殊性税务处理。

企业在破产过程中，符合规定条件的，可享受改制重组有关契税、土地增值税、印花税优惠政策。

四、依法清收税收债权

（一）申报税收债权

人民法院或管理人自裁定受理破产申请之日起 25 日内书面通知主管税务机关申报税收债权。

主管税务机关收到债权申报通知后 10 个工作日内，向管理人依法申报企业所欠税（费）、滞纳金、罚款，以及因特别纳税调整产生的利息，同时提供收取债权分配款的账号。企业所欠税（费）、滞纳金、罚款，以及因特别纳税调整产生的利息，以人民法院裁定受理破产申请之日为截止日计算确定。未在债权申报期限内申报的税收债权，可以在破产财产最后分配前补充申报。

（二）税收债权核对

企业对主管税务机关申报的税收债权有异议的，管理人应及时向主管税务机关反馈，主管税务机关向管理人提供异议部分税收债权的计算方式和征收依据，以便管理人核对。

五、其他涉税事项

（一）税务检查

企业进入破产程序后，税务机关一般不再启动税务检查程序，但发现重大违法线索必须查处的情形除外。

（二）强制措施

税务机关在人民法院裁定受理破产申请前已对企业财产采取强制措施的，在人民法院裁定受理破产申请后应依照《中华人民共和国企业破产法》第十九条之规定及时解除该强制措施。

人民法院裁定驳回破产申请，或者依据《中华人民共和国企业破产法》

第一百〇八条的规定裁定终结破产程序的,原已采取强制措施并已依法解除的,税务机关可按照原顺位恢复相关强制措施。

（三）管理责任

因管理人代表企业办理涉税事项时未遵守税收法律、法规,造成企业未缴或者少缴税款的,主管税务机关责令限期整改。对拒不改正或未勤勉尽责履行代企业进行纳税申报义务的管理人,主管税务机关可将有关情况通报人民法院。

六、本实施意见自发布之日起施行

进一步推进破产便利化有关事项

国家税务总局北京市税务局关于进一步推进
破产便利化 优化营商环境的公告
（2020 年第 4 号）

为持续优化营商环境,支持企业发展壮大,充分发挥破产制度在规范市场主体退出、促进资源优化配置方面的重要作用,现将有关事项公告如下。

一、破产企业信息查询专窗受理

纳税人进入破产程序后,管理人可选择登录北京市电子税务局或到办税服务厅现场办理的方式,查询债务人纳税申报、税费缴纳和接受处罚等涉税信息。

网上办理查询业务的,管理人以债务人身份登录北京市电子税务局,提交管理人法定代表人或负责人的有效身份证件,填写《涉税信息查询申请表》,申请查询。

现场办理查询业务的,管理人法定代表人或负责人应持人民法院受理破产案件的裁定书、指定管理人的决定书、本人有效身份证件的原件和复印件（原件查验后退回）,填写《涉税信息查询申请表》,到主管税务机关办税服务厅注销窗口申请查询。管理人法定代表人或负责人授权他人办理的,应持人民法院受理破产案件的裁定书、指定管理人的决定书、管理人法定代表人或负责人的有效身份证件复印件、经办人员有效身份证原件和复印件（原件查验后退回）、由管理人法定代表人或主要负责人签章的授权委托书,填写《涉税信息查询申请表》，到主管税务机关办税服务厅注销窗口申请查询。

由于特殊情况无法提供裁定书、决定书原件的，可提供复印件，但需同时出具情况说明并加盖管理人法定代表人或负责人的签章。

主管税务机关办税服务厅应当协助管理人办理查询。特殊情况需要延后回复的，原则上不得超过3个工作日。

二、简化解除非正常手续

债务人在人民法院裁定受理破产申请之日前被主管税务机关认定为非正常户，无法进行纳税申报，管理人可以持人民法院受理破产案件的裁定书、指定管理人的决定书，到主管税务机关办理解除非正常手续。

管理人应根据接管的债务人账簿资料，据实补办破产申请受理前非正常户期间的纳税申报。管理人未接管债务人账簿资料、不掌握债务人在破产申请受理前的非正常户期间的实际情况、未发现债务人有应税行为的，可暂按零申报补办纳税申报。主管税务机关依法办理非正常户解除手续。在破产程序中，管理人发现债务人在破产申请受理前的非正常户期间有纳税义务的，应当及时向税务机关据实申报。

主管税务机关应当及时将破产申请受理前的因逾期未申报产生的罚款及应补缴的税费，向管理人进行债权申报。

三、优化发票领用

人民法院指定管理人之日起，管理人应按照《中华人民共和国发票管理办法》的规定，妥善管理和使用发票。在破产程序中因履行合同、处置债务人财产或者继续营业确需使用发票的，管理人可以使用债务人的原有发票，债务人没有发票的，管理人可以企业的名义按规定向主管税务机关申领开具发票或者代开发票。

在破产程序中，发现债务人的税控设备、发票等在接管前有丢失情形的，应当及时向主管税务机关报备，按照规定进行挂失、补办等。

主管税务机关应当将因丢失税控设备、发票等产生的罚款进行债权申报。

四、优化纳税信用修复

人民法院裁定批准重整计划后，重整企业可持人民法院批准重整计划的裁定书的原件和复印件（原件查验后退回），填写《纳税信用修复申请表》，向主管税务机关税源管理所提出纳税信用修复申请。重整企业由于特殊情况无法提供裁定书原件的，可提供复印件，但需同时出具情况说明并加盖重整企业法定代表人或负责人的签章。主管税务机关税源管理所应按规定受理,在 3 个工作日内完成审核,并向重整企业反馈信用修复结果。

重整计划执行完毕,重整企业可持人民法院批准重整计划的裁定书、重整计划、管理人出具的监督报告的原件和复印件(原件查验后退回),向主管税务机关税源管理所提出申请。重整企业由于特殊情况无法提供裁定书、重整计划、监督报告的,可提供复印件,但需同时出具情况说明并加盖重整企业法定代表人或负责人的签章。主管税务机关税源管理所应在 3 个工作日内重新评价重整企业的纳税信用级别,并向重整企业反馈信用修复结果。

税务机关可充分运用与银行间的纳税信用应用机制,将评价结果经重整企业授权后向相关银行开放查询。

五、优化税务注销程序

管理人在向市场监督管理部门申请企业注销登记前应当持人民法院终结破产程序裁定书向税务机关办结税务注销手续,税务机关应即时出具清税文书,予以税务注销,并按照有关规定核销"死欠"。

各区(地区)税务局办税服务厅的注销窗口负责企业破产清算业务,实现专窗受理,专人负责,一窗通办。

六、依法给予税收政策支持

在法院裁定受理破产申请后,企业终止经营活动的,应进行企业所得税的清算,以整个清算期间作为一个独立的纳税年度,计算清算所得并进行清算所得税申报。管理人应对清算事项按规定报主管税务机关备案。

破产企业重整、和解过程中发生的债务重组所得,符合规定条件的,可以适用特殊性税务处理。

进入破产程序的纳税人提出房产税、城镇土地使用税减免税申请的,房产税由税务机关核实情况、提出处理意见并报市政府批准减征或免征;城镇土地使用税由区(地区)税务机关依法核准。

七、限时办结债权申报

管理人应当在接受人民法院指定后,书面通知国家税务总局北京市税务局,由国家税务总局北京市税务局接收并向各区(地区)税务局、各相关派出机构转送申报税收债权的通知。

税务机关应当自收到管理人的债权申报通知之日起 15 个工作日内,向管理人申报企业所欠税费、滞纳金及罚款。因特别纳税调整产生的利息,也应一并申报。

税务机关申报税务债权时,应当列明所申报债权的税(费)种、税率(征收率)、性质以及计算依据。

通过邮寄方式的,接收和申报日期均以邮戳日期为准。

八、本公告自发布之日施行。

特此公告。

国家税务总局北京市税务局

2020 年 4 月 3 日

支持破产便利化行动有关措施

国家税务总局浙江省税务局关于支持破产便利化行动
有关措施的通知
(浙税发〔2019〕87 号)

国家税务总局浙江省各市、县(市、区)税务局,省局局内各单位:

为全面落实《浙江省优化营商环境 办理破产便利化行动方案》(浙高法〔2019〕139 号),发挥税收职能作用,推动破产便利化行动,优化营商环境,现就全省税务系统做好破产便利化行动税收支持工作通知如下:

一、进入破产程序的企业可申请非正常户暂时解除

已经被认定为非正常户的纳税人进入破产程序后,管理人可以凭人民法院受理破产案件的裁定书、指定管理人的决定书,向主管税务机关申请非正常户暂时解除。税务机关在税收征收管理系统中作"受理破产"标识后可对未办结事项进行处理,已经形成的欠税在解除非正常户状态时可暂不处理。对人民法院受理破产案件前发生的税收违法行为应当给予行政处罚的,税务机关应当依法作出行政处罚决定,将罚款及应补缴的税款按照《企业破产法》和最高人民法院的有关规定进行债权申报、依法受偿和相关后续处理。

二、对进入破产程序企业的发票供应

在企业破产程序中因履行合同、处置财产或者继续营业确需使用发票的,管理人可以纳税人名义到主管税务机关申领发票。税务机关对历史欠税尚未清偿的破产企业应严格控制发票供应量,并督促纳税人就新产生的

纳税义务足额纳税。

三、酌情给予有关地方税收政策支持

依法进入破产程序的纳税人纳税确有困难的,税务机关可以应管理人的申请,按照《房产税暂行条例》第六条和《城镇土地使用税暂行条例》第七条的规定,酌情减免其房产税和城镇土地使用税。对于从事国家限制或不鼓励发展的产业的纳税人,不予办理房产税和城镇土地使用税的困难减免。

四、税款和滞纳金受偿顺序可按人民法院裁判文书执行

因企业破产程序中欠缴税款和滞纳金的债权性质和清偿顺序不同,税务机关依法受偿欠缴税款和滞纳金办理入库时,可按人民法院裁判文书执行。

五、推进破产清算终结后的税务注销便利化

管理人在向市场监督管理部门申请企业注销登记前应当持破产终结裁定书向税务部门办结税务注销手续。对于税务机关依法参与破产程序,税收债权未获完全清偿但已被法院宣告破产并依法终结破产清算程序的纳税人,管理人持人民法院终结破产程序裁定书申请税务注销的,税务机关应当按照有关规定核销"死欠"后,即时予以税务注销。

六、支持破产重整企业纳税信用修复

重整计划执行完毕后,应重整企业申请,税务机关可参照"新设立企业"对其纳税信用等级进行重新评定。按照重整计划依法受偿后仍然欠缴的滞纳金和罚款,自重整计划执行完毕时起,可不再纳入《关于对重大税收违法案件当事人实施联合惩戒措施的合作备忘录(2016 版)》(发改财金〔2016〕2798 号)规定的违法行为评价指标,依法及时解除重整企业及相关当事人的惩戒措施,保障重整企业正常经营和后续发展。

国家税务总局浙江省税务局

2019 年 9 月 30 日

企业破产程序涉税事项操作指引（试行）

企业破产程序涉税事项操作指引（试行）
国家税务总局重庆市税务局
2021 年 10 月

序言

为持续优化税收营商环境,规范破产企业涉税问题处理,保障纳税人合法权益,国家税务总局重庆市税务局依据《中华人民共和国企业破产法》《中华人民共和国税收征管法》等法律法规,以及《重庆市高级人民法院 国家税务总局重庆市税务局关于企业破产程序涉税问题处理的实施意见》等文件精神,经与重庆市破产法庭深入交流研讨,编制了《企业破产程序涉税事项操作指引（试行）》。

本指引聚焦企业破产程序涉税问题处理的重点环节,从纳税人的角度,在现行法律法规与政策框架下,全过程梳理涉税问题。对破产企业涉税信息查询、办理纳税申报、税收债权确认、撤销非正常户认定、发票及税控设备挂失补办、发票领用开具、重整企业纳税信用修复、税务登记信息变更、税收黑名单撤出、清算期间企业所得税处理、破产企业税务登记注销等重点涉税事项进行提示。对增值税、企业所得税、土地增值税、房产税、城镇土地使用税、印花税、契税等重点税收优惠政策及各环节业务概述、法律政策依据、需提供材料、办理时限、办理流程进行梳理,为全市纳税人高效处理破产涉税事宜提供便利。

本指引归集的政策截止日期为 2021 年 10 月。基层税务机关在工作中遇到问题,请及时向市局政策法规处反馈。市局将根据相关法律法规、征管实际等对指引进行动态更新,不断修订完善。

人民法院裁定受理破产申请

25日内

管理人通知税务机关
进行税费债权申报

管理人代企业办理未完结
涉税事项(1.非正常户解除;
2.解除保全、中止执行;
3.发票办理)

税务机关在规定时间内进行
税费债权申报、书面函告管
理人者债务人出现破产法第
六十九条规定的情形,要及
时回复税务机关

涉税信息
税务查询

清算期间企业所得税
事项处理

税务机关对办理未完结涉税
事项中产生的债权

管理人向主管税务
机关进行清算备案

债券补充申报

参加债权人会议

60日内

履行未履行完毕
的合同、继续营
业、处置财产

办理当期企业所得税
汇算清缴

产生的税费按照
共益债务或者破
产费用,由破产
财产随时清偿

宣告破产

重整失败

重整

和解

以整个清算期作为一
个独立的纳税年度计
算清算所得

破产清算

税收入库

管理人可以代企业申请
享受重组、改制相关税
收优惠政策

15日内

规定破产
程序终结

管理人向税务机关
办理清算申报

"死欠"核销

符合条件的完成纳税
信用修复、提前撤出
"黑名单"

变更税务
信息

税务登记
注销

债权审核意见

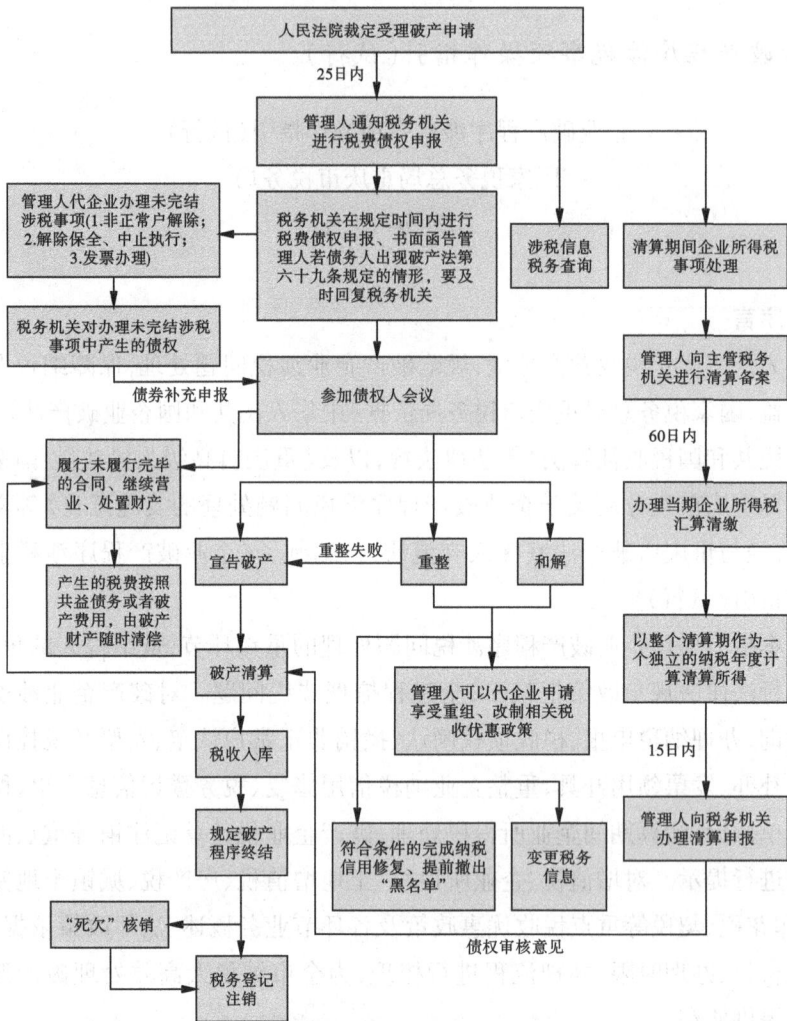

图 1 企业破产程序涉税事项办理流程图

一、破产企业涉税信息查询

【业务概述】

管理人可申请查询破产企业纳税申报、税款缴纳和税务行政处罚等涉税信息。现场办理查询业务的,管理人可在主管税务机关办税服务厅(室)注销清税业务专窗(专区)申请查询,经实名认证的管理人可通过电子税务局查询。

【办理依据】

《中华人民共和国税收征收管理法》

《中华人民共和国企业破产法》

《国家税务总局关于发布〈涉税信息查询管理办法〉的公告》（国家税务总局公告 2016 年第 41 号）

【需提供资料】

1. 人民法院受理破产申请的裁定书复印件；

2. 人民法院指定管理人决定书；

3. 管理人授权委托人员有效身份证件的原件和复印件。

【办理时限】

即时办结

【办理地点】

主管税务机关税务所

【办理提示】

1. 管理人授权委托人员有效身份证件具体是指：管理人为清算组或中介机构的，提供管理人《授权委托书》及被委托办税人员身份证件；管理人为个人的，提供身份证件。

2. 管理人提供的各项资料为复印件的，均需注明"与原件一致"并签章。

3. 管理人对报送材料的真实性和合法性承担责任。

4. 管理人使用符合电子签名法规定条件的电子签名，与手写签名或者盖章具有同等法律效力。

二、办理纳税申报

【业务概述】

管理人应当据实补办人民法院裁定受理破产申请前企业未办理的纳税申报，未发现企业有应税行为的，可暂按零申报补办纳税申报。

如管理人知悉、掌握破产企业应报未报应税收入或涉嫌少报漏报错报导致少计税款的，应及时告知主管税务机关并进行相应纳税申报。

人民法院裁定受理破产申请后，经人民法院许可或债权人会议决议，企业因继续营业或者因破产财产的使用、拍卖、变现所产生的应当由企业缴纳的税（费），管理人应当以企业名义依法申报缴纳税款。

处置破产企业财产时，如约定产生的税（费）由买受人负担的，破产企业的法定纳税义务不因任何与买受人的税（费）负担约定而免除，管理人应及时代表破产企业履行纳税申报和缴纳义务。

管理人应当全面准确核查企业的财产状况，并依法按期申报房产税、城镇土地使用税等。

对企业财产进行变价的,管理人应当与买受人共同及时办理产权转移手续。

【办理依据】

《中华人民共和国税收征收管理法》

《国家税务总局关于税收征管若干事项的公告》(2019 年第 48 号)

《重庆市高级人民法院 国家税务总局重庆市税务局关于企业破产程序涉税问题处理的实施意见》(渝高法〔2020〕24 号)

【需提供资料】

1. 人民法院受理破产申请的裁定书、指定管理人的决定书、管理人授权委托人员有效身份证件的原件和复印件(若办税人员已采集实名信息的,可不提供);

2. 相关税种纳税申报表。

【办理时限】

即时办结

【办理地点】

主管税务机关税务所、电子税务局

【办理提示】

1. 管理人授权委托人员有效身份证件具体是指:管理人为清算组或中介机构的,提供管理人《授权委托书》及被委托办税人员身份证件;管理人为个人的,提供身份证件。

2. 申报文书表单可在重庆市税务局网站"下载中心"栏目查询下载或到办税服务厅(室)领取。

3. 管理人违反税收法律、行政法规,未及时申报造成纳税人不缴或者少缴税款的,由主管税务机关责令限期改正,拒不改正的,由主管税务机关依法处理。

4. 管理人提供的各项资料为复印件的,均需注明"与原件一致"并签章。

5. 管理人对报送材料的真实性和合法性承担责任。

三、税收债权确认

【业务概述】

审理破产案件的人民法院指定的管理人应当自裁定受理破产申请之日起二十五日内书面通知已知的主管税务机关申报税收债权。无法确定主管税务机关的,人民法院或者管理人可以书面通知重庆市税务局协助确定主管税务机关。

在向管理人申报税(费)债权时发现破产企业存在未完结稽查案件的,根据稽查案件查办情况在确定的债权申报期限内向管理人申报税费债权。未在债权申报期限内申报的,可以在破产财产最后分配前补充申报。但此前已进行的分配,不再对其补充分配。

申报债权前,税务机关发现破产企业既有欠税又有多缴税款并按照《企业破产法》第四十条规定向管理人书面申请行使抵销权的,管理人应及时审查并依法协助税务机关将多缴税款直接抵缴欠税;或先办理同等金额欠缴税款的入库手续,再申请税务机关退还多缴税款。

管理人对主管税务机关申报的债权不予认可的,应当及时向主管税务机关说明理由和法律依据,要求主管税务机关及时进行复核。经复核仍有异议的,应当及时向管理人提出异议并提供相应的债权计算方式和征收依据等。管理人对主管税务机关的异议经审查后仍不予调整的,应当告知主管税务机关自收到管理人书面通知之日起十五日内向审理破产案件的人民法院提起债权确认之诉。

【办理依据】

《中华人民共和国企业破产法》

《税务稽查案件办理程序规定》(国家税务总局令第 52 号)

《重庆市高级人民法院 国家税务总局重庆市税务局关于企业破产程序涉税问题处理的实施意见》(渝高法〔2020〕24 号)

【需提供资料】

1. 人民法院受理破产申请的裁定书、指定管理人的决定书、管理人授权委托人员有效身份证件的原件和复印件(若办税人员已采集实名信息的,可不提供);

2. 相关破产申报通知文书。

【办理时限】

及时办结

【办理地点】

主管税务机关税务所

【办理提示】

1. 管理人授权委托人员有效身份证件具体是指:管理人为清算组或中

介机构的,提供管理人《授权委托书》及被委托办税人员身份证件;管理人为个人的,提供身份证件。

2.申报文书表单可在重庆市税务局网站"下载中心"栏目查询下载或到办税服务厅(室)领取。

3.管理人提供的各项资料为复印件的,均需注明"与原件一致"并签章。

4.管理人对报送材料的真实性和合法性承担责任。

四、撤销非正常户认定

【业务概述】

管理人可以代破产企业办理撤销非正常户认定等相关事项。

【办理依据】

《国家税务总局关于税收征管若干事项的公告》(国家税务总局公告2019年第48号)

《重庆市高级人民法院 国家税务总局重庆市税务局关于企业破产程序涉税问题处理的实施意见》(渝高法〔2020〕24号)

【需提供资料】

1.人民法院受理破产申请的裁定书、指定管理人的决定书、管理人授权委托人员有效身份证件的原件和复印件(若办税人员已采集实名信息的,可不提供);

2.相关税种纳税申报表。

【办理时限】

即时办结

【办理地点】

主管税务机关税务所

【办理提示】

1.被税务机关认定为非正常户的破产企业,就其逾期申报行为接受处理并补办纳税申报的,可恢复正常状态。破产申请受理前的非正常户期间产生的罚款及应补缴的税款,由主管税务机关向管理人申报债权。申报完成后,主管税务机关依法解除其非正常户认定。

2.管理人未全面接管债务人印章和账簿、文书的,应当向主管税务机关提交书面说明,并同时将说明送交人民法院备案。

3.管理人授权委托人员有效身份证件具体是指:管理人为清算组或中介机构的,提供管理人《授权委托书》及被委托办税人员身份证件;管理人为个人的,提供身份证件。

4.申报文书表单可在重庆市税务局网站"下载中心"栏目查询下载或到办税服务厅(室)领取。

5.管理人提供的各项资料为复印件的,均需注明"与原件一致"并签章。

6.管理人对报送材料的真实性和合法性承担责任。

五、发票、税控设备挂失、补办

【业务概述】

管理人发现企业的税控设备、发票等在破产申请受理前有丢失情形的,及时向主管税务机关报备,并以企业名义按照规定办理挂失、补办等手续。

【办理依据】

《中华人民共和国发票管理办法》

《中华人民共和国发票管理办法实施细则》

《增值税防伪税控系统管理办法》(国税发〔1999〕221 号印发)

【需提供资料】

1.人民法院受理破产申请的裁定书、指定管理人的决定书、管理人授权委托人员有效身份证件的原件和复印件(若办税人员已采集实名信息的,可不提供)

2.《发票挂失/损毁报告表》

3.《丢失、被盗金税卡情况表》

【办理时限】

即时办结

【办理地点】

主管税务机关办税服务厅(室)

【办理提示】

1.管理人授权委托人员有效身份证件具体是指:管理人为清算组或中介机构的,提供管理人《授权委托书》及被委托办税人员身份证件;管理人为个人的,提供身份证件。

2.申报文书表单可在重庆市税务局网站"下载中心"栏目查询下载或到办税服务厅(室)领取。

3.管理人提供的各项资料为复印件的,均需注明"与原件一致"并签章。

4.破产企业违反发票管理规定的,税务机关按照规定进行处理。

5.破产企业使用的税控盘、金税盘、报税盘等税控专用设备丢失、被盗,应及时向主管税务机关报告。

6.管理人对报送材料的真实性和合法性承担责任。

六、发票开具

【业务概述】

人民法院裁定受理破产申请后,企业在破产程序中因履行合同、处置债务人财产或者继续营业等确需使用发票,管理人可以企业名义按规定申领、开具发票或者向主管税务机关申请代开发票,并按规定缴纳税款。

【办理依据】

《中华人民共和国发票管理办法》

《中华人民共和国发票管理办法实施细则》

《国家税务总局关于税收征管若干事项的公告》(国家税务总局公告2019 年第 48 号)

《重庆市高级人民法院 国家税务总局重庆市税务局关于企业破产程序涉税问题处理的实施意见》(渝高法〔2020〕24 号)

【需提供资料】

1.人民法院受理破产申请的裁定书、指定管理人的决定书、管理人授权委托人员有效身份证件的原件和复印件(若办税人员已采集实名信息的,可不提供);

2.税控专用设备;

3.《代开增值税发票税款缴纳申报单》。

【办理时限】

即时办结

【办理地点】

主管税务机关办税服务厅(室)

【办理提示】

1.管理人授权委托人员有效身份证件具体是指:管理人为清算组或中介机构的,提供管理人《授权委托书》及被委托办税人员身份证件;管理人为个人的,提供身份证件。

2.申报文书表单可在重庆市税务局网站"下载中心"栏目查询下载或到办税服务厅(室)领取。

3.管理人提供的各项资料为复印件的,均需注明"与原件一致"并签章。

4.破产企业为一般纳税人的,管理人应当以企业名义按规定自行开具发票。

5. 管理人应当妥善管理发票,不得发生丢失、违规开具等情形,违反《中华人民共和国发票管理办法》等法律法规的,应当接受税务机关的相关处理。

6. 管理人对报送材料的真实性和合法性承担责任。

七、税费优惠政策享受

(一)增值税优惠政策

【业务概述】

企业在破产过程中,实施资产重组,通过合并、分立、出售、置换等方式,将全部或者部分实物资产以及与其相关联的债权、负债和劳动力一并转让给其他单位和个人,其中涉及的货物、不动产、土地使用权转让符合规定条件的,不征收增值税。

【办理依据】

《国家税务总局关于纳税人资产重组有关增值税问题的公告》(国家税务总局公告 2011 年第 13 号)

《财政部 国家税务总局关于全面推开营业税改征增值税试点的通知》(财税〔2016〕36 号)

【需提供资料】

无

【办理提示】

1. 符合条件的企业可自行享受该政策;

2. 相关税收政策如有变化的,从其规定。

(二)房产税、城镇土地使用税优惠政策

【业务概述】

依法进入破产程序的企业资产不足清偿全部或者到期债务,其房产土地闲置不用的,或纳税确有困难的,可以在人民法院裁定受理破产申请后,按现行规定向主管税务机关申请房产税和城镇土地使用税困难减免。

【办理依据】

《重庆市高级人民法院 国家税务总局重庆市税务局关于企业破产程序涉税问题处理的实施意见》(渝高法〔2020〕24 号)

《重庆市地方税务局关于房产税、城镇土地使用税困难减免税和资源税重大损失减免税有关问题的公告》(重庆市地方税务局公告 2014 年第 11 号)

【需提供资料】

1.纳税人减免税申请核准表;

2.人民法院出具的受理破产申请裁定书、指定管理人决定书和房产、土地闲置不用的说明(包括未从事生产经营活动、未将房产、土地出租给他人使用的情形等)。

【办理时限】

按规定时限办理

【办理地点】

主管税务机关办税服务厅(室)、电子税务局

【办理提示】

1.管理人提供的各项资料为复印件的,均需注明"与原件一致"并签章。

2.符合税收优惠条件的破产企业,在减税、免税期间,应按规定办理纳税申报,填写申报表及其附表上的优惠栏目。

3.管理人对报送材料的真实性和合法性承担责任。

4.管理人使用符合电子签名法规定条件的电子签名,与手写签名或者盖章具有同等法律效力。

5.相关税收政策如有变化的,从其规定。

(三)土地增值税优惠政策

【业务概述】

企业在破产过程中,符合规定条件的,可享受改制重组有关土地增值税优惠政策。

【办理依据】

《财政部 税务总局关于继续实施企业改制重组有关土地增值税政策的公告》(财政部 税务总局公告 2021 年第 21 号)

【需提供资料】

1.房地产转移双方营业执照;

2.改制重组协议或等效文件;

3.相关房地产权属和价值证明;

4.转让方改制重组前取得土地使用权所支付地价款的凭据(复印件)等。

【办理时限】

按规定时限办理

【办理地点】

主管税务机关

【办理提示】

1. 管理人对报送材料的真实性和合法性承担责任。

2. 管理人提供的各项资料为复印件的,均需注明"与原件一致"并签章。

3. 相关税收政策如有变化的,从其规定。

(四)印花税优惠政策

【业务概述】

企业在破产过程中,符合规定条件的,可享受改制重组有关印花税优惠政策。

【办理依据】

《财政部 国家税务总局关于企业改制过程中有关印花税政策的通知》(财税〔2003〕183 号)

【需提供资料】

企业改制相关资料

【办理时限】

按规定时限办理

【办理地点】

主管税务机关办税服务厅(室)、电子税务局

【办理提示】

1. 管理人对报送材料的真实性和合法性承担责任。

2. 管理人使用符合电子签名法规定条件的电子签名,与手写签名或盖章具有同等法律效力。

3. 管理人提供的各项资料为复印件的,均需注明"与原件一致"并签章。

4. 相关税收政策如有变化的,从其规定。

(五)契税优惠政策

【业务概述】

企业在破产过程中,符合规定条件的,可享受改制重组有关契税优惠政策。

【办理依据】

《财政部 税务总局关于继续执行企业事业单位改制重组有关契税政策的公告》(财政部 税务总局公告 2021 年第 17 号)

【需提供资料】

1. 公司合并后承受原公司土地、房屋权属免征契税,应报送:

(1)批准重整计划或者认可和解协议的裁定书等相关材料原件及复印件(原件查验后退回);

(2)改制前后的投资情况相关材料。

2. 公司分立后承受原公司土地、房屋权属免征契税,应报送:

(1)批准重整计划或者认可和解协议的裁定书等相关材料原件及复印件(原件查验后退回);

(2)改制前后的投资情况相关材料。

3. 企业破产承受破产企业抵偿债务的土地、房屋权属减征或免征契税,应报送:

(1)批准重整计划或者认可和解协议的裁定书等相关材料原件及复印件(原件查验后退回);

(2)债权人债务情况的相关材料原件及复印件(原件查验后退回)。(债权人提供);

(3)非债权人妥善安置原企业职工,签订服务年限不少于三年的劳动用工合同相关材料原件及复印件(原件查验后退回)。(非债权人提供)

4. 承受同一投资主体内部划转土地、房屋权属免征契税,应报送:

同一投资主体内部所属企业之间土地、房屋权属划转的相关材料原件及复印件(原件查验后退回)。

5. 子公司承受母公司增资土地、房屋权属免征契税,应报送:

母公司以土地、房屋权属向其全资子公司增资(视同划转)的相关材料原件及复印件(原件查验后退回)。

6. 债权转股权后新设公司承受原企业的土地、房屋权属免征契税,应报送:

(1)国务院批准实施债权转股权相关文件原件及复印件(原件查验后退回);

(2)改制前后的投资情况的相关材料。

【办理时限】

按规定时限办理

【办理地点】

主管税务机关办税服务厅(室)(各区不动产交易中心)

【办理提示】

1. 管理人对报送材料的真实性和合法性承担责任。

2. 管理人提供的各项资料为复印件的,均需注明"与原件一致"并签章。

3. 符合税收优惠条件的破产企业,在减税、免税期间,应按规定办理纳税申报,填写申报表及其附表上的优惠栏目。

4. 相关税收政策如有变化的,从其规定。

（六）企业所得税优惠政策

【业务概述】

企业在破产过程中,发生重组业务,符合规定条件的,可适用企业所得税特殊性税务处理。

【办理依据】

《财政部 国家税务总局关于企业重组业务企业所得税处理若干问题的通知》(财税〔2009〕59 号)

《国家税务总局关于发布〈企业重组业务企业所得税管理办法〉的公告》(国家税务总局公告 2010 年第 4 号)

《国家税务总局关于企业重组业务企业所得税征收管理若干问题的公告》(国家税务总局公告 2015 年第 48 号)

【需提供资料】

1. 债务重组

（1）债务重组的总体情况说明,包括债务重组方案、基本情况、债务重组所产生的应纳税所得额,并逐条说明债务重组的商业目的;以非货币资产清偿债务的,还应包括企业当年应纳税所得额情况;

（2）清偿债务或债权转股权的合同(协议)或法院裁定书,需有权部门(包括内部和外部)批准的,应提供批准文件;

（3）债权转股权的,提供相关股权评估报告或其他公允价值证明;以非货币资产清偿债务的,提供相关资产评估报告或其他公允价值证明;

（4）重组当事各方一致选择特殊性税务处理并加盖当事各方公章的证明资料;

（5）债权转股权的,还应提供工商管理部门等有权机关登记的相关企业股权变更事项的证明材料,以及债权人 12 个月内不转让所取得股权的承诺书;

（6）重组前连续 12 个月内有无与该重组相关的其他股权、资产交易,与

该重组是否构成分步交易、是否作为一项企业重组业务进行处理情况的说明;

(7)按会计准则规定当期应确认资产(股权)转让损益的,应提供按税法规定核算的资产(股权)计税基础与按会计准则规定核算的相关资产(股权)账面价值的暂时性差异专项说明;

(8)《企业重组所得税特殊性税务处理报告表及附表》。

2. 股权收购

(1)股权收购业务总体情况说明,包括股权收购方案、基本情况,并逐条说明股权收购的商业目的;

(2)股权收购业务合同(协议),需有权部门(包括内部和外部)批准的,应提供批准文件;

(3)相关股权评估报告或其他公允价值证明;

(4)12个月内不改变重组资产原来的实质性经营活动、原主要股东不转让所取得股权的承诺书;

(5)工商管理部门等有权机关登记的相关企业股权变更事项的证明材料;

(6)重组当事各方一致选择特殊性税务处理并加盖当事各方公章的证明资料;

(7)涉及非货币性资产支付的,应提供非货币性资产评估报告或其他公允价值证明;

(8)重组前连续12个月内有无与该重组相关的其他股权、资产交易,与该重组是否构成分步交易、是否作为一项企业重组业务进行处理情况的说明;

(9)按会计准则规定当期应确认资产(股权)转让损益的,应提供按税法规定核算的资产(股权)计税基础与按会计准则规定核算的相关资产(股权)账面价值的暂时性差异专项说明。

(10)《企业重组所得税特殊性税务处理报告表及附表》

3. 资产收购

(1)资产收购业务总体情况说明,包括资产收购方案、基本情况,并逐条说明资产收购的商业目的;

(2)资产收购业务合同(协议),需有权部门(包括内部和外部)批准的,应提供批准文件;

（3）相关资产评估报告或其他公允价值证明；

（4）被收购资产原计税基础的证明；

（5）12个月内不改变资产原来的实质性经营活动、原主要股东不转让所取得股权的承诺书；

（6）工商管理部门等有权机关登记的相关企业股权变更事项的证明材料；

（7）重组当事各方一致选择特殊性税务处理并加盖当事各方公章的证明资料；

（8）涉及非货币性资产支付的，应提供非货币性资产评估报告或其他公允价值证明；

（9）重组前连续12个月内有无与该重组相关的其他股权、资产交易，与该重组是否构成分步交易、是否作为一项企业重组业务进行处理情况的说明；

（10）按会计准则规定当期应确认资产（股权）转让损益的，应提供按税法规定核算的资产（股权）计税基础与按会计准则规定核算的相关资产（股权）账面价值的暂时性差异专项说明；

（11）《企业重组所得税特殊性税务处理报告表及附表》。

4.合并

（1）企业合并的总体情况说明，包括合并方案、基本情况，并逐条说明企业合并的商业目的；

（2）企业合并协议或决议，需有权部门（包括内部和外部）批准的，应提供批准文件；

（3）企业合并当事各方的股权关系说明，若属同一控制下且不需支付对价的合并，还需提供在企业合并前，参与合并各方受最终控制方的控制在12个月以上的证明材料；

（4）被合并企业净资产、各单项资产和负债的账面价值和计税基础等相关资料；

（5）12个月内不改变资产原来的实质性经营活动、原主要股东不转让所取得股权的承诺书；

（6）工商管理部门等有权机关登记的相关企业股权变更事项的证明材料；

（7）合并企业承继被合并企业相关所得税事项（包括尚未确认的资产损

失、分期确认收入和尚未享受期满的税收优惠政策等)情况说明;

(8)涉及可由合并企业弥补被合并企业亏损的,需要提供其合并日净资产公允价值证明材料及主管税务机关确认的亏损弥补情况说明;

(9)重组当事各方一致选择特殊性税务处理并加盖当事各方公章的证明资料;

(10)涉及非货币性资产支付的,应提供非货币性资产评估报告或其他公允价值证明;

(11)重组前连续12个月内有无与该重组相关的其他股权、资产交易,与该重组是否构成分步交易、是否作为一项企业重组业务进行处理情况的说明;

(12)按会计准则规定当期应确认资产(股权)转让损益的,应提供按税法规定核算的资产(股权)计税基础与按会计准则规定核算的相关资产(股权)账面价值的暂时性差异专项说明;

(13)《企业重组所得税特殊性税务处理报告表及附表》。

5.分立

(1)企业分立的总体情况说明,包括分立方案、基本情况,并逐条说明企业分立的商业目的;

(2)被分立企业董事会、股东会(股东大会)关于企业分立的决议,需有权部门(包括内部和外部)批准的,应提供批准文件;

(3)被分立企业的净资产、各单项资产和负债账面价值和计税基础等相关资料;

(4)12个月内不改变资产原来的实质性经营活动、原主要股东不转让所取得股权的承诺书;

(5)工商管理部门等有权机关认定的分立和被分立企业股东股权比例证明材料;分立后,分立和被分立企业工商营业执照复印件;

(6)重组当事各方一致选择特殊性税务处理并加盖当事各方公章的证明资料;

(7)涉及非货币性资产支付的,应提供非货币性资产评估报告或其他公允价值证明;

(8)分立企业承继被分立企业所分立资产相关所得税事项(包括尚未确认的资产损失、分期确认收入和尚未享受期满的税收优惠政策等)情况说明;

(9)若被分立企业尚有未超过法定弥补期限的亏损,应提供亏损弥补情况说明、被分立企业重组前净资产和分立资产公允价值的证明材料;

(10)重组前连续 12 个月内有无与该重组相关的其他股权、资产交易,与该重组是否构成分步交易、是否作为一项企业重组业务进行处理情况的说明;

(11)按会计准则规定当期应确认资产(股权)转让损益的,应提供按税法规定核算的资产(股权)计税基础与按会计准则规定核算的相关资产(股权)账面价值的暂时性差异专项说明;

(12)《企业重组所得税特殊性税务处理报告表及附表》。

【办理时限】

重组业务完成当年所属期汇算清缴期结束前

【办理地点】

主管税务机关办税服务厅(室)

【办理提示】

1.管理人对报送材料的真实性和合法性承担责任。

2.管理人提供的各项资料为复印件的,均需注明"与原件一致"并签章。

3.相关税收政策如有变化的,从其规定。

八、修复重整企业纳税信用

【业务概述】

人民法院出具的批准重整计划、和解协议裁定书或者重整计划执行完毕后,重整企业可向主管税务机关提出纳税信用修复申请。

【办理依据】

《国家税务总局关于纳税信用修复有关事项的公告》(国家税务总局公告 2019 年第 37 号)

《重庆市高级人民法院 国家税务总局重庆市税务局关于企业破产程序涉税问题处理的实施意见》(渝高法〔2020〕24 号)

【需提供资料】

纳税信用修复申请表

【办理时限】

按规定时限办理

【办理地点】

主管税务机关

【办理提示】

1. 文书表单可在重庆市税务局网站"下载中心"栏目查询下载。

2. 需向主管税务机关提出纳税信用修复申请的纳税人应同时对纠正失信行为的真实性做出承诺。

3. 纳税信用修复完成后,纳税人按照修复后的纳税信用级别适用相应的税收政策和管理服务措施,之前已适用的税收政策和管理服务措施不作追溯调整。

4. 纳税人对报送材料的真实性和合法性承担责任。

九、税收黑名单撤出

【业务概述】

破产重整过程中,企业或管理人就重大税收违法失信案件信息公布向主管税务局稽查局提出异议或提起提前撤出的申请,经主管税务局稽查局、市局稽查局按照《重大税收违法失信案件信息公布办法》等相关政策文件进行审核确认或审批,停止公布并从公告栏中撤出。

【办理依据】

《国家税务总局关于发布〈重大税收违法失信案件信息公布办法〉的公告》(国家税务总局公告 2018 年第 54 号)

《国家税务总局关于纳税信用修复有关事项的公告》(国家税务总局公告 2019 年第 37 号)

【需提供资料】

1. 撤出重大税收违法案件信息公布申请;

2. 破产企业或管理人提交相关证明材料

(1)缴清税款类提前撤出,按照国家税务总局公告〔2019〕37 号公告办理,破产企业及其管理人无须提供资料;

(2)异议处理类提前撤出,企业或者管理人能够证明身份信息被冒用的佐证材料,包括但不限于证件丢失报警回执、法院生效判决或裁定、专业机构笔迹鉴定报告、市场监管部门撤销登记决定书及地市级以上报刊刊登的遗失证明;

(3)"六稳六保"类提前撤出,提交《信用修复申请书》《信用承诺书》。

【办理时限】

经税务机关审核通过后及时予以撤出。

【办理地点】

主管税务局稽查局。

十、变更税务登记信息

【业务概述】

企业在重整过程中因引进战略投资人等原因确需办理税务登记信息变更的,向市场监督管理部门申报办理变更登记,税务机关接收市场监督管理部门变更信息,经企业确认后即时更新相关信息。对于非市场监督管理部门登记事项,企业可直接向主管税务机关申报办理变更登记。

【办理依据】

《国务院办公厅关于加快推进"三证合一"登记制度改革的意见》(国办发〔2015〕50 号)

《工商总局等六部门关于贯彻落实〈国务院办公厅关于加快推进"三证合一"登记制度改革的意见〉的通知》(工商企注字〔2015〕121 号)

《工商总局 税务总局关于做好"三证合一"有关工作衔接的通知》(工商企注字〔2015〕147 号)

《重庆市高级人民法院 国家税务总局重庆市税务局关于企业破产程序涉税问题处理的实施意见》(渝高法〔2020〕24 号)

【需提供资料】

1. 办税人员身份证原件;

2. 人民法院受理破产案件的裁定书、指定管理人的决定书、管理人授权委托人员有效身份证件的原件和复印件(若办税人员已采集实名信息的,可不提供);

3. 变更信息有关证明材料(非市场监管部门登记信息变化)。

【办理时限】

即时办结。

【办理地点】

主管税务机关办税服务厅(室)

【办理提示】

1. 管理人授权委托人员有效身份证件具体是指:管理人为清算组或中介机构的,提供管理人《授权委托书》及被委托办税人员身份证件;管理人为个人的,提供身份证件。

2. 办税人员提供的各项资料为复印件的,均需注明"与原件一致"并签章。

3.办税人员对报送材料的真实性和合法性承担责任。

十一、清算期间企业所得税处理

【业务概述】

人民法院裁定受理破产申请后,企业终止经营活动的,应进行企业清算所得税处理,包括:向主管税务机关进行清算备案;将整个清算期作为一个独立的纳税年度计算清算所得进行清算申报。

【办理依据】

《中华人民共和国企业所得税法》

《财政部 国家税务总局关于企业清算业务企业所得税处理若干问题的通知》(财税〔2009〕60 号)

《国家税务总局关于企业清算所得税有关问题的通知》(国税函〔2009〕684 号)

《国家税务总局关于发布〈企业重组业务企业所得税管理办法〉的公告》(国家税务总局公告 2010 年第 4 号)

【需提供资料】

1.清算备案需提交《企业所得税清算事项备案表》;

2.经营期申报需提交企业所得税预缴、汇算清缴申报表;

3.清算申报需提交企业所得税清算申报表。

【办理时限】

即时办结

【办理地点】

主管税务机关、电子税务局

【办理提示】

1.管理人应当如实向行政机关提交有关材料和反映真实情况,并对其申请材料实质内容的真实性负责。

2.清算备案:管理人在企业终止经营进入清算期起 15 日内,应向主管税务机关备案。

3.清算申报:企业应将整个清算期作为一个独立的纳税年度计算清算所得。管理人应当自清算结束之日起 15 日内,向主管税务机关报送企业清算所得税纳税申报表,结清税款,破产企业适用一般规定。管理人在拟定破产财产变价方案及分配方案时,应考虑可能涉及的企业所得税;在最后分配前,应进行企业所得税清算申报并缴纳税款。

十二、注销税务登记

【业务概述】

经人民法院裁定终结破产程序的纳税人申请税务注销的,主管税务机关依法办理税务注销。

【办理依据】

《中华人民共和国企业破产法》

《中华人民共和国税收征收管理法》

《中华人民共和国税收征收管理法实施细则》

《国家税务总局关于深化"放管服"改革 更大力度推进优化税务注销办理程序工作的通知》(税总发〔2019〕64 号)

《重庆市高级人民法院 国家税务总局重庆市税务局关于企业破产程序涉税问题处理的实施意见》(渝高法〔2020〕24 号)

【需提供资料】

1.《人民法院终结破产程序裁定书》;

2.《清税申报表》。

【办理时限】

按流程办结

【办理地点】

主管税务机关办税服务厅(室)

【办理提示】

1. 管理人应当如实向行政机关提交有关材料和反映真实情况,并对其申请材料实质内容的真实性负责。

2. 管理人应当在办理注销税务登记前完结涉税事项。

参考文献

[1] OSCAR COUWENBERG. European Journal of Law and Economics[J]. Springer Journal,2001,12 (3):253-273.

[2] ORLIKOFF JAME E, TOTTEN MARY K. Trustee[J]. PubMad Journal, 2002,55(7):8-15.

[3] PHILIPPE FROUTÉ. Theoretical foundation for a debtor friendly bankruptcy law creditors[J]. European Journal of Law and Economics,2007,24 (3): 201-214.

[4] WILLIAM J. WOODWARD. Bankruptcy Reorganization in China and the United Stat,es:Cautions for the Comparativist[J]. Sun yat-sen university law review,2010 ,8(2):201-219.

[5] ROBERTA PROVASI, PATRIZIA RIVA. Economic Research-Ekonomska Istraživanja[J]. Taylor & Francis Journal,2013,26 (1):244-258.

[6] DAVID G. EPSTEIN. Bankruptcy[M]. Eagan:West Publishing Company,1993.

[7] STEFAN SUNDGREN. Does a Reorganization Law Improve the Efficiency of the Insolvency Law? The Finnish Experience[J]. European Journal of Law and Economics,1998,6(2):177-198.

[8] MARIA BROUWER. Reorganization in US and European Bankruptcy law [J]. European Journal of Law and Economics,2006,22(1):5-20.

[9] CHIEN-AN WANG. Determinants of the Choice of Formal Bankruptcy Procedure:An InternationalComparison of Reorganization and Liquidation [J]. Emerging Markets Finance and Trade,2012,48(2):4-28.

[10] GIACOMORODANO, NICOLAS SERRANO - VELARDE, EMAUELE TAR-
     ANTINO. Bankruptcy law and bank financing[J]. Journal of Financial
     Economics,2016, 120(2):363-382.

[11] CHERYL. Corporate Taxation-Examples And Explanations[M]. Chicago:
     Aspen PubliShers,2004.

[12] OSCAR J HOLMAN. Theory of bankruptcy liquidation[J]. Journal of
     Corporate Accounting Finance,2012,9(5):91-95.

[13] DAVID G EPSTEIN. Bankruptcy[M]. Washington DC:American Academic
     Press,2003.

[14] JOE B BROWN. Identifying Bankruptcy Fraud[J]. Credit Research
     Foundation,1999,22(11):25-41.

[15] JOHN LARSEN. Modern Advance Accounting [M]. Ninth Edition:
     McGowan-Hill,2006.

[16] PETER FRANCIS GEAR. Your Resource for Valuable[M]. Los Angeles:
     Amazon Publishing,2008.

[17] GRANT W NEWTON. Bankruptcy Accosting[M]. Seventh Edition:John
     Wiley Sons,2009.

[18] OSCAR HOLMAN. Theory of bankruptcy liquidation [J]. Jourdnal of
     Corporate Accounting Finance,2012,16(1):25-33.

[19] 栾甫贵. 我国破产会计的回顾与评价[J]. 会计研究,2011(4):28-34.

[20] 魏耿. 浅议破产会计[J]. 行政事业资产与财务,2013(10):30-31.

[21] 朱晓丽. 关于破产清算会计若干问题的思考[J]. 企业研究,2012(10):
     97-98.

[22] 马平川. 社会转型期我国破产会计存在的问题及其对策研究[J]. 中国
     科技投资,2013(8):38-40.

[23] 许亚湖,周志玲. 我国破产会计研究的主要问题与对策[J]. 财会学习,
     2014(6):29-30.

[24] 任永宏. 企业破产清算会计问题研究[J]. 中外企业家,2015(4):
     153-154.

[25] 许佳思. 企业破产会计清算研究[J]. 科技致富向导,2013(2):32-41.

[26] 王小琪. 我国破产会计的发展历程和研究分析[J]. 商,2013(6):
     101-102.

[27]陈英.破产重整中的信息披露问题研究[J].广西大学学报(哲学社会科学版),2009,31(5):108-111.

[28]张尔珺,任宏,赵珞.破产重整制度之实务思考[J].法制资讯,2009(3):90-91.

[29]王春超,曹阳,张小立.集团上市公司整体破产重整模式研究[J].经济纵横,2011(4):91-94.

[30]胡燕.上市公司破产重整财务与会计问题研究[M].北京:经济科学出版社,2015.

[31]何帆,朱鹤.僵尸企业的识别与应对[J].中国金融,2016(10):20-22.

[32]张钦昱.软预算约束视角下破产清算程序之反思及重构[J].法商研究,2016(3):92-101.

[33]陈竹.新破产法对破产会计的影响及思考[J].财会通讯,2018(3):89-90.

[34]潘自强.破产清算会计基本理论问题探析[J].财会通讯(学术版),2008,18(5):39-41.

[35]曹伟.从概念框架角度看清算会计的特点[J].财会月刊,2009,26(4):5-6.

[36]亓玉芳.普通清算与破产清算会计核算的异同[J].财会月刊,2011,32(8):90-91.

[37]余坤,贾虹.企业破产清算的账务处理[J].财会月刊,2013,22(10):81-82.

[38]吴海清.新破产法框架下破产企业财务控制研究[D].太原:太原理工大学,2010.

[39]栾甫贵.浅谈破产清算内部控制体系的构建[J].财务与会计,2012,35(1):62-63.

[40]袁帅.国有企业破产清算内部控制的风险预警机制研究[D].北京:首都经济贸易大学,2012.

[41]于淑媛.企业破产清算内部控制框架的构建[J].财经界(学术版),2015,12(6):97-98.

[42]王欣新,丁燕.论破产法上信息披露制度的构建与完善[J].政治与法律,2012,18(2):2-12.

[43]冯明,卢鸿毅.浅谈破产企业清算财务信息披露[J].广西会计,1997,9

(8):25-26.

[44]栾甫贵.破产企业治理结构与破产会计信息质量监控[J].会计研究,
2005(2):53-58,95.

[45]李毅.破产企业的信息披露[J].政治与法律,2010,33(2):2-12.

[46]车兴海.破产清算的会计处理[J].现代商业,2013,18(9):256-257.

[47]任永宏.企业破产清算会计问题研究[J].中外企业家,2015,25(10):
153-154.

[48]孙心琳.中美日破产重整制度之比较研究[D].青岛:青岛大学,2006.

[49]谢博.我国企业破产重整制度研究[D].重庆:西南政法大学,2007.

[50]杨烨.美国企业破产重整制度研究[D].济南:山东大学,2008.

[51]唐晶.浅淡上市公司破产重整[J].北方经贸,2008(7):54-55.

[52]付翠英.关于建构中国企业破产重整制度的思考[J].北京航空航天大
学学报(社会科学版),2003(2):14-18.

[53]刘源.论我国企业破产重整制度的完善[J].西南科技大学学报(哲学社
会科学版),2007(5):46-49.

[54]张尔珺,任宏,赵珞.破产重整制度之实务思考[J].法制资讯,2009(3):
90-91.

[55]王春超,曹阳,张小立.集团上市公司整体破产重整模式研究[J].经济
纵横,2011(4):91-94.

[56]李建兵.从 S*ST 海纳看破产重整的会计处理和税收调整[J].财务与
会计,2008(11):29-31.

[57]巩固.上市公司破产重整案例分析[D].兰州:兰州大学,2015.

[58]颜子.ZHTB 的摘帽之路[J].财务与管理,2015(6):22-23.

[59]夏旭田.ZHTB:一家僵尸国企如何绝境逢生[N].21 世纪经济报道,
2016-05-16(4).

[60]朱晓翠.企业资产重组中的财务问题研究[J].现代商业,2014(32):
243-244.

[61]胡明,关儒.论破产清算中税收优先权的"欠税"界定[J].税务研究,
2022(1):88-94.

[62]周文庆,覃韦英曌,胡海啸.破产重整、涉税问题应该优先考量[J].山东
国资,2021(8):102-103.

[63]黄坚.企业破产涉税法律问题研究[J].法制与社会,2021(15):38-39.

[64] 谭红波. 破产程序中若干涉税实务思考[J]. 中国注册会计师,2021(2): 112-113.

[65] 陈静. 企业破产重组涉税政策问题解析[J]. 纳税,2021,15(3):30-31.

[66] 邢彦堂. 企业破产重整涉税问题的规范性分析及筹划[J]. 经济师,2020 (12):76-78+80.

[67] 于海燕. 企业破产程序中涉税滞纳金问题研究[J]. 合作经济与科技, 2020(15):186-187.

[68] 冯程凯. 企业避税对企业破产风险的影响[J]. 商场现代化,2020(13): 91-95.

[69] 虞伟庆,潘志刚,林长华. 由诉讼案例引发对破产财产拍卖涉税问题的 思考[J]. 中国律师,2020(4):56-59.

[70] 包关云,包卓群. 破产企业财产拍卖涉税研究:基于财务与法学视角 [J]. 中国注册会计师,2019(11):118-121.

[71] 罗国莲. 企业破产重整涉税政策问题分析[J]. 中国注册会计师,2019 (6):103-106.

[72] 王程锦. 僵尸企业破产注销的涉税问题研究[D]. 上海:华东政法大 学,2019.

[73] 厉新格. 破产企业涉税的温州经验分享[J]. 纳税,2018,12(25):7-8.

[74] 浙江省温州市中级人民法院联合课题组,潘光林. 论破产涉税若干问题 的解决路径:基于温州法院的实践展开[J]. 法律适用,2018(15): 56-66.

[75] 蒋敢. 破产管理人实务中涉税问题探讨[J]. 中国注册会计师,2018(1): 106-108.

[76] 滕春红. 对破产企业几个涉税政策的分析和建议[J]. 中国国际财经(中 英文),2017(18):123-124.

[77] 郑惠坤. 企业破产重整程序中的涉税问题探析[J]. 法制与社会,2017 (16):92-93.

[78] 郭一鸣. 破产涉税问题初探[J]. 法治论坛,2016(4):55-62.

[79] 李方. 优化对破产企业的欠税管理[J]. 税收征纳,2016(7):12-14.

[80] 孙维. 论破产程序的涉税问题[J]. 中国律师,2013(7):63-64.

[81] 李永江,陈军,王兴球. 东星航空破产欠税追缴记事[J]. 税收征纳,2010 (9):15-18,1.

［82］毛岚.破产清算税事［J］.新理财,2009(8):48-49.

［83］熊伟.作为特殊破产债权的欠税请求权［J］.法学评论,2007(5):90-97.

［84］厉征.新《企业破产法》和《合伙企业法》涉税解析［J］.税收征纳,2006(9):12.

［85］司献明,魏军.不让破产企业 应缴税款流失:武昌国税追缴欠税228万元纪实［J］.税收征纳,2005(9):22-23.

［86］何琦.关于破产清算中财产变现涉税问题的探讨［J］.天府新论,2003(4):65-66.

［87］陈刚,王利诚,张建军.五千万欠税缘何追索结果为零?:武汉市第六棉纺织厂破产欠税追索透析［J］.税收征纳,2000(3):12-14.

［88］孙文连.谈企业兼并、破产的欠税问题［J］.税务研究,1999(1):54-56.

［89］刘战旗.解决破产企业涉税问题的建议［J］.税务研究,1997(11):23.

［90］谢秀书,邹涛,吴义聪,等.试论破产企业的涉税问题［J］.税务研究,1997(6):26-28.

［91］李伟生,李磊,巩光亮.破产企业的欠税该咋办:驻马店机电配件厂破产清欠的启示［J］.税收征纳,1996(9):21-22.

［92］徐战成.企业破产中的税收法律问题研究:以课税特区理论为指导［M］.北京:法律出版社,2018.

［93］牛凯杰.企业破产程序中的税收优先权研究［D］.北京:中国政法大学,2009.

［94］齐树洁.破产法研究［M］.厦门:厦门大学出版社,2004.

［95］施正文.税收债法论［M］.北京:中国政法大学出版社,2008.

［96］(日)盐野宏.行政法总论［M］.杨建顺,译.北京:北京大学出版社,2002.

［97］唐媛媛,王虹.破产清算程序中的税收债权问题:基于破产法与税法的冲突［J］.税务与经济,2020(4):63-70.

［98］范志勇.论企业破产与税收征管程序的调适［J］.河北法学,2018,36(9):162-177.

［99］王雄飞,李杰.破产程序中税收优先权与担保物权的冲突和解决［J］.法律适用,2018(9):89-94.

[100]徐阳光. 破产程序中的税法问题研究［J］. 中国法学, 2018（2）：208-227.

[101]刘剑文. 论领域法学：一种立足新兴交叉领域的法学研究范式［J］. 政法论丛, 2016（5）：3-16.

[102]熊伟, 王宗涛. 中国税收优先权制度的存废之辩［J］. 法学评论, 2013, 31（2）：47-54.

[103]胡金雯. 破产审判程序中的涉税问题研究［D］. 济南：山东政法学院, 2020.

[104]王东明. 全国人民代表大会常务委员会执法检查组关于检查《中华人民共和国企业破产法》实施情况的报告——2021年8月18日在第十三届全国人民代表大会常务委员会第三十次会议上［EB/OL］. http://www. npc. gov. cn/npc/kgfb/202108/0cf4f41b72fe4ddeb3d536dfe3103eb3. shtml.

[105]刘贵祥. 我国破产法的实施与改革完善［EB/OL］. https://www. ilawpress. com/material/detail？id=598354305145111040&t=material.

[106]徐阳光. 中国破产法年度总结（2021）［EB/OL］. https://mp. weixin. qq. com/s/uu3AWA37Ut8Ene84FfHNCQ.

[107]周强. 最高人民法院工作报告——二〇二二年三月八日在第十三届全国人民代表大会第五次会议上［EB/OL］. https://m. gmw. cn/baijia/2022-03/16/35588927. html.

[108]澎湃新闻. 典型案例：人民法院实施破产法律制度 优化营商环境［EB/OL］. https://www. thepaper. cn/newsDetail_forward_18232189.

[109]法律快车. 最高人民法院公布十起破产审批典型案例［EB/OL］. https://anli. lawtime. cn/jjfpochan/201606153334294. html.

[110]嘉源律师事务所. 嘉源研究：从最高院发布的十大案例中看目前破产案件审判趋势［EB/OL］. https://mp. weixin. qq. com/s/1lAqZpZlpmVypdXCZfC_8A.